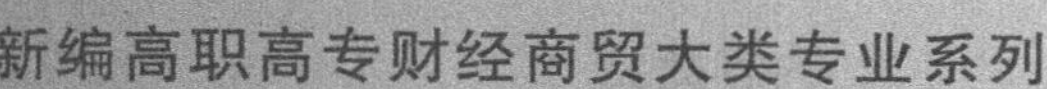

新编高职高专财经商贸大类专业系列

品牌传播策划

PINPAI CHUANBO CEHUA

◎编 著 施 安

重庆大学出版社

内容提要

本书系统地解剖了品牌传播策划中各个环节,包括传播主体、品牌传播客体(传播对象)、品牌传播渠道、品牌传播内容、品牌传播环境、品牌传播技巧以及品牌传播反馈等方面的内容。本书还引用了大量的经典案例,来说明品牌传播策划本身是一个系统的规划活动。因此有必要对准备进入或者初涉品牌传播策划工作职场的新人进行系统和科学的训练。当然本书还特地为各位读者准备了品牌传播策划实验室环节,让读者围绕一个课题动手操作和思考,从中可以有更多的收获。

本书除可作为高等学校新闻、广告、会展、商贸、营销等专业的教材外,也可以作为广告界人士的参考书籍。

图书在版编目(CIP)数据

品牌传播策划/施安编著．—重庆:重庆大学出版社,2012.5(2021.1重印)
新编高职高专财经商贸大类专业系列教材
ISBN 978-7-5624-6606-2

Ⅰ.①品… Ⅱ.①施… Ⅲ.①品牌—传播—营销策划—高等职业教育—教材 Ⅳ.①F273.2

中国版本图书馆CIP数据核字(2012)第040332号

新编高职高专财经商贸大类专业系列教材
品牌传播策划
施 安 编著
策划编辑:屈腾龙
责任编辑:谭 敏 蒋昌奉 版式设计:屈腾龙
责任校对:谢 芳 责任印制:张 策
*
重庆大学出版社出版发行
出版人:饶帮华
社址:重庆市沙坪坝区大学城西路21号
邮编:401331
电话:(023) 88617190 88617185(中小学)
传真:(023) 88617186 88617166
网址:http://www.cqup.com.cn
邮箱:fxk@cqup.com.cn(营销中心)
全国新华书店经销
POD:重庆新生代彩印技术有限公司
*
开本:720mm×960mm 1/16 印张:14.5 字数:261千
2012年5月第1版 2021年1月第4次印刷
ISBN 978-7-5624-6606-2 定价:39.00元

本书是由11个章节组成，其中绪论主要阐述了《品牌传播策划》这门课程的意义以及学习的方法，有9个章节涵盖了品牌传播策划整个过程，包括品牌传播主体（谁）、品牌传播客体（对谁说）、品牌传播渠道（在什么地方说）、品牌传播环境（在什么环境中说）、品牌传播内容（说什么）、品牌传播技巧（怎么说）以及品牌传播效果（最后如何），最后还包括如何进行有效的反馈。

上述的9个章节即环节是品牌传播策划中的重要组成部分，在实践中，要想达到最理想的传播效果，必须在每个环节上进行精耕细作，每个环节又不是单独存在，它们环环相扣，它们在传播中共同起作用并形成合力。所以我们应该从系统的观念去审视品牌传播策划，而不应该片面、简单地去理解品牌传播中每个环节的意义。

最后，本书还提供了一个品牌传播策划案例解读，选择了一个国内比较经典的品牌推广案例，按照本书的逻辑结构，对品牌传播策划的过程进行详细地解读。

古人云：天时、地利、人和。说的是成事的最基本要素，而品牌传播要达到理想的效果，各个要素自然不可缺少，我们反观各个品牌传播的成功，无一不是这样。

所以，我们强调用系统的观念去看待品牌传播策划，这对于品牌传播整体效果的达成将是有益的。

品牌传播策划的系统观需要一个运筹帷幄的心机，需要对各个传播环节的各个要素有最了然的熟知，对各个要素的变异有足够的把握，对每个元素的巧妙整合有足够的创意与灵气，也只有这样系统的作用才会充分发挥出来。

我们说系统观念的时候并不排除品牌传播策划中细节上的完美，其实品牌传播策划中的每个环节也都是一个独立的系统。比如说品牌的赢效因素的策划，它可能在整个品牌传播策划中只是一个很小的一部分，但它对于品牌的整体传播意义将是巨大的。

因此，我们在系统把握品牌传播整体策划的时候，同样也应把每个环节当做一个重要的课题进行研究，并将它放在品牌传播策划的整体链条中去思考。

品牌传播是传播中的一个重要门类。和其他类似的研究角度有所不同，本书更多的是从传播角度反观品牌传播策划的所有环节，并用整合的理念对品牌传播策划进行系统化地梳理，这也是本书的一大特色。

本书大量应用了同一个案例对整个品牌传播环节进行解剖和分析，这也有助于读者更容易理解品牌传播策划各个环节的要义。

由于时间仓促，知识储备还有所欠缺，书中还有许多不足之处，希望能得到各位读者的批评指正。

施 安

2012 年 1 月

目 录

第1章 绪 论

1.1 品牌传播策划

我不想用喋喋不休的方式或者生硬的理论去解构品牌传播策划。

从2003年开始，我和一帮朋友就一起策划并酝酿着打造一个品牌。我们以无限的激情投入，想打造一个新的品牌。

当我们用200多页的策划书，兴致勃勃地去说服一个创投公司投资运营的时候，我们遇到了极大的困难。创投公司对我们的策划构想充满了很多的疑虑，并对塑造该品牌成功的可能性表示了极大的怀疑。

那时候，我们还企图以自己曾经策划过的成功经验说服对方，但没有成功。

再后来，我们为更多的品牌策划过。每次的服务都为我们积淀了很多宝贵的经验，每次的服务都让我们感受到品牌作为系统运作的重要性。

再后来，我们用这些沉淀的经验为自己打造了一个最具试验特色的品牌——东南车盟。

三年后的今天，对福建的很多车友说，他们知道并喜欢它、信任它。

于是，我想用东南车盟最显在的案例来解构什么叫品牌传播策划，它都有哪些内涵，它和传播学又是什么样的关系。

在解构之前我们先了解以下几个概念。

1.1.1 品牌与品牌传播

在说品牌传播之前，我们先了解一下什么叫品牌。

品牌是指消费者对产品及产品系列的认知程度。

美国营销协会曾做出这样的定义："品牌是一种名称、术语、标记、符号或设计，或是它们的组合运用，其目的是借以辨认某个生产者或某个生产者的产品或服务，并使之与竞争对手的产品和服务区别开来。"①

品牌对于一个企业来说是至关重要的，它是企业参与市场竞争、建立品牌忠诚度、树立企业形象的重要保证。

品牌管理专家李海龙先生认为："品牌其实是消费者拥有的。"②这句话给很多品牌管理者一个提醒，不要把品牌当做是自己的东西，品牌的实际拥有者是消费者，消费者不想要了，那品牌还有价值吗？

舒咏平先生在《品牌传播策略》一书中，曾对品牌传播作这样的描述：传播是品牌力塑造的主要途径。所谓"品牌传播"，就是企业以品牌的核心价值为原则，在品牌识别的整体框架下，选择广告、公关、销售、人际等传播方式，将特定品牌推广出去，以建立品牌形象，促进市场销售。品牌传播是企业满足消费者需要、培养消费者忠诚度的有效手段，是目前企业家们高擎的一面大旗。③

比如可口可乐，通过有效传播，可以使可口可乐为广大消费者和社会公众所认知，使可口可乐品牌得以迅速发展。

同时，品牌的有效传播，还可以实现品牌与目标市场的有效对接，为品牌及产品进占市场、拓展市场奠定宣传基础。品牌传播是诉求品牌个性的手段，也是形成品牌文化的重要组成部分。

许多理论研究和实践都得出这样的结论：传播对品牌力的塑造起着关键性的作用。

首先，商品力、品牌文化和品牌联想等构成品牌力的因素只有在传播中才体现出它们的力量。品牌力主要是站在消费者的角度提出的，而要使有关品牌的信息进入大众的心智，唯一的途径是通过传播媒介。如果少了传播这一环节，那么消费者将无从对商品的效用、品质进一步了解，会忽略产品的定位和产品的特定目标市场；品牌文化和品牌联想的建立则几乎是不可能的。

---

① wiki. mbalib. com/wiki/品牌传播.

② 李海龙. 一触即发[M]. 北京：北京大学出版社，2006.

③ 舒咏平. 品牌传播策略[M]. 北京：北京大学出版社，2007.

其次，传播过程中的竞争与反馈对品牌力有很大的影响。传播是由传播者、媒体、传播内容、受众等方面构成的一个循环往复的过程，其中充满了竞争和反馈。在现代传播日益发达所形成的“传播过剩”的社会中，人们再也不能企望接受所有信息，而是“逐渐学会了有选择地记取、接受，即只接受那些对他们有用或吸引他们、满足他们需要的信息”。比如，在电视机前，当你不满某个品牌的广告时，就会对该品牌的产品不满。如果绝大多数的人都产生这样的情绪，传播者在销售的压力下，就不得不重新考虑他的传播内容。同样，如果只有一个人不满企业的一个公关活动，传播者则会站在目标市场大众的基础上，坚持这个活动，不会因为一个人而改变其运行。因此在传播中塑造品牌力就必须考虑到如何才能吸引、打动品牌的目标消费者，考虑如何在传播中体现出能满足更大需求的价值。

再次，传播过程是一个开放的过程，随时可能受到外界环境的影响。在现实生活中，外界环境通常会对传播过程产生制约、干扰，从而影响传播的进行。①

1.1.2 品牌传播策划

品牌的传播要想达到最理想的效果，就必须对传播过程进行全面的策划。所以品牌传播策划就是对品牌传播过程和传播的各个环节进行创意性的精心筹划，以获得品牌传播效果的最大化的一个过程。品牌传播策划研究对象主要集中在品牌的传播领域，品牌传播系统包括品牌传播主体、品牌传播客体（传播对象）、品牌传播渠道、品牌传播内容、品牌传播环境、品牌传播技巧以及品牌传播反馈等方面的内容，每一部分都是一个独立的环节，但是它们又不是孤立的，而是品牌传播系统中的一部分。因此，除了每个部分需要进行精心策划以外，在更大的系统中，这些部分也必须得到最完美的组合，才能发挥最佳的品牌传播效果。

品牌传播的过程包括以下几个环节：

①品牌传播主体（谁）。

②品牌传播客体（对谁说）。

③品牌传播渠道（在什么地方说）。

④品牌传播环境（在什么环境中说）。

⑤品牌传播内容（说什么）。

⑥品牌传播技巧（怎么说）。

---

① http://wiki.mbalib.com/wiki/%E5%93%81%E7%89%8C%E4%BC%A0%E6%92%AD

⑦品牌传播效果(最后如何)。

这是品牌传播过程中的线性环节,而完整的传播系统还应该包括品牌的传播反馈,反馈是为传播系统的升级提供信息基础。

在品牌传播策划中,每个环节都显得相当重要。任何一个环节出了问题,都会影响预期的传播效果的实现,或者无法达到理想的传播效果。

要想达到最理想的传播效果,必须精心策划每个环节,在整体的策略框架下设计每个环节的流程。许许多多成功与失败的品牌传播案例告诉我们,品牌传播策划不是一种纯粹的灵感和创意,不是体现个人经验和技巧的"点子",而是一个系统的规划活动。因此才有必要对准备进入或者初涉品牌传播策划工作职场的新人进行系统和科学地训练。

我们认为要充分认识品牌传播策划,必须正确把握品牌传播的根本目的。

那么品牌策划的根本目的是什么呢?

在肖阳主编的《品牌传播策划实验》一书中这样描述:品牌传播不是为了追求产品的快速促销效果、不是为了策划某个轰动性的大型活动;品牌传播应该是服从于公司品牌战略和总体战略,是一种长期性、持续性的对品牌资产的培育和健康有直接影响的策略活动。因此,我们必须有这个基本的共识:品牌的存在使命,是为了培育企业持续竞争力的一项战略性工作;品牌管理和品牌传播活动,不仅为了企业的现在,更应该有利于未来。[①]

在现实工作中,成功的品牌传播策划活动,既是一种系统的策略思考过程,也是具体实施方案设计和细致的组织实施过程,这二者的关系体现了品牌传播策划的"策略为先、执行为本"的特点。这也是在我们策划工作中经常提及的"思路决定出路"的观点,也体现了"方向""方式""方法"之间的关系。对于创建品牌、经营和发展品牌的企业而言,这本身就是一种牵涉企业整个经营系统的持续性的策略活动。

按照上述观点考虑,基于理论学习结合实际运用的原则,在品牌传播策划学习中,必须既强调操作方法的学习运用,同时更应该注重基本思维方法的训练。

在品牌传播策划课程学习思考和实践过程中,通过项目实践和项目实验的方式,我们应该把握品牌传播策划的总体策略导向和系统的规划流程,同时注重品牌传播策划的各个环节具体方法的运用,也应关注不同条件下品牌传播的方案设计和执行、效果监控等问题,以使学习者受到系统的综合训练,培养学习者在品牌传播活动方面的策略思考和相关方法运用的基础策划技能。

---

① 肖阳.品牌传播策划实验——策略、流程与工具运用[M].北京:经济科学出版社,2008.

1.2 市场营销学和品牌传播策划关系

1.2.1 品牌传播策划是以市场营销为依据

我们认为品牌传播是属于市场营销4P(产品或服务、价格、渠道、促销)中的促销因素。它的本质就是营销。

品牌传播作为品牌运动的主体部分,发源于企业的市场营销活动,也服务于企业的市场营销活动。

对传播流程的策划的最终目的是为了使品牌传播达到最理想的状态,而考验品牌传播效果的好与坏,往往是以市场营销的成果作为衡量的标准与依据。

事实上,品牌传播策划的每个环节都是以市场营销作为策划的方向指导。

如:品牌传播主体的策划环节,实际上就是对赢效因素的提炼与规划,让消费者更容易接受品牌,从而获得最佳的营销效果。

品牌传播客体策划环节,是主要通过消费者的动机与需求的洞察,捕捉他们心智的关键时刻。而捕捉他们的心智,是为了更好地获得市场的认同。所以我们认为对该环节的策划同样也是以市场营销为目的的。

其实就算品牌传播的策略制定也都必须围绕市场营销的方向,以及市场营销的目标,进行全面统筹,制定品牌传播策略。

1.2.2 品牌传播策划对市场营销的促进作用

尽管市场营销一直指导着品牌传播策划运动的整个过程,但是,这些不能抹杀品牌传播策划对市场营销所起到的重要作用。

一个品牌的成长、发展、成功都离不开品牌传播。品牌传播在开拓和发展市场、打开知名度、培育忠诚度方面有十分重要的地位。因此,我们的确可以把品牌传播称为“产、供、销系统的润滑剂”。

我们认为,品牌传播策划在市场营销中主要发挥以下作用:

①有效地开拓市场。现代社会是信息社会,企业从生产到营销各个环节中,品牌传播都起了重要的信息沟通作用。

2008年,我们在对东南车盟整体价值进行评估的时候,发现东南车盟最主要的产品车盟在每次报纸版面宣传后,都能获得销售上的高潮。车盟卡从不被人接受到被人接受是一个过程,这个过程取决于广告的份额。

所以我们说,品牌传播策划能够有效地开拓市场,为市场营销提供信息上的有利帮助。

②有效地创造市场。品牌传播是以创造需求和消费欲望为目的的,只有这种消费市场被创造出来,市场营销的其他工具才能协调运用,实现营销目标。这就从很大意义上说明了,广告能够有效地创造市场。而且,这个市场往往存在于消费者的心智之中。也就是说,只有消费者内心对产品的渴望被品牌传播发掘出来,才能实现进一步的营销活动。

对于车盟卡来说,在福建的整个市场这都是一个空白,它是在打通车主养车用车的需求基础上开发出来的一个产品。在我们经过品牌传播后,许多车主就认识到这样的一种卡给他们带来很多养车便利,而此前他们并不这么认为。

③有效地占领市场。品牌包装得越到位,在消费者心目中的比重将越大。我们经常看到新的品牌刚上市的时候,最经常用的方式就是通过地毯式的广告轰炸而达到品牌认知度的提供,而品牌认知度的提供就是以有效地占领市场为目标的。

东南车盟卡刚刚问世的时候,我们也正是通过这样的方法,迅速成为大家乐意接受的一个服务产品。

1.3 品牌传播策划与传播学的互动

毋庸置疑,品牌传播是传播的一种,而且是一种目的性非常强的传播,是以媒介为载体、以人为目标、以品牌信息为内容的传播。

因此研究品牌传播策划,必须先了解一下传播学的基本问题。

1.3.1 传播的定义和种类

传播学是20世纪出现的一门新兴社会科学。"传播"一词,英文为communication,起源于拉丁语的communicatio和communis,它的含义也衍生为"通信""交流""交往"等。美国社会学家库利在1909年出版的《社会组织》中为"传播"下了这样一个定义:"传播指的是人与人关系赖以成立和发展的机制——包括一切精神象征及其在空间中得到传递、在时间上得到保存的手段。它包括表情、态度和动作、声调、语言、文章、印刷品、铁路、电报、电话以及人类征服空间和实践的其他任何最新成果。”①很显然，库利突出强调了传播的社会关系性，他把传播看做是人与人关系得以成立和发展的基础。

在之后的传播学理论发展历程中，各个领域的许多专家提出了各自不同的见解，他们给“传播”一词下了形形色色的定义。在国内，获得学界普遍认可的是郭庆光教授在《传播学教程》中所提出的定义：“所谓传播，就是社会信息的传递或者社会信息系统的运行。”②

随着社会的发展，传播理论也不断丰富，为了更好地对传播现象加以研究，传播学家把主要的传播类型划分为自我传播、人际传播、群体传播、组织传播和大众传播五个类型。以下内容中，我们将对这五个类型分别加以概述。

1）自我传播

自我传播，是个人接受外部信息并在人体内部进行信息处理的活动。它是一切传播活动的基础。

自我传播的方式很多，比如一个人自我反省、自言自语等都是一种自我传播。

2）人际传播

人际传播，是人类社会中最常见的传播方式。它是个人与个人之间的信息传播活动，是由两个个体系统相互连接组成的新的信息传播系统。

人际传播在现实生活中非常丰富，给好友打电话、和同学通过即时聊天工具聊天、在商场听导购推销产品等，都是常见的人际传播方式。

3）群体传播

日本社会学家岩原勉认为群体指“具有特定的共同目标和共同归属感、存在着互动关系的复数个人的集合体”。因此，群体传播指的就是将共同目标进行传播的过程。③

4）组织传播

组织传播是指组织所从事的信息活动，它包括两个方面，一是组织内传播，二是组织外传播，这两个方面都是组织生存和发展必不可少的保障。④

---

① Cooley，Charles Horton. Social Organization：A Study of the Larger Mind，Charles Scribner's Sons，New York，1929：45.

② 郭庆光. 传播学教程［M］. 北京：中国人民大学出版社，1999.

③ 见田宗介，等. 社会学事典［M］. 东京：弘文堂，1988：440.

④ 郭庆光. 传播学教程［M］. 北京：中国人民大学出版社，1999：101.

尽管组织传播有很多种专家下的不同定义，但它的基本功能都是通过信息传递把组织的各部分连接成有机整体，确保组织的生存发展和组织目标的实现。无论是开班会或者是社团活动，都是组织传播的表现形式。

5）大众传播

我们生活在一个大众传播的时代，报纸、电视、网络等大众传媒充斥在我们身边的每一个角落。大众传播是指“特定的社会集团通过文字（报纸、杂志、书籍）、电波（广播、电视）、电影等大众传播媒介，以图像、符号等形式，向不特定的多数人表达和传递信息的过程”。[①] 与其他传播方式不同的是，大众传播的传播者必定是从事信息生产和传播的专业化媒介组织，比如电视台或者电台、报社；大众传播的过程是大量复制的，它的信息有着文化属性和商品属性的双重属性；它的对象是社会上的一般大众，而非特定人群；并且这是一种单向性很强，被纳入国家社会制度轨道的制度化的社会传播。这种从“传”到“受”都十分复杂的传播形式，越来越得到了学界和业界的关注。

而大众传播过程与我们所要探讨的品牌传播关系相当密切，所以在研究品牌传播策划过程中，我们借鉴了大众传播学的一些理论。

1.3.2 品牌传播策划的理论观照

对照以上五种传播基本方式，我们可以将品牌传播归为大众传播，也就是说品牌传播是企业通过大众传播媒介向社会公众传播品牌信息的营销方式。在以下内容中，我们将从传播学的5W模式逐个分析传播学理论对广告的影响和作用。

5W模式是由美国学者H.拉斯韦尔提出的。他在《传播在社会中的机构与功能》这篇论文中，首次提出构成传播过程的五个基本要素，将它们按照一定结构排序，形成了被称为“5W模式”或“拉斯韦尔程式”的传播过程模式。5W分别是英语五个疑问词的首字母：

Who（谁），

Say what（说了什么），

In which channel（通过什么渠道），

To whom（向谁说），

With what effect（有什么效果）。

---

① 沙莲香.传播学[M].北京：中国人民大学出版社，1990：145.

英国传播学家 D. 麦奎尔等将这个模式做了以下图示：

图 1.1 拉斯韦尔的传播过程模式①

这个模式随着传播学理论的发展也显露出了它的不完善性，但它却第一次把与人们生活息息相关却阐释不清的传播活动明确表述为：它是由五个清晰的环节和要素构成的过程。

按照这个模式，根据品牌传播研究中的实际，我们不妨把品牌传播的整个过程，延伸为以下八个环节：

①品牌传播主体（谁）。

②品牌传播客体（对谁说）。

③品牌传播通道（通过什么渠道说）。

④品牌传播环境（在什么环境中说）。

⑤品牌传播内容（说什么）。

⑥品牌传播技巧（怎么说）。

⑦品牌传播效果（效果如何）。

⑧品牌传播反馈（反馈如何）。

品牌传播主体，即品牌信息传播的发出者，他们可能是企业主、企业员工、媒体，也可能是社会团体或者消费者本身。在传播学领域中，对传播者的研究即"控制研究"是整个传播过程研究的重要组成部分。它在品牌传播策划研究范畴中，同样也是一个重要的研究内容。对品牌传播主体的研究，实际上就是研究赢效因素，争取品牌传播效益最大化。

品牌传播客体，就是品牌信息所到达的人群，专指接触品牌信息的那部分人。品牌传播受众不等于品牌目标消费者，因为并非所有的品牌目标消费者都恰好接触了该种传播媒介，接受了这一品牌信息；而接触这种媒介、这种信息的人，只有一部分是该品牌的目标消费者。因此，在品牌传播运动中，如何使媒介受众和品牌的消费者实现最大可能的重合，是关键的一环，选择目标消费者接触多、受其影响深的媒介，也是品牌传播运动成功执行的重要因素。

品牌传播渠道，不仅包括我们常见的传播新闻信息的传统媒体，如广播、电视、报纸、杂志等传统的媒介，也有很多特定的具有广告效果的载体，如户外广

① Mcquail, D. & Windahl, S. Communication Models, Longman, London & New York, 1981:10.

告牌、传单、车体等,还有现在被广泛使用的新媒体包,甚至还可能使用口碑传播的手段。品牌传播渠道的多样化和复杂化,为品牌传播策划带来了更大的挑战,需要更多的智慧去整合。研究品牌传播渠道,实际上就是整合各个媒介要素,让品牌信息尽可能准确地到达品牌的目标受众,实现传播效果。

品牌传播环境,不仅指品牌传播的外在地理环境和物理环境,也包括品牌消费者内在心理环境;不仅指现时品牌传播者编码、传播的多种情况和条件,也包括品牌信息的受传者接受信息的环境状况。这些条件性的约束对品牌传播效果影响也很大,所以在品牌传播策划中不得不权衡环境的重要性。

品牌传播内容,就是品牌的核心价值,它需要借助创意性的表达方式,完整准确地传递品牌核心信息。事实上,就是你拿什么样的信息说服别人。品牌传播内容研究,就是探讨其品牌的核心信息,是品牌或者产品与生俱来的信息。这样的信息和传播技巧的配合,能够成为说服消费者的一把利器。在品牌传播策划中,品牌信息的创意表达一直成为大家关注的焦点,因为它最能体现广告人的聪明与才智,它需要对竞争对手、品牌功能、品牌文化、消费者以及传播媒介充分地了解后,经智慧的加工提炼而成。

品牌传播技巧,就是品牌信息的处理技巧,是品牌信息传播的润滑剂。同样的信息,可以用不同的方式表达,而所取得的效果将是不同的。而其中品牌传播技巧起着非常重要的作用,品牌传播技巧有前人的经验的积累,也有品牌传播策划人自己经验的体悟。

品牌传播效果,顾名思义就是品牌传播运动执行后所获得的影响和效果,可以分为传播效果和营销效果两类。传播效果就是通过传播,品牌在知名度、美誉度等传播方面所获得的效果;营销效果,是品牌传播运动执行后,在营销层面上给品牌带来的作用,主要就是指品牌产品的销量上升、市场占有量提高。对于任何一个品牌传播,这两个效果都同时存在。

品牌传播反馈,实际上是为了更好维护和优化品牌传播系统,以期在下次的传播中获得更好的效果。品牌传播要想调整到最佳状态,一个不可忽略的环节就是反馈,通过反馈,品牌的管理者可以根据品牌传播目前存在的问题,有目的地进行调整,直至达到最佳的状态。

以上八个方面,是品牌传播策划着重打造的环节,每个环节都必须进行精细的策划,然后进行系统性的整合,最后才能获得最佳的传播效果。

思考题:

1. 什么是品牌传播?什么是品牌策划?

2. 说说品牌传播策划与营销的关系。

3. 说说品牌传播策划与传播学之间的关系。

4. 为什么说品牌策划是一个系统工程?

品牌实验室:

一、"农夫山泉"品牌成功案例分析

从一句"农夫山泉有点甜"闯入市场,到推出"奥运军团喝什么水"的疑问;从养生堂丢出一颗重磅炸弹"农夫山泉基于对消费者负责的态度考虑,决定退出纯净水市场,全力投入天然水的生产销售",到农夫山泉在全国范围内造势,矛头对准纯净水厂商,引起水业大战并在全国升级,全国各地纯净水企业纷纷联盟,向法院提出诉讼,欲与农夫山泉"对簿公堂"。农夫山泉的到来,使寂寞无闻的水业多了许多关注的眼光;水业大战的一些深层次的问题引起人们格外的关注。

水业大战的核心是商业利益。商品经济发展至今,市场上的各类商品成千上万,相互竞争空前激烈,稍有失误,一种商品就会被消费者抛弃,而这个企业可能就会被市场淘汰出局。市场中的领先者怕追兵,挑战者们要挑战,每一个市场竞争的参与者都有朝不保夕的危机感,于是,他们纷纷开拓思路,领先者渴望步步为赢,挑战者你追我赶,"市场细分"和"目标市场定位"成为企业获取竞争胜利的法宝。对于农夫山泉是褒是贬,我们暂且不论,但农夫山泉把"目标市场定位"策略和"差异化"策略的确演绎得惟妙惟肖,并且留下许多经典的商界故事。

背景分析:饮用水市场的竞争日趋激烈

从行业环境看,瓶装饮用水市场产品仍处于相对过剩饱和状态,虽然每年销量都有增长,但全国1 000多家企业中70%效益下降,效益好的不到20%。

一方面,企业为树立自己的品牌进行广告大战,尤其是娃哈哈、乐百氏、养生堂三巨头的交手难解难分;另一方面,椰树牌、怡宝、崂山、益力等全国性或区域性的老品牌也不让步,积极利用本地的优势不断创新和调整策略加大广告投入。以强大的媒体广告尤其是电视广告为主的攻势和有奖让利促销相结合去争夺消费群是目前瓶装饮用水企业采用的主要营销手法。

二、农夫山泉的诞生

农夫山泉股份有限公司(以下简称公司)成立于1996年9月26日,投资总额为人民币3.2亿元。公司控股的子公司有杭州千岛湖养生堂饮用水有限公司、浙江养生堂饮用水有限公司、上海千岛湖养生堂饮用水有限公司。其中杭州千岛湖养生堂饮用水有限公司成立于1999年8月3日,总投资额为人民币

3.5亿元,占地面积10万平方米,厂房4.6万平方米,是亚洲最大的饮用水单体生产车间。花园式厂区参照国际流行风格,厂房为轻钢结构,内置全封闭专用参观走廊。生产设备引自瑞士Netsal、法国Sidel、德国Kister和Krones等国际著名公司。首期投资1.5亿元人民币,拥有国内单机生产能力最大的吹瓶机和罐装机,是目前国内规模最大的饮用水公司之一。公司有铁路专线,产品运输快捷、安全、运能大,是中国目前唯一拥有专运铁路线的饮用水公司。

三、"农夫"通过差异化勾勒独特的市场定位

1.品牌定位差异化,突显农夫山泉"天然水"的高品位

中国的包装饮用水市场数量庞大,但绝大部分厂商均为中小企业,市场的覆盖范围有限,一般为市(县)级到省(自治区)级的行政区域。因此,一般在一个行政区域内,饮用水的品牌构成一般是以一到两个地方品牌加上一到两个全国品牌。面对如此激烈的饮用水竞争,为了突出品牌,养生堂公司采用了选择市场切入点——有点甜(构造消费者心理差异化:联想到山涧泉水)——适度的高价(提高顾客价值,突显与众不同的农夫山泉高贵品质)——运动装(突出企业对产品严谨认真的态度)——款到发货(表明企业的自信,造成供不应求的假象,使经销商提高对农夫山泉的信心)的竞争模式。

在切入点上,农夫山泉基本上在所有的市场上都是从最容易受到影响、对新事物最敏感的群体切入,通过广告这一载体,对口感(有点甜)、水质(采用千岛湖水源)进行差异化细分,因此有明确的市场切入点。

在口感定位方面,"有点甜"的广告语实际上再现农夫山泉是"天然水"这个核心概念,而且口感是水质最有力、最直接的感官证明。水的广告诉诸口感,这在国内还是第一家。农夫山泉突出了"天然水"有点甜的这一特性,水和广告的品味都随这一广告语而凸显出来,也提升了农夫山泉在顾客心目中的品牌形象,取得了极大的成功,"有点甜"被大家所熟知,几乎成了农夫山泉的代名词。

对于农夫山泉的适度高价,实际上是通过价格来提升农夫山泉的品牌价值。同时,养生堂公司一直把"健康"作为最大的产品,如果价格不高些,不仅经销商不会另眼相看,而且有些消费者还不放心。农夫山泉做水的出发点,就是要为国人提供一种有益于健康的好水。养生堂始终坚持"养生堂热爱生命"这一理念,倡导"好水喝出健康来"的饮水观念,生产、经营"农夫山泉"天然水,从而在价格上呼应了农夫山泉是"天然水"的高品质品牌形象。

在包装方面,农夫山泉拥有全国最好的运动瓶盖,而且第一个有意识地将运动瓶盖(电视课堂片)作为大卖点推出,以至于人们以为是它的专利。农夫山泉的迅速崛起,运动盖这一小小的技术装饰(大大的卖点)功不可没。对终端管

理,作为一新兴品牌,大多数企业总是有点底气不足,农夫山泉反其道而行之,对终端管理采用款到发货的坚定政策,同时与在市场上的造势配合,在短时间内大量提升了市场占有率,终端销售商对农夫山泉更加具有信心。在这里,坚定的决策是信心和实力的表现。

2. 广告差异化,塑造"健康水,天然水"概念

农夫山泉运动型包装出来以后,养生堂抛弃了传统广告轰炸的做法,而是依据农夫山泉"目标市场定位",通过策划优美的画面和朗朗上口的广告语,采用差异化策略,使农夫山泉在消费者心目中占据特殊的地位。

首先,养生堂利用学生最容易受影响也是最好品牌传播者的特点,利用著名运动员在国际竞技场上是最常见的扬国威、长志气的特征,选择了学生和运动员作为农夫山泉的广告诉求对象。

养生堂公司选择中小学生这一消费群作为一个市场切入点,以包装中的运动盖为重点去引导他们。中小学生天性好奇又好动,最容易接受新事物. 养生堂公司在中央电视台最先投播的是农夫山泉"课堂篇"广告。在课堂上,一女生上课欲喝农夫山泉,她悄悄地拉动农夫山泉的运动瓶盖,但还是发出"砰砰"的声音,受了惊,表情十分丰富,老师告诫她"上课不要发出这样的声音"。老师的告诫反倒使一些上课爱搞小动作恶作剧,具有逆反心理的调皮学生心情急切,跃跃欲试,购买农夫山泉的欲望更加强烈。创意者用此小计,传递了一个产品包装上与众不同的信息,将无声之水变有声,揭示了包装上的吸引力,响声同时又起到了提醒和强化记忆的作用。

农夫山泉的广告语"农夫山泉有点甜",通过画面对千岛湖的全景扫描,突出话外音"农夫山泉有点甜",体现农夫山泉"味道甘洌"的特点。同时突出农夫山泉是"天然水"的概念,并对这一核心概念进行注释,包含了自然环境水源好、绿色、环保和野趣等回归自然的理念。如果农夫山泉在水本体上的采用"纯净""矿物质""微量元素""销量第几"等诉求点,就会显得苍白无力,养生堂公司在这个角度上几乎无法捕捉到水的卖点。最后,他们找到并确认了"有点甜"这一"闪光点"。

饮料企业与运动的联姻由来已久,可口可乐和百事可乐借助竞技体育这一载体向中国饮料市场渗透,已为众目所睹。农夫山泉与体育运动结缘,贯穿其成长的全过程,农夫山泉与体育的联姻始于1998年的世界杯足球赛,到现在为止,标志性事件有三件:1998年赞助世界杯足球赛中央五套的演播室,1999年成为中国乒乓球队唯一指定用水,2000年被国家体育总局选为中国奥运代表团训练比赛专用水。

1998年世界杯足球赛开赛之前,养生堂公司的决策者们意识到:饮料企业要发展壮大,必须与体育联姻。同时,农夫山泉运动瓶盖的独特设计容易让消费者产生与运动相关的联想,值得将之作为一大卖点来推广。而1998年的体育热点是世界杯,于是,养生堂借赞助1998年世界杯中央五套演播室,搭上了世界杯的"快车"而迅速成为饮用水行业的一匹黑马,并被业内人士戏称为世界杯的"大赢家"。在具体操作上,农夫山泉从四月中旬开始在中央电视台体育频道和中央台一套少儿节目"大风车"栏目投放广告。在体育频道播放频率较高,使许多足球迷和体育爱好者对农夫山泉印象深刻。特别是世界杯开幕后,养生堂公司又巧搭便车,出巨资买下中央电视台世界杯足球赛演播室空间,经过精心布置,极大地提高了产品的知名度。

农夫山泉与体育结缘,并不单纯搭体育之车来推广产品,同时还传播善待生命、重视健康、重视运动的理念,为提高全民族的身体素质尽力。因此,它在借1998年世界杯获得成功之后,确立了"竞技体育和全民健身"齐头并进的策略。在重视赞助群众性的体育运动方面,比较有影响的是1999年全国青少年三人制篮球赛。三人制篮球赛是国外非常流行的一种篮球赛制,其特点是自由组队,自由参赛,属于开放性的街头争霸赛,因此很受城市青少年的欢迎。近年来这种比赛在国内逐渐火热起来,但均属地方性的比赛。这次以"农夫山泉"冠名,中国篮球协会主办的全国青少年三人制篮球赛,作为全国性的赛事尚属首次。

1999年5月1日宁波赛区开赛,共有330支球队,1 300多名男女运动员参加了比赛,而到场的热情观众与拉拉队多达四五千人。按照宁波赛区的成功模式,从10月中旬至10月底又在南京、济南、郑州、合肥、苏州等地滚动完成了五城市赛区数千场比赛,参赛队伍超过1 500支,运动员达6 000余人。各地体委、教委及新闻界对比赛给予了有力支持和热情关注,多家媒体进行了报道。这次跨越数省,历时半年之久的大型活动参与性强,社会拉动面宽。组队及参赛过程中,广大青少年显得特别活跃,其同学、好友及家长也赶来观战助威,一时间在各城市形成热潮。农夫山泉通过此类活动得到了社会各界的广泛好评,其品牌形象进一步深入人心。

1998年、1999年,农夫山泉在消费者心目中确立了高档饮用水的品牌形象。初战告捷后,养生堂公司便开始寻找与产品形象吻合的代言人。与此同时,中国乒乓球队也在物色,选择指定饮用水。经过多方面的接触与了解,中国乒乓球队对农夫山泉产生了浓厚兴趣。时值第45届世界乒乓球锦标赛在芬兰举行,农夫山泉自然而然地成为国手的指定饮用水,于是农夫山泉打入第45届世乒赛并与国手一起为国争光。

3. 突出重点,奥运营销,升华品牌形象

2000 年是奥运年,奥运是世人关注的焦点。农夫山泉围绕奥运展开新一轮营销攻势,再次获得全面丰收。2000 年初开始"喝农夫山泉,为申奥捐一分钱"活动以来,半年多时间"农夫山泉奥运装"在全国销售近 5 亿瓶,比去年同期翻一番,也就是说,农夫山泉代表消费者已为北京申奥贡献近 500 万人民币,"一分钱"做出大文章。

一向把支持体育事业作为品牌识别,且最早与中国奥委会建立伙伴关系的养生堂农夫山泉,无疑是最大的赢家之一。中央电视台一直播放的"买一瓶农夫山泉就为申奥捐一分钱"的广告,让你竟分不清是商业广告还是公益广告。"再小的力量也是一种支持",农夫山泉倡导的这种"聚沙成塔"的宣传理念,伴随着刘璇、孔令辉那颇具亲和力的笑脸,在申奥的日子里渗透着我们的生活。

营销专家就此发表评论说,企业不以个体的名义而是代表消费者群体的利益来支持北京申奥,"以企业行为带动社会行为,以个体力量拉动整体力量,以商业性推动公益性",这个策划在所有支持北京申奥的企业行为中,无疑极具创新性。①

① http://www.8wen.com/doc/931097/

第2章　如何打造品牌的赢效因素

为什么同样的话，不同的人说出来的效果不一样？

在我们研究品牌传播策划中，不可忽略的问题就是品牌的传播主体因素。对品牌传播主体的研究是品牌传播效果研究重要的一个环节。

品牌传播的目的在于使消费者在态度、行为、情感等方面产生品牌传播主体所期望的那种变化。那么，撇开传播中的其他因素不论，品牌传播主体本身应具有怎样的因素才能产生理想的传播效果呢？我们认为，品牌传播主体必须具有一定的权威性、可信性、接近性、悦目性等特质因素，同时还需要借助一定的媒介平台，自觉增加露出频次。

本章主要解构品牌传播主体和消费者的关系，充分建立以消费者为核心的品牌传播理念，这也是品牌传播赢效产生效果的基础。本章还将就品牌传播赢效因素进行全面地分析，以保证品牌传播取得最佳的效果。

通过本章学习，我们将可以回答以下问题：

为什么很多品牌喜欢找名人做代言人？

为什么品牌所有者一定要树立良好的社会形象？

为什么品牌所有者要注重公共关系的建设？

为什么品牌所有者需要引导而不是迎合？

2.1　品牌传播主体与消费者

2.1.1　品牌传播主体

1)传播主体概念

什么叫品牌传播主体?我们认为品牌传播主体实际上就是品牌传播的管理者,他可以是企业的老板,可以是企业的员工,可以是媒介机构,甚至可以是品牌的代言人,还可以是舆论领袖。

2)传播主体的复杂性

品牌传播主体可以分为以下几个群体:

①品牌创造者——他们是品牌最核心的传播者,他们也最熟悉品牌的核心价值,他们的奋斗历程和对品牌呵护的故事都会成为品牌传播不可或缺的元素。

②品牌管理者——品牌创造者也是品牌的管理者,但品牌的管理者不一定是品牌的创造者,不过他们对品牌的贡献是将品牌的文化进行弘扬,并不断为品牌添加新的元素。他们是品牌传播的最中坚的力量,他们的一言一行都会给品牌带来不同程度的影响。

③品牌的代言人——很多品牌利用代言人的方式传播品牌,所以代言人也成了品牌传播的主体之一,他们的地位和权力,以及他们平时的言论和行为都将给品牌传播带来影响。

④企业的员工——他们通过自己的言行,传递品牌信息,他们其实也是品牌的代言人,这部分人对品牌传播的影响也不可小看。

⑤媒介机构——媒介机构对品牌的评价或者报道,以及品牌广告的刊出都是品牌传播的行为,这些行为会给品牌传播带来正效益或者负效益。所以,媒介机构也是品牌传播主体。

⑥品牌的舆论领袖——他们可能是品牌的使用者,也可能是品牌的研究专家,他们对品牌的评论也会对品牌传播带来正效益或者负效益。

以上六种人群都是品牌的传播主体,但他们有可能是交叉的,比如企业员工可能成为品牌信息传播的舆论领袖,代言人也有可能是舆论领袖,而舆论领袖也有可能是品牌传播的接受者,等等。所以我们认为品牌传播主体的构成是复杂的,需要经过精心策划。只有让他们都成为品牌传播正效益的推动者,这样才能达到最佳的传播效果。

2.1.2 品牌传播主体与媒介通道的关系

1)合作的关系

品牌通过付费媒介进行广告宣传的方式,刊载品牌信息,这样的关系就是合作的关系。大部分情况下,品牌传播主体和大众传播媒介属于一种合作的关系。

2)合一的关系

在很多时候,品牌的传播主体也是品牌的传播媒介。比如说员工的行为、员工的精神面貌等,它们既是品牌的传播主体,也是品牌传播的媒介。还有品牌传播中的舆论领袖或者代言人,在品牌传播中产生正影响的时候,他们和传播主体是合一的。

3)冲突的关系

有时候,媒介和品牌的传播主体会产生对立,传播不利于品牌形象的信息,在这样的情况下就产生了冲突。如品牌舆论领袖或者其他媒介在品牌传播中产生负影响的,那和品牌的传播主体就是一种冲突的关系。

2.1.3 品牌传播主体与消费者的关系

对于品牌传播主体和消费者的关系问题,过去和现在是不一样的,在产品中心论时代,是消费者跟着品牌转;在消费者中心论时代,就是品牌所有的元素必须满足消费者的需求。这两个时代的不同,导致了传播主体和消费者的关系也不一样。

1)品牌中心论

在产品营销时代,我们的企业被教导要关注与竞争对手产品之间的差异化,为顾客提供一个与众不同的产品。它们认为只要提供不一样的产品,它们的品牌就能获得消费者的接受。

2)消费者中心论

以这种理论进行的传播就是以消费者为核心的理念展开品牌的传播。

在品牌竞争日趋激烈的情况下,以消费者为核心的传播理念得到业界的认同,他们认为满足消费者是品牌传播获得最佳效果的手段。

我们认为品牌传播实际上就是为了说服消费者，让消费者选择接收品牌信息，进而记住品牌、理解品牌，最后产生购买行为。但这个过程比较复杂，让消费者记住信息、理解信息，是一个相对困难的过程，不一定都要一味地满足才能实现，而最佳的传播可能是引导其记忆、理解、消费的过程。

2.1.4 必须建立以消费者为中心的品牌传播体系

1)为什么要建立以消费者为中心的品牌传播体系

万科董事长王石曾说："客户是万科存在的全部理由。"

不只是王石，现在企业的理念已经产生了巨大的变化，那就是必须以客户为核心，所有成功的品牌都无法逃离这样的现实。

当一个品牌拥有了自己的核心价值后，就要严格地秉承以客户为中心的原则，踏踏实实地坚持与维护，只有这样品牌才能做得更好，才会得到越来越多的消费者的青睐。

2)如何建立消费者为中心的体系

(1)要关注消费者的需求

消费者到底需要什么？品牌传播者必须围绕消费的需要进行信息的传递。所以在传播品牌信息时必须关注消费者最急切的需要，比如一个人买一瓶饮料，是为了解渴，还是为了回忆少时的口味，或者是为了体现身份的价值，或者是为了健康。只有充分考虑消费者的需求后，我们才能做最有效的传播。

(2)让品牌成为满足消费者需求的价值载体

面对需求层次和欲望越来越高的消费者，一个品牌仅凭产品的个别功能已经很难打动消费者，因为消费者的目光早已从产品能否解决某个功能性问题提升到这个品牌的整体属性能否实现某种形象超越，或者达成某种欲望的满足这个层面上。

(3)超越消费者的需要

消费者的需要是多种多样的，甚至很多时候他们自己都说不清自己到底需要什么？这种需要也许是潜在的，也许是不存在的。

所以作为品牌传播有必要进行引导和挖掘，把消费者真正的需要挖掘出来，让他们模糊的需要清晰起来。

2.2 品牌传播主体内在赢效因素

品牌传播主体需要具备什么样的内在品质才能更容易获得消费者的关注?

实践证明,传播主体的权威性、可信性、接近性、悦目性,都可以提升传播主体的传播效度。对这几方面的充分认知,将有助于我们对传播主体的策划和包装提供一定的理论基础。

2.2.1 品牌传播主体的权威性

权威性是指品牌传播者具有使受众相信、听从的力量,威望和地位的特质。通常,品牌传播者愈有权威性,其传播的影响力就愈大,消费者就愈信从。品牌传播主体的权威性一般体现在四个方面:

首先,它表现在权力和地位上。传播主体的权力愈大、地位愈高,受众就愈容易接受其影响。品牌管理者依靠自己为社会作出了相当的贡献和个人威信积累到相当的程度后,这时消费者对其信任往往发自内心。

其次,它表现在资历和威望上。资历和威望的影响力形成于受众传统和习惯的认知惯性,植根于特定的思想体系、世袭行为和古代遗风。因此,两鬓斑白的老教授的教导常较血气方刚的年轻助教的言论,对学生具有更大的影响性和劝服力;业界权威专家的推荐品牌比一个中学生对品牌的评论要更有说服力。

第三,它表现在专业特长上。如果品牌传播主体在消费者的心目中是有关问题的专家,那么,在特定问题上,这位传播者就会比不具有专门知识的人更容易取得较好的传播效果。一项实验表明,当受众以为某个传播者是"著名的德国化学家"(实为德语教师)时,被试的全体同学对着无色无味的蒸馏水,竟会按照这位"专家"的暗示和意见,都说嗅到了一股强烈的气味;另一项实验表明,一群学生面对一张洁白无瑕的纸,在强烈灯光照射下,竟然都相信"著名眼科大夫"的话,一致"看见了"那远处纸的中间有个黑色斑点。专家的这种权威性也可以横移到专门机构或媒介上。霍夫兰(C. Hovland,1951)等人的实验是让两组被试人员分别阅读一篇关于主张自由贩卖抗组胺剂的文章,一组被试人员被告知该文章来自权威杂志《新英格兰生物医学》,另一组被试人员则被告知该文章是取自通俗杂志《大众月刊》。结果"权威杂志"文章的读者有23%发生了与文章的观点相一致的态度变化,而"通俗杂志"文章的读者仅有7%产生与文章的观点相一致的态度变化。所以,不论是个人还是机构,只要被受众认为具有专业特长,他们在这个问题上的意见就容易产生权威性而被人们所接受。①

最后,它反映在能力和才华上。能力和才华是传播主体素养和智能的显现,它熠熠生辉,具有诱人的魅力。在历史上,皇甫谧称道左思,顾况延誉白居易,皎然投诗于韦应物,黄庭坚求交于苏轼,都包含着倾慕对方能力和才华的因素。在米基根的测验中,演讲能力和才华被公众认为是产生权威性和可靠性的重要因素,它们被排在第二位,而人品是否正直、业绩和智力如何等因素却被公众排在第六位之后。汉密尔顿·乔丹任白宫办公厅主任期间,曾向手下雇员发出一份有 30 个问题的问卷,调查结果表明:公开演讲能力和才华又一次被认为是达到功成名就的一个重要条件。可见,传播者愈是具有传播能力和才华,就愈容易受到公众的喜爱,并易在公众的心目中确立其权威性的地位。

2.2.2 品牌传播主体的可信性

可信性是指传播者具有使受众承认和信赖的一系列特质。

古人说,"诚信者,天下之结也"(《管子·枢言》);"人而无信,不知其可也"。(《论语·为政》)

可信性既是指受众对传播者相信和信任的感觉和态度,也是指受众对传播者认可和承认的倾向和程度。在传播过程中,传播者愈是让人觉得可信,人们也就愈容易按照他的信息意向发生变化。

可信性对于品牌来说显得更加重要,市场是建立在诚信的基础上,没有诚信将失去市场。品牌传播主体的可信性,是品牌可信性在传播主体身上的体现,传播主体若不可信任,将会影响消费者对品牌的信任度。

诚实是增强可信性的首要因素。"事实胜于雄辩","务伪不久,盖虚不长"。(《管子·小称》)传播者要想获得受众信任,必须真心诚意、信而有征,千万不可欺骗撒谎、捏造事实、传播虚假信息。对于品牌传播主体来说,诚实无疑会给消费者带来更多传播力,特别是对品牌危机的处理,很多品牌想隐瞒真相、制造伪像,但最终都没有得到好的结果。

信誉是品牌传播主体在消费者心目中经长期积累而形成的一种良好感觉,也可以增强可信性和传播效果。《狼来了》故事中的孩子,"烽火戏诸侯"中的君王,由于缺乏传播信誉,结果传播真实的信息也被人们当做虚假信息。理性的分析告诉人们,一个缺乏信誉、不值得信任的人,无论他某次传递的信息多么

---

① 邵培仁. 传播学[M]. 北京:高等教育出版社,2007.

的真实，都会被认为是一个“可疑”的传播者。

骨气是一种值得敬仰与钦佩的品德，是品牌传播主体必须力塑的形象，具有这种品德的传播主体，也可以为品牌传播增加可信性元素。

公正：与可信性亦成正比例关系。古人非常重视公正无私的品质，认为“用心于正，一振而群纲举；用心于诈，百补而千穴败”（苏洵《用间》）；“水至平邪者取法，镜至明而丑者无怒，水镜之所以能穷物而无怨者，以其无私也”（《三国志·蜀书·李严传》）。所谓公正，就是反映事物、发表意见要公平正直，不带偏见，实事求是。对事对人，好就是好，坏就是坏，绝不因于己有利而言其好，于己有害而言其坏。无私是指传播活动是出于某种崇高而正义的目的，甚至与自身利益相反的目的，而不是借此牟取私利或宣传自己。品牌传播者具备公正的品质，也会给自己的传播增加可信度。

责任：社会责任感是品牌管理者必须拥有的一种品质，越有社会责任感的品牌管理者，越容易获得消费者的信任，品牌也可以通过这种方式获得消费者的认同。

2.2.3 品牌传播主体的接近性

接近性是指传播者在信仰、民族、籍贯、专业、个性、情趣、距离上与受众愈接近、愈相似，就愈容易产生好的传播效果。这种接近性或相似性会使受众产生一种“同体观”倾向，把传播者看做是“自己人”，从而在传播中也易造成传播者同受众意见是一致的情境。

比如东南车盟在推广车盟卡过程中选择了以车主现身说法的手段，让车主来进行体验并通过《东南快报》的软文告诉所有的车主车盟卡到底方便在哪里。

案例——

车盟会员体验：爱车一卡刷“净”

本报讯　11 月 20 日（2010 年）早上，福州的施先生用 680 元现金购买了东南车盟金卡，从而也成了第一个购买东南车盟金卡的客户。10 天时间过去了，让他和我们说说他的刷卡体验。

体验时间：11 月 22 日（2010 年）

体验地点：福州梅峰支路爱车屋

体验项目：内饰清洗

体验感受：上午 10 点，我给爱车屋打电话，说我是东南车盟会员，现在过去做内饰清洗。对方回复说，现在可以把车开过来，但内饰清洗时间比较长，要等到下午取车。我表示同意。早上 10 点开车过去，爱车屋周总接待，并为我详细说明内饰清洗时间。

下午4点左右，我到爱车屋提车，出示东南车盟金卡。周总说第一次刷东南车盟卡，虽然是第一次不太熟练，但还比较顺利，清单显示内清消费一次。不仅做了内饰清洗，外边也洗了，等于赚了一次洗车，而且洗得很干净，车内很香，很舒服。

体验时间:11月24日(2010年)

体验地点:左海办公室

体验项目:购买保险

体验感受:拨打东南车盟车服务热线88007789，要求购买保险，一个小时后阳光保险电销人员报价，之前有了解过价格，比其他电销便宜一点，没有犹豫就购买了。当天下午东南车盟来电，可以赠送一张行车卡，作为车盟的激励。我表示接受也表示了感谢，车盟说可以折成100元现金，我要了卡，转送给了我的朋友。

体验时间:11月29日(2010年)

体验地点:左海办公室

体验项目:年检

体验感受:早上9点左右，我打电话给东南车盟客户服务中心，客服人员说马上派人和我联系。9点10分，一姓颜的工作人员与我联系，并约定下午2点左右过来取车年检。下午5点左右，他将车送到单位楼下，我取车盟卡下楼，他用移动POS机刷走一次"综合服务1"，表示年检已经结束。过后，给我一张发票，国家规定的年检费用:108元。我问他要代办费用吗？他说不用。

算账:体验三次我已经得到了560元。内饰清洗一次:280元；送一张行车卡:100元；平时叫人代办年检的费用:180元，哈哈，我卡里还剩下50次的洗车费，可以洗上一年，当然还有很多优惠项目呢，真棒！

三种办卡途径　申领更便捷

据东南车盟工作人员介绍，东南车盟采取自愿加入的原则，凡符合会员条件的个人提出申请时，必须如实填写《东南车盟会员入会申请表》。

申请入会人员需提供行驶证、驾驶证、身份证及保险单复印件。申请入会人员需如实填写相关表格。

为方便车友申请入会，东南车盟特开辟以下三种办理渠道:

①网站:车友可登录东南车盟网站(www. dncmw. com)，直接在线填写申请表。

②电话:电话申请加入(0591-88000567、87835800)。

③代办点:到东南车盟会员卡的代办点填写申请表,提交资料,交纳会费,即可领取会员卡。各代办点地址及联系电话可登录东南车盟网(www.dncmw.com)查询。

一个电话,送卡上门。以电话申请为例,车友拨打东南车盟购卡热线后,留下姓名、地址、电话等基本信息,东南车盟服务人员根据登记的信息在24小时内送卡上门,同时让车友填写申请表。车友需提供申请入会所需的材料,并缴纳会员卡费。之后,车盟工作人员会将对应车盟卡及缴费凭证交给车友,并电话通知车盟总部开卡。车盟总部在确认车友资料后,会以短信形式通知会员车盟卡已激活。东南车盟客服人员提醒车友,送卡上门需收取相应手续费。①

以上的软文,是通过车主体验的方式完成的,这样的表达更容易拉近与车主的关系,使传播更具影响力。

2.2.4 品牌传播主体的悦目性

自亚里士多德以来,人们一直在研究传播者的悦目性对传播效果的影响。一般认为,传播者容貌漂亮、风度翩翩,对受众具有悦目性,那么他(她)本人及其所传信息则易为受众所接受和喜爱。

美国学者诺尔曼曾做过一项实验:让一位外貌毫无魅力的生理心理学教授和一位身高体壮、讨人喜欢又懂演讲技巧的大学生,同时作关于正常人应该缩短睡眠时间的讲演。结果发现,教授虽有权威性、可信性,但由于缺乏悦目性,受众从他的讲演中记住的只是简单的声明;而大学生由于在生理特征上富有吸引力,受众在他的讲演中不仅记住了主要观点,还记住了详尽的论述。诧摩武俊(1985)曾对在东京大街上拿着装钱的纸箱为社会福利基金募捐的男女大学生作过观察。他发现,人们往英俊漂亮的男女大学生纸箱里投钱的人次和钱数总是比其他同学多。

所以,我们认为,在品牌传播中,视觉系统的表达非常重要。比如公司要求员工上班期间穿制服,让公司看起来更整齐划一,从而增加了消费者或者客户对他们的好感,提升品牌传播的效度。

---

① 《东南快报》2010-12-01

2.3 让消费者透过媒介经常看到你

对于品牌传播主体而言，除了必须具备内在的品质以外，还必须创造让消费者接触的机会，自觉地利用各种媒介，提升品牌的露出频次。

实践证明，品牌的露出频次越高，消费者的认同感就越强，传播效果就越好。

东京大学诧摩武俊认为，一般来说，无论对人还是对事，总是接触机会越多，怀有好感的程度就越高。对初次见面的人或未知的事物，由于不了解那个人或那件事的全部情况，往往会怀有不安，不知如何对待。随着接触次数的增多，不确定的部分减少，熟知性增加，亲近的倾向就会加强。可见，在传播活动中，只要传播者多露面、增加与受众接触的次数和信息互动的频率，就会使受众产生“熟人”印象，形成亲近的倾向。

2.3.1 让他们透过媒介经常看到你

美国学者查安斯曾做过一次实验，让大学生们观看各种人物的照片，结果随着看的次数增加，他们对照片上人物的好感也在增加。正是针对这一心理特点，西方每次接近选举的时候，候选人的大幅照片总是贴满大街小巷，以增加与选民“见面”的次数，进而影响那双投票的手。为了与选民在大众传播媒介上“见面”，候选人可以选择报纸、杂志，通过刊登参加各种活动的照片，与读者见面，富有表演天赋的候选人，也可以选择电视媒介与公众频繁地“见面”，使公众产生一种“我们很熟悉”的情感定势。这已为传播学研究多次证实。

在品牌传播中，要想让消费者经常看到你，除了频繁的广告以外，还需要新闻对品牌关注，新闻的关注往往更能吸引消费者的眼球，所以品牌需要想方设法成为新闻的元素，让媒体关注。

1)广告

广告是打造品牌知名度的一种重要渠道，通过广告的露出频次，让消费者对品牌增加熟悉度，并不断产生好感。

笔者曾经做过一个调查，调查内容有以下几个方面：①你觉得脑白金广告中的两个卡通人物说的“今年过年不收礼，收礼只收脑白金”这句话恶俗吗？

②你想送礼品的时候第一个反应是什么?

我们调查的100个人中,答案基本类似:刚开始的时候他们对这两个卡通人物说的"今年过年不收礼,收礼只收脑白金"觉得很烦,没有新意,年年那样,但是后来觉得很亲切,甚至平时说话的时候会经常引用这些广告词。到最后,自己买礼品送给长辈的时候都会不自觉地想起这句话,想起卡通人物的表情和样子。

2)新闻

通过新闻传播的方式,可以让品牌增加露出频次,但最重要的就是品牌传播主体要成为新闻的元素。

可以有两种方式让传播主体成为新闻的元素。第一就是通过传播主体的观点。比如万科的王石、SOHO的潘石屹,他们既是品牌传播主体,但更是公共的知道分子,他们的观点和行为将会影响整个业界,所以他们是新闻的焦点,随着他们在新闻中频频出现,他们的品牌也得到了最有效的传播。第二就是通过直接策划新闻事件,吸引媒体的关注。比如王老吉在5·12汶川大地震后央视赈灾晚会中捐赠了一个亿,之后几乎所有媒体都做了报道,这种公益性的活动,给王老吉带来极大的品牌传播效果。

2.3.2 让品牌传播主体直接与公众接触

品牌传播者直接和消费者见面,更有助于增强消费者的好感。洛克菲勒在1966年竞选美国阿肯色州州长时,他的竞选班子通过主要民间团体和电话号码簿等渠道获得90%以上的选民名单后,接着他对选民逐一访问,当面推销,来不及拜访的则以私函、电话、中间人等形式进行直接劝说,结果洛克菲勒大获全胜,当选州长。由于访谈是有备而来,所以常给选民留下"他对我最了解""他的话最合我意""他当选肯定能给我带来好处"的良好印象。此外,直接接触也可以将公众分为亲近类、中间类、分离类,然后按区域将其集中起来,依据不同情况进行公开劝服。这也是当代政治传播中的常见做法。

这就是为什么很多品牌的传播者会利用会议营销的方式或者其他促销活动对消费者进行全面的深度的诉求。会议营销也是使消费者能直接看到品牌传播主体的一种方式,通过他们之间的互动,可以给消费者留下最好的印象。

除了这种办法以外,品牌管理者还要强化员工也是代言人的观念。

其实,员工就是最大面积和消费者接触的一个群体,他们的言行将极大地影响品牌的传播。任何不错的策略点子和有力的品牌诉求都是要依靠人来完成的。尤其是面对今天日益挑剔的顾客而言，在同一类商品上他们早已有了不计其数的选择。因此，除了商品为他们带来的利益外，在与品牌的“亲密接触”中他们开始越来越重视人（品牌方）对他们的态度。

在品牌的几乎每一个接触点上每天都在不停地上演着人（品牌方）与人（顾客方）face to face（面对面）的好戏。因为，顾客永远认为，只要品牌的标签“贴”在员工身上（顾客才没时间和精力也没有那个义务去搞清楚是不是你的正式员工），他们便会把他/她的表现看做是品牌的表现。

星巴克的董事长霍华德·舒尔茨之所以说“每个员工都是品牌的形象代言人”，是因为霍华德·舒尔茨深谙以人为本，“关键时刻”才能由内而外的道理！

唐·舒尔茨（Don E. Schultz）教授认为，品牌是从内部开始的，它始于企业员工及其责任心和热情，而不是始于外部环境中的某种因素，如广告噱头或者是捏造的特征。因此，在塑造品牌和提升品牌价值的运动中我们必须要明白，所有参与品牌创建的员工和一切与品牌建设有关的关系利益人（经销商、零售商、媒体伙伴、供应商、物流商等）都是品牌形象和顾客利益的传播者和品牌体验的提供者。只有借助他们的奉献，品牌传播才能取得成功。如果一个品牌只注重在外部善用技巧，但是企业内部却缺乏足够的内在传播动力，那么这家企业即使是兴盛一时，最终也难逃颓势。所以说，“内功”修炼乃是向强势品牌进军过程中必上的一堂大课。

宝洁在某地一个普通的送货车司机每天都会在小歇时，把自己的车身维护得很干净。当有人问他是否有必要这样时，这位下岗再就业的司机却说出了许多自命不凡的人说不出来的话。他说他知道宝洁公司的承诺是“创造洁净舒适的美好生活”，如果自己的送货车和人随时都是脏兮兮的话，顾客看到后凭什么相信你的产品能够美化他们的生活？

这个例子说明了什么问题？就是作为品牌传播最基本个体的员工是否能有力地体现出品牌的核心价值和品牌个性来？当品牌对顾客做出诸多承诺后，你能否可以做到让你旗下的所有参与者（甚至包括像这个最基层的司机这样的员工）都能身体力行？①

2.3.3 让你的思想和观点不断传向受众

作为品牌传播主体，王石、潘石屹、任志强都做得相当到位，他们的思想和观点足可以影响业界，他们通过向社会提供观点与看法，让他们的品牌不断地

① 李海龙.一触即发——发现打动顾客的关键时刻[M].北京：北京大学出版社，2006.

得到传播。

2008年,奥巴马竞选美国总统的时候,他围绕着"变革"这个关键词不断在全美国推荐他的观点,通过观点的营销,获得了选民对他的认可、对他的团队的认可。

所以思想和观点是可以获得消费者的青睐和拥护的,而在这种情况下,消费者往往是能发展成为忠实的消费者的,他们的品牌忠诚度是相当地高。

我们认为要想获得消费者认同和熟知,需要通过以下几个方面传播品牌传播者的观点:

①树立良好的公众形象。这是成为思想者或者观点者获得粉丝的最有效的手段。品牌传播者是诚信的,是充满智慧的,是正直的,是有社会责任感的,这样的公众形象更容易获得消费者的信任,也因为消费者对品牌传播者信任,会带来对品牌品质的信任。

②观点要有内涵有哲理。观点不一定都是对的,但观点要想获得消费者认同,必须有内涵,能经得起时间的考验,能经得起消费者的琢磨。

当然,我们强调要增加在消费者中的露出频次,但这并不意味着无限度地增加接触,就一定能带来好感程度的不断增加。传播学研究表明:传受两者的接触保持在一定的限度内才会有好的效果;接触一旦超过限度,受众厌烦的感觉就会出现。此外,如果第一次接触的印象十分恶劣,以后无论怎样频繁接触也难奏效。

2.4 如何打造品牌传播主体的赢效因素

品牌传播主体的良好的形象策划是品牌传播的重要环节。

如何打造品牌传播主体的良好形象并获得消费者认同?上述的理论阐述给我们带来了方向和思路。但这些方向和思路还是不够,我们知道任何策划都需要创意,创意应在策划的每个环节中应用,有创意才能更好地获得眼球,品牌传播策划亦然。

为了更好说明品牌形象的策划,以克林顿的形象策划作为案例,进行详细地解剖。

美国前总统克林顿曾有一群专门为他包装的人,那就是他的形象策划小组。这个小组由新闻、广告、语言、美容等各方面的专家组成,阵容庞大,并从各个方面来塑造总统在人们面前的形象。

总统竞选实际上就是品牌的竞争，作为品牌的传播主体，克林顿在竞选时对自己形象的打造无疑是成功的。

1）他打造了品牌传播主体的接近性

在克林顿竞选期间，这个小组发挥了极其重要的作用。如何避免落入俗套，是小组考虑的第一个大问题。几经推敲，他们制定了“平民化”路线，结果证明，这个路线不同凡响。在平民化的基调下，克林顿首次向新闻界透露了他出生在阿肯色州一个贫民家庭，生父早亡，家中缺少温暖，而他在艰难的条件下以顽强的意志一步一步取得了事业成功。他的身世和他坦率的态度引起了大多数美国人的同情和景仰，为他的成功打下了良好的基础。

2）他打造了一个增加媒介露出频次的通道

在大选中，他的平民化和布什的贵族式的作风形成了鲜明的对比。他经常乘坐大轿车到各地巡回竞选，这给大批乘不起竞选飞机的地方报记者以极好的采访机会，更赢得了他们的好感，而他们的笔，又影响了上千万的选民。这个小小的策略在政治观察家眼中自然只是一个小伎俩，但这却为克林顿赢得了比布什高 24 个百分点的选票。

3）他打造了品牌传播主体的悦目性

在他的连任竞选中，他的广告顾问曼迪精心策划了一个帮助他获得更多人支持的场面：在优美的海滨，一个饭店的阳台上，总统本人亲自为选民吹奏了他钟爱的萨克斯管，正当他投入地演奏的时候，搭档保罗·贝蒂递过一副墨镜，他潇洒地随手戴上。第二天，全国各地报刊都登出了身材高大的总统戴着宽边墨镜吹奏萨克斯管的照片，人们领略了总统的迷人魅力。

他的形象策划小组认为，在严肃的政治生活中展现一下总统作为普通人的一面，可以更好地与选民沟通，让他们觉得总统与自己更贴近。克林顿在乘车穿越各大州选举的时候，经常沿途停车发表演说，和选民们挨得很近。他还随身带着他的萨克斯管，在演说间隙拿出来演奏一曲，甚至和人们一起翩翩起舞。这将他性格中友好、亲切、潇洒的一面表现无遗。

4）他利用其他传播主体来增加可信性

克林顿的桃色丑闻全球闻名，另外关于他逃避兵役、组织游行、吸毒等丑闻大大影响了他的声誉。形象设计师们让克林顿全家出动，以挽回恶劣的影响。根据策划，他携带妻女来到选民中，和他们亲切交谈，还把手亲热地搭在妻子的肩膀,以显示他们的关系不受外界传闻干扰。女儿切西尔将去上大学,总统还亲自带她到白宫附近的文具店选购物品,这又成为记者们笔下勾画慈父形象的重要一笔。

站在人群中间的是大众对其了解不多的总统,但他身后的形象策划师们替他将自己最受大众欢迎的一面展现了出来。

上述这些内容都是克林顿在竞选时的赢效因素,这些因素整合在一起,就对品牌传播主体带来了极其良好的品牌效应。

思考题:

1. 品牌传播主体包含哪些内容?
2. 品牌传播主体与媒介的关系是怎么样的?
3. 品牌传播主体的赢效因素有哪些?

品牌策划实验室:

按照你所学过的理论,请为东南车盟传播主体策划赢效因素。

材料:

一、东南车盟简介

东南车盟是由中国强势媒体《东南快报》社发起成立的汽车服务组织,她一直坚持“惠聚八方”的理念,诚心为会员打造一个省心、省力、省钱的车生活平台。

成为东南车盟会员除了可以在所有汽车美容联盟商家获得限量的洗车、内饰清洗等服务外,还可以获得加油每升便宜0.2元的优惠;购买车险在正常折扣的基础上优惠15%的同时还可以享受再优惠100元等服务;此外还可以享受获得无偿救援、拖车、泵电、换胎、免费协助办理违章手续、汽车年检以及联盟商家的打折优惠服务。

目前,东南车盟已经拥有一支专业联盟推广团队、成熟的联盟推广管理机制和多年的联盟操作经验,现已拥有上百家汽车经销商、驾训机构、汽车服务、休闲商业机构、媒体等加盟单位,为会员提供紧急汽车救援、特惠汽车保险、汽车修理、汽车养护、汽车租赁、汽车信息咨询,车辆年检、保险到期提醒与代办,车辆违章提醒与处理,以及超低折扣的酒店、机票、鲜花预订、餐饮、娱乐、旅游、购物、健身、洗衣、家政、体检等各种优惠、优质服务,帮会员省钱、省时、省心。东南车盟还将举办各种自驾游、品牌车友会、单身车友会、惠购等特色活动让会员享受快乐“惠”生活。

二、车盟媒介支持平台

《东南快报》——是福建省发行量最大的都市报之一，日均发行量已经达到了50万份，已经成为都市白领阶层最喜爱的报纸。

《东南车盟网》——是《东南快报》主办的一家服务车友的网络媒体，也是车友沟通的一个非常重要的互动网络平台，目前居中国同类网络媒体前列。

《车生活指南》——每年一本的车生活手册是《东南快报》、东南车盟发起制作发行的一本车友工具书，旨在打造一本真正的行车、用车、养车、出行、娱乐的城市车主读本。

东南车盟卡——已经成为东南车盟与车友的良好的沟通平台，它分成行车卡、金卡、白金卡三类。

第3章　破译消费者的心智密码

当消费者不再被认为是一个被动而消极的"靶子"的时候,这也是品牌传播者最头疼的时候。他们甚至不知道将怎么理解消费者,甚至把他们认为是"疯子",是一群毫无情调的"疯子",但此后市场结果让品牌的管理者不得不坚决地认为,市场那只看不见的手不会比消费者的想法更神圣。

到底他们在想什么？到底他们不想什么？到底他们喜欢什么？到底他们不喜欢什么？……消费者的想法如此复杂,以致品牌传播策划人不得不费尽心思破译消费者的心智密码——从过去到现在,一直没有停止过。

很显然,在品牌传播策划中要想获得消费者的认同,或者说要想让我们的品牌传播顺利进行,就有必要去了解消费者,并洞悉他们,破译他们的心智密码。

本章将重点阐述消费者有哪些特点、如何进行消费者洞察,以及消费者选择机制会给品牌传播带来什么样的影响。

3.1　消费者是谁

他们是谁?

也许答案看起来比较简单,但实际上要比我们想象的复杂多了。

当你拥有一家制鞋厂的时候,你生产出来的鞋从来不缺乏销路,因为这世界上只有你家有制鞋厂。但事实总是变得无比糟糕,你家鞋子好卖的情况也许只能存在一天时间。第二天你会无比惊讶地发现你家邻居也开始在叮当声中制造和你家款式差不多的皮鞋。不仅这样,还有很多人跟你的邻居一样也开始卖鞋了。

原本还想从你这里购买鞋子的街坊们,在你家邻居鞋厂开业的那天就变得很犹豫,他们想不出更好的办法来掂量是应该给你面子还是给你邻居面子。而此前,他们还都想求你帮他们定制一双漂亮一点的鞋子呢。

不过,若你不是彻底失望了,你一定会想着如何让你的街坊们像前一天那样光顾你的鞋厂,但你已经不能企望所有街坊都那么想。于是,你就要思考你的街坊到底是什么样的角色,以便更好说服他们购买你的产品。

3.1.1 我们要说服的对象

你将要说服的对象是谁?

他们具有哪些特点呢?你必须了解他们,因为这可能为你下一步的说服计划提供一个良好的切入点。

从传播学的角度来看,你将要说服的对象是传播两极中的非常重要的一极。没有他们存在,你家的鞋厂就有可能关门,如果你找不到他们的话,结果也将是一样的。了解他们是你制定未来推广策略的一个非常重要的环节。

1)消费者的角色

他们将购买你家的皮鞋,但也可能不购买。当你拿着一个喇叭像疯子一样对他们疯狂地叫卖你的皮鞋的时候,他们也可能看了看昨天刚向你家邻居购买的鞋子,摇了摇头说,为什么你不早一点这样疯狂地叫卖;也许过两天他还是觉得你家的鞋子对他的胃口,决定购买你家的鞋;但也可能是这样的情况,他只是想想而已,而从来没有采取过行动。

作为消费者角色的他们,比我们想象的要复杂多了。但有一点是比较简单的,就是他们需要穿鞋。

2)品牌传播“译码者”的角色

这是你在疯狂地向他们叫卖的时候,你必须要考虑到的一个问题,他们能不能很顺利地听懂你的呼喊。这在传播学中,我们称为“译码者”。

人类传播的基本过程是这样的:传播者—编码—信息—媒介 + 信息—译码 + 受众。

你可能会将你家鞋子的几个特点用最简短的语言表达出来,你第一句是:我们家的鞋子很耐穿。

这句话对张家的老爷爷极有诱惑力,因为他昨天刚买了一双皮鞋,穿了一天鞋底就断了。张爷爷对你的信息进行这样的解读:你家的鞋子很耐穿,至少比他昨天买的鞋子多穿几天。但是张奶奶不这样看,她可能会觉得以前自己做的草鞋也很耐穿。张奶奶和张爷爷对你的信息的解读出现了两种不同的结果。

其实这也是正常的,所有的人都不可能完全地把你传递的信息全面解读出来,当然有一点你应该做到:争取让你所传递的信息很简单,不能有歧义。

3)品牌传播参与者的角色

邻居张大爷听了很卖力的推销后,有点心动,他决定去你家的鞋厂看看,体验一下。当然也有可能他会冲你大声叫:"你小子,你家的鞋子到底有多耐穿呀?"这两种结果都表明了张大爷已经参与到你对产品的传播过程中。

当然还有一种可能是:张大爷回家告诉张奶奶,你家生产的鞋子的确不错,比过去的草鞋更加结实,更加好看。

张奶奶一听说"好看",立马告诉隔壁的王奶奶家,说你家的鞋子值得买。这样不仅是张大爷参与了传播,张奶奶和王奶奶也参与了传播。

4)品牌传播效果的反馈者

品牌信息的传播过程,不是单向传递而是双向沟通,不是强行灌输而是合作互动。消费者也不全部是消极吸收,还有积极反馈。

"反馈是一种强有力的工具",反馈也是张大爷对你疯狂的叫卖声的回应。你可以从张大爷的眼神里看到他是相信你的,他甚至已经被你说服了,他甚至采取了行动向你购买两双皮鞋,一双给张奶奶,一双给他自己。

3.1.2 消费者的特点

当个体的信息接受者暴露在大众传播媒介前并独自接受信息作品时,他是消费者、译码者、参与者、反馈者的角色,具有受动性和能动性的本质特征。

但是,在信息接受中,由无数个体汇集而成的消费群体,当他们成为群体的时候又有何特点?

在你叫卖你家皮鞋的时候,你也许会注意周边到底都有什么人在听你的叫卖声,他们都具有哪些特点呢?

很显然,你非常需要知道他们的特点,因为这样你才可以喊出你的卖点,他们才更愿意接受你的信息。

作为传播对象,你会发现他们的特点主要表现为:众多性、混杂性、分散性和隐匿性。也就是你在叫卖的时候,其实你的听众还是不少的。当你贴了广告,看的人可能还会更多。品牌信息经过大众媒体传播后,同样它也获得众多的受众。

但是，你对他们的成分不一定了解，他们之间也不了解谁曾经看过你的广告，谁还听了你的叫卖声。这些人的关系是分散的，没有共同的感受，也没有共同的意识。在接受信息中，他们对别人无控制能力，别人对他们也无可奈何。

不过，有一点可以肯定的是：他们都在接收你所传递的信息。从他们接受信息的内在机制看，这些消费者又具有四个特点：

1）自在性

品牌信息传播过程，所有的信息接受者都是十分具体、有血有肉、有思想、有情感的客观现实，是一个个独立存在的实体。这就决定了信息接受者中的每一个人都有自己的形貌、个性、兴趣、立场，都把自己划归在不同的社会类型之内。

2）自主性

当你进行品牌诉求的时候，你的受众不会成为"不动的靶子"，他们有可能对你所传递的皮鞋信息非常感兴趣，也可能认为你在吹牛。但不管怎么样，我们都不应该把信息的接受者看成敌人，那是非常危险的；而应该看成是自己人，是合作者，这样你才有可能让他们更容易接受信息。

我们认为，其实消费者和品牌传播主体一样，他们有强烈的自主意识、创造意识、自尊心理和自己对信息作品的选择、理解与判断，并不轻易为传播者所任意左右或支配。他们虽处于大众传播的终点，是信息的受体，但他们的接受活动从来不是强制的、被动的和消极的，而是自觉自愿的、积极主动的；不是盲从的，而是自主的。

3）自述性

当你叫卖你家皮鞋的时候，你一定要把你家皮鞋的最重要的特点说清楚，不然你所传递的信息就有可能被误解，甚至受众会得到相反的信息。

因为信息的接受者是自由的，他们在听到信息的时候会进行消化，并极有可能会将自己消化后的感受复述出来。这是形成舆论领袖的第一个阶梯，他们可能会把你的品牌信息进行全面阐述，也可能只能就他所理解的范畴内复述。

4）归属性

信息接受者虽不是作为固定的群体而存在，而是自发、未经组织的人群，但这并不意味着他们无类可归，心无所系。恰恰相反，他们总是自觉或不自觉地将自己划归在某一特定的接受群体之列。工人与农民、妇女与儿童、球迷与股迷……他们从心理到行为都将自己视为某一特定的群体。

3.2 什么是消费者洞察

3.2.1 如何定义消费者洞察

什么是消费者洞察?

奥美对此的解释是:发现消费者对品牌、对产品或者该类别的习惯、态度,然后通过广告传播激发消费者,使他们动心。

我们认为,消费者洞察是对消费者的消费心理和消费需求的把握,通过挖掘品牌核心价值,营造打动消费者的氛围,以期达到品牌传播最佳效果的过程。

就像你看到张大爷看中你家生产的皮鞋很耐穿、张奶奶看中你家的皮鞋很好看一样,你知道了他们的需求,然后你特别强调了耐穿和好看的诉求,结果他们就真的动心了。

和一般市场调查研究"消费者是什么"不同,消费者洞察是对人性的发掘,回答的是"消费者为什么会是这样"。消费者洞察与消费者观察也是不一样的,消费者观察只是通过表面的察看,发现消费者在做什么;消费者洞察却是通过调查研究和深度挖掘,发现消费者为什么这样做。因此,通过消费者洞察,可以发现"原本不存在"的市场机会,实现品牌传播的创新。

具体说来,消费者洞察和消费者调查有以下几方面的区别:

①消费者洞察是深层次的分析。调查是静态的、浅层次的,是对被调查者所做的或所说的进行描述。比如:去年有20%邻居购买你家生产的皮鞋。

这些调查对于消费者洞察来说也是有用的,但其贡献不大,消费者洞察需要发掘的是,20%的邻居为什么能买你家的皮鞋,而80%的邻居为什么不买你家的皮鞋?

②消费者洞察以定性研究为主要手段。消费者洞察不排斥定量研究,甚至有时候还必须做定量研究,但更多的是要靠定性研究,因为定性研究可以从心理学角度研究消费者对产品、品牌的态度和心理,从而进一步挖掘其习惯、经验和价值观。而对这些因素的查找,定量研究是难以顺利完成的。

意大利一家方便面企业通过调查发现,很多家庭主妇不用他们产品里附带的洋葱包,总是自己切洋葱加入面条里。于是他们展开了洞察:"我们的洋葱包不好吃吗?"答案是:"好吃","那为什么不吃呢?"最后通过多次发问得到了一个出乎意料的答案:“自己切洋葱是对家庭成员的一种关爱,是对‘图方便’产生的内疚心理的一种补偿。”这家企业才知道:方便面不一定“越方便越好”。

③消费者洞察是一种体验和反省。消费者洞察是对消费者消费行为的一种体验和反省。

通过亲自体验,我们设身处地感受消费者在想什么,需要什么,在什么时候会对品牌感兴趣,等等。如果无法体验消费行为,就应该通过反省的方法来感悟你的目标顾客到底在想什么,到底需要什么。

3.2.2 消费者洞察能为品牌传播带来什么

知己知彼,才能百战百胜。

只有对消费者实行洞察后,才能知道消费者需要什么,才能知道他们的消费动机。

也只有这样,品牌传播才有可能在品牌传播内容加工、品牌传播环境策略、品牌传播主体设计、品牌传播技巧安排、品牌传播媒介选择等方面有一个方向,让所有的策划才能更具针对性。

1)让品牌的信息传递更具针对性

品牌传播的内容设计与消费者的需求有关。

我们了解消费者的需要,就能根据他们的需求进行品牌传播内容的设计。

比如东南车盟经过消费者洞察,发现很多车主需要更方便地享受洗车服务。所谓方便,有三层含义:第一就是洗车不用排队,第二就是车开到什么地方都可以享受洗车服务,第三最好还可以享受上门洗车服务。

这些服务通过东南车盟卡都可以实现。所以经过消费者洞察后,我们提炼了广告的主题:洗车,不用花时间了。

2)品牌传播的环境策略更具方向性

传播环境对品牌传播的效果有极大的影响力,通过消费者洞察,我们能更清楚地把握消费者在什么样的情况下更容易接受品牌信息,更容易接纳品牌,乃至采取购买行动。

在东南车盟卡促销活动中,我们发现在加油站等地方举行促销活动效果比较小;与此相反,在一个安静的地方,给他们充分说明车盟卡的用途,这种方式带来的营销效果将更好。

3)品牌传播主体设计更具吸引力

品牌的赢效因素是强化品牌传播效果的一个非常重要的策略,只有通过消费者洞察,才能发现什么样的因素是消费者乐意接受的,甚至产生崇拜心理。

在车盟品牌传播中,我们通过两种方式提升东南车盟的品牌形象:一个是积极参加公益活动,树立车盟品牌的公益性;一个是依附《东南快报》,《东南快报》有很大的品牌价值和公信力。通过这两种方式,我们获得了品牌赢效因素。

4)品牌传播技巧安排更具合理性

品牌传播技巧也主要是针对消费者而言,技巧主要是为内容传播服务,但经过消费者洞察后,可以有针对性地使用传播技巧,使品牌传播效果更好。

如东南车盟在品牌传播技巧应用方面也是基于对车主的洞察,我们发现车主文化程度相对高,对消费相对理性,所以让他们购买东南车盟卡,最好的办法就是说两面理——既说车盟卡好的地方,也说车盟卡的缺点。说好的地方是强化他们对车盟卡优点的认识;说缺点是给车主打疫苗,预防车主在哪方面无法满足时候所引起的效果反弹。

实践证明,这种效果很好,说明我们对消费者的洞察是到位的,也是正确的。

5)品牌媒介选择更具科学性

在品牌传播中,我们为什么选择这个媒介,不选择那个媒介,其实也必须根据消费者来进行的。

媒介也可以成为品牌传播环境中的一种,但作为媒介单独考量更多的是因为它是信息载体,品牌可以通过这个载体地位和公信力来影响消费者的选择。

其实,很多品牌在传播的时候对于选择媒介更多是考虑经济效益,也就是传播效果和广告投入的比例,但实际上品牌的媒介选择会影响消费者对品牌的态度。比如,福建晋江的七匹狼、安踏等品牌为什么喜欢在中央电视台投放广告,不只是因为媒介的到达率高,更重要的是央视推荐的品牌更容易让消费者信服。

3.3 消费者洞察的基本原则

俗话说,找到方向就不怕路远。

对于消费者洞察也是如此,这一节,我们将主要探讨洞察消费者的方法。这个方法也可以用来观察你家邻居,看看什么人可能会买你家的皮鞋,什么人基本不可能;他们在什么时候能买你家的皮鞋,什么时候不可能。

3.3.1　消费者洞察紧贴细分市场

消费者洞察一定要紧贴细分市场，围绕目标客户进行。目标客户在哪里？到底如何进一步细分？可以用两种分析工具：一是目标客户群分类；二是目标客户角色分类。

1）目标客户群分类

一般从两个角度分类：品类消费程度和品牌消费程度。这样可以把目标客户分成四大类：核心客户群、特殊客户群、潜在客户群和游离客户群，如表3.1所示。这样分类的好处在于可以更快捷有效地找到我们要洞察的消费者，并帮助我们确定需要洞察的具体内容。

表3.1　细分市场的目标顾客群体分类

		目标顾客群体分类	
品牌消费程度	高	特殊顾客群	核心顾客群
	低	游离顾客群	潜在顾客群
		低	高
		品类消费程度	

比如，数据显示我们的核心客户群比重日益减少，而潜在顾客群比重日益增加。遇到这种问题，到底如何洞察呢？

首先，要锁定核心顾客群，洞察他们的消费动机和行为。他们为什么放弃我们的品牌？不满意的因素有哪些？这些因素是由我们的营销活动导致的，还是竞争对手的营销活动导致的？

其次要锁定潜在客户群。他们对品类的消费并没有下降，却更多地选择了竞争品牌，原因是什么？是竞争对手推出了更好的产品、提供了更优惠的价格，还是开展了更有吸引力的促销活动？从“人性”的角度，我们怎么做才能让他们“回心转意”，等等。

2）目标客户角色分类

目标客户的角色一般分为：决策者、购买者和使用者。对有些产品的消费，这三个角色是高度统一的，比如吃口香糖，决策者、购买者和使用者可能都是一个人；而对另一些产品，这三个角色却是高度分离的，比如消费婴儿奶粉，决策者可能是妈妈，购买者可能是爸爸或奶奶，而使用者是婴儿。

研究这种分类的主要目的在于,要精确找到对销售起到关键作用的那个角色,然后重点去洞察这个角色的消费动机和行为及其背后的东西。

比如,在前文中提到的意大利方便面的案例,目标顾客不使用洋葱包的问题不在于使用者(如孩子),而在于购买者(母亲)。使用者并没有对方便面的调料(包括洋葱包)产生任何不满,而是购买者从关爱家庭成员的角度、从内疚的角度有意不用这个调料。如果我们不把这个角色找到,就很容易理解错误,把精力浪费在很多没用的活动上。

3.3.2 消费者洞察方法要与问题匹配

专业机构做消费者洞察,常用的研究工具基本分三大类:实验室法(仪器测试、规定游戏等)、准实验室法(小组座谈会、深度访问等)和非实验室法(投射研究、神秘顾客、无提示监测等)。这些方法的应用条件不同,如果用一个不恰当的方法去洞察消费者,可能得到的结论与实际情况背道而驰。

一家食品企业委托广告公司设计了一套新品的包装,由于企业内部意见不一,决定做测试。他们在各地组织了若干场小组座谈会,结果大部分目标客户认为这个包装的创意不如某竞争品牌的好。于是,企业要求广告公司重新设计。然而,广告公司创意人员对这个结论不服气,又做了一次测试。不过,他们采用的是无提示监测法,也就是在一间房子里只有一张桌子,上面并排摆放若干个竞争品牌产品包装,包括这家企业的新品包装,而且为了避免误导,所有包装的材质和印刷的亮度保持一致。然后桌子对面安放一个秘密摄像头,专门观察顾客的眼球活动。顾客要做的就是站在桌子前看这些包装,全程没有任何提示,时间为一分钟。这次得到的结果恰恰相反:绝大多数目标顾客的目光更长时间停留在这个新设计的包装上,而不是某竞争品牌包装。

那么,在此案例中,到底谁的做法更准确呢?肯定是广告公司。因为小组座谈会可能受到很多因素的干扰,比如品牌知名度、包装材质、印刷质量、意见领袖等的干扰,而无提示监测法却有效避免了很多干扰因素,准确反映了目标顾客对这个包装创意的关注程度。

在中国企业,这种“工具与问题不匹配”的市场研究行为可谓数不胜数,也因此导致不少企业错失良机。那么,如何做到“匹配”呢?

1)辨别问题的性质

做消费者洞察时,一定要明确我们到底想解决什么问题,是挖掘消费者潜在需求?还是消除在购买行为中的种种担忧?或是使用过程中的后顾之忧?

如果这样一步一步把问题的性质搞清楚，最合适的研究工具自然就会有了。

比如，在上面的包装测试案例中，企业采取小组座谈会的做法，显然没有把问题的性质搞清楚。因为就包装测试而言，如何深度挖掘消费者对包装的审美观或对包装的具体修改意见不是最重要的，重要的是这个包装和竞争的品牌陈列在一起，会不会吸引消费者的眼球。

2）不断审视洞察过程

有时候，一个看似千真万确的研究工具也会导致很多错误的结论，所以不管采用什么工具，一定要合理控制变量，从过程的角度不断审视可能发生的问题。

比如，不少企业召开小组座谈会之前会设计很多问题，但有时所问的问题没有顾及消费者心理感受，结果往往适得其反。如“您为什么要用名贵化妆品”“您对性感内衣感兴趣吗”“您坐飞机最大的担心是什么”，等等。对这些问题，消费者给你的答案肯定和他的真实想法有差距，甚至是恰恰相反。

3.3.3. 消费者洞察中的体验与反省

在没有从根本上把握消费者最真实的一面之前，消费者洞察是没有结束的。而且，只靠固定的研究工具和模型，有时也达不到这种效果，这时就要采用亲自体验或换位思考的方式来继续洞察。

1）体验消费

顾名思义，就是你要成为消费者，去全程体验目标顾客的消费状况，感受他们是怎样了解这个产品的，怎么购买这个产品的，又是怎么使用的，使用过程中有什么样的感受和想法，等等。这么做，可以挖掘出一些其他研究工具难以发现的东西。

体验消费如何分类？哪个环节体验的难度最大？我们用以下矩阵来说明，如表3.2所示。

表3.2 触点管理及顾客体验模型

	精神层面	物质层面
间接接触	价值体验	使用体验
直接接触	认识体验	购买体验

从这个矩阵我们可以看出,顾客的体验可分为四种:认知体验、购买体验、使用体验和价值体验。其中,最容易体验的是认知体验,而最难的是价值体验。在实际体验过程中,品牌传播策划人一定要有耐心,不断体验,不断积累,才能感觉到一个产品给消费者的真正价值。

2)反省思考

反省思考就是一种换位思考、一种感悟,是对体验消费的有效补充。有些品牌我们难以体验,这时只能通过换位思考来捕捉消费者的真实情况。

一个产品能否畅销,有一个简单的辨别原则:你是否愿意消费自己的产品,或把它推荐给你最亲密的人?这就是一种反省。如果你自己都不愿买,也不愿推荐给最亲密的人,你的产品怎么可能打动消费者呢,又怎么可能打败对手呢?

反省思考常用的方法有三个:

第一,"拥护理论"与"使用理论"的分离性研究。很多时候,消费者的"拥护理论"和"使用理论"是大相径庭的。比如,我们看这样一组问卷以及顾客的回答:

帕瓦罗蒂和刀郎,谁更伟大?——"当然是帕瓦罗蒂。"

谁唱得更专业?——"当然是帕瓦罗蒂。"

谁更具有影响力?——"当然是帕瓦罗蒂。"

你更崇拜谁?——"当然是帕瓦罗蒂。"

在过去的一年里,你有没有买过帕瓦罗蒂的CD?——"没有。"刀郎的呢?——"买了3张。"

我们看到了过程和结果相反的情形,这就是"拥护理论"和"使用理论"相背离。对顾客来讲,我可以崇拜帕瓦罗蒂,但我没有听美声唱法的习惯,所以当然买刀郎的CD,而不买帕瓦罗蒂的。

因此,我们洞察消费者,一定要最大限度地规避"消费者谎言",尽可能去挖掘他们这两种理论的分离性,从而准确把握可能产生的心理动机和消费行为。

第二,常理和趋势的对比研究。凡是不合常理和趋势的结论,一定要加以反省,有可能是调查方法出错,也可能是顾客没说实话,或者存在其他原因。

举个经典案例:20世纪30年代,一位心理学家对美国的数家宾馆做了一次调查,内容是"你们愿意不愿意接待中国的留学生夫妇入住?"结果90%以上宾馆表示"不愿意"。时隔几天,心理学家对这些宾馆进行暗访,结果这些宾馆不仅愿意接待,而且提供与其他国际友人同样的服务。

商人以赚钱为目的,中国的留学生夫妇又不是不给钱,他们为什么不愿意接待呢？这种不合常理的结论，怎么可以轻易相信呢？所以，洞察人员一定要不断反省，不断跟进，直到你所洞察的问题“真相大白”。

第三，对不同需要的驱动能力研究。研究“人性”，免不了研究人的各种需要，比如生理需要、安全需要、社交需要、受尊重的需要和自我实现的需要。广告界有个说法是“诉求越低层次的需要，广告效果越好”。比如拍摄一条食品广告，诉求迷人的口味可能比它的保健功能更有效。所以，我们在电视上常见到那么多“俗气”的食品广告。

然而，这个结论不一定在所有产品上都适合，因为人的理性有时候战胜感性，于是结论可能发生相反的变化。比如，在经典的可口可乐和百事可乐的口味测试案例中，通过核磁共振造影仪来监测被测试者，喝百事可乐时腹侧核的活跃程度相当于可口可乐的5倍，但让大家填写“你更喜欢哪个品牌”时，大部分人却写下了可口可乐的名字。

所以，针对不同的环境和不同的产品，找准消费者不同需要的驱动能力是关键，它直接决定你的营销活动的成效。

3.3.4 慎重对待文化因素

文化是“人性”的一种后天形成的意识形态，如果不触及它，似乎感觉不到它的存在；但一旦触及到，会发生出乎人们意料的事情。

1）区域文化

区域文化是一个区域中大部分人所认同的价值观、性格特征及生活习惯的综合，比如上海人精打细算，北京人海纳百川，广东人吃苦耐劳，成都人喜欢热闹等。这些特征看似没必要研究，对营销改进也没有太大帮助，但实际上深入研究区域文化特征，对区域市场的开拓会有巨大的贡献。

假如你是做羊绒衫的，品牌是“山羊”，虽然品质精良，但这个品牌出口到英国可能没人会买，因为英国人用山羊比喻“不正经的男子”。

2）民族文化

每个民族都有悠久而独特的文化特征，面对不同民族的消费者，你必须对品牌传播策略进行相应调整，从而更容易贴近这个民族，更有效地扩大市场份额。

娃哈哈的非常可乐在初进内蒙古市场时，是第一个在内蒙古语频道做广告的中国品牌。这对蒙古族同胞来讲，是一种更加便捷的信息沟通，更是一种对少数民族的莫大尊重。其实，大多数蒙古族同胞都听得懂汉话，也认识汉字，从表面看似乎任何品牌都不必做蒙语版的广告,但对少数民族而言,你用他们的当地民族语言跟他们沟通,和用其他语言跟他们沟通,是截然不同的概念。事实也证明,对广大的蒙古族消费者而言,娃哈哈的广告十分有效。

3)宗教信仰

与区域和民族文化相比,宗教信仰是更加严肃的一种文化要素。做消费者洞察,绝不能忽略被洞察对象的宗教信仰。对此更多地要顺从,不要试图改变。

我们说顺从,就是尊重他们的宗教和信仰,并从他们宗教和信仰中寻找他们容易接受的元素,或者结合他们的宗教与信仰的各种元素。

3.4 消费者的选择机制

消费者是品牌传播的目标,提升品牌传播效果,实际上就是提升品牌在消费者心目中的影响力。

消费者在接受品牌信息的过程中,受到传播的选择机制影响,本节内容将通过消费者的选择机制各个环节来提升品牌传播的效果。

根据传播学理论认为,受众信息接受的内在操作机制包括选择性注意、选择性理解和选择性记忆三个方面。

我们将从这三个方面论述品牌传播如何在每个环节中发挥作用。

3.4.1 利用选择性注意原理,增加品牌传播吸引力

注意是"心理活动对一定对象的指向和集中。指向是指每一瞬间,心理活动有选择地朝向一定事物,而离开其余事物。集中是指心理活动反映事物达到一定清晰和完善程度"。

指向、集中的过程,就是一个舍弃、选择的过程;没有舍弃和选择,就不可能有指向和集中。而信息接受中的选择性注意,不只在于它是专门指向特定对象,还在于它是依据一定的接受目的、接受定向和接受定势,积极主动地直奔某个看中的接受对象的。

这样,在具体的接受过程中,接受者就会一方面让那些与自己毫不相干的媒介信息从自己感觉的边界线上略过;另一方面则主动地回避那些与自己预存立场或固有观念相龃龉的或自己不感兴趣的媒介信息,从而只注意那些同接受

定向、接受期待、接受需要和接受个性等接受图式相吻合的接受对象，以保持心理平衡。品牌传播过程也需要提供符合消费者需求的信息，才能获得最佳的品牌传播效果。

1)接受定向

在品牌传播过程当中，消费者预先就有趣味方向或预存立场。这种趣味方向和预存立场在整个品牌信息接受过程中，直接影响到消费者注意什么和怎样注意，一切与其接受定向相矛盾或相背离的信息，往往不是遭到抵制或回避，就是受到歪曲和攻击。

所以我们在品牌信息传播中，不能传递与消费者趣味方向和预存立场相矛盾或者相背离的信息，而应尽可能顺应消费者的趣味方向和预存立场。

2)接受期待

接受定向引发接受期待。接受期待是一种“知觉预态”。这种预态是指人们预先使自己处于对某种输入类型准备接收的状态之中。

比如在品牌信息接受中，消费者对品牌风格和功能进行了预先揣摩，在大脑中对品牌形成了初步印象。也就是说，当消费者意识到了他能注意的是什么之后，随之，他便会用这种意识去指导或期待他接下来的注意。

3)接受需要

这也决定着受众的选择性注意。面对同一接受对象，由于各人的需要不同，反应的结果亦不相同。有研究表明，观看的同是模棱两可的影像，停食时间长的被试者较之刚进餐不久的被试者更容易把它“读”成与食物有关的东西。可见，不同的接受需要，往往操纵和控制着接受者的接受方向和重视程度。

被期待的信息效果往往最好。当消费者对某种品牌形成了一种信息期待，那么品牌信息传播效果就能达到最佳状态。

4)接受个性

消费者都有个性。不同的个性也决定着消费者对品牌信息的注意与否和重视程度。就某个性情温和、情感细腻的女子同某个性情暴躁、脾气倔强的男子来说，前者较后者可能更喜爱接触抒情性的信息，而后者较前者又可能更乐意接受阳刚类的信息。

所以，在品牌传播中，我们必须针对不同的消费者，对信息进行创意性的处理，提炼让他们容易接受的核心价值。

当然，消费者的选择性注意强度的大小，除了主观因素之外，还取决于品牌信息的功能性因素和结构性因素等各种客观因素,如易得性、接近性、新异性、对比性和反复性等。因此要提升品牌信息的传播力,必须从多个角度努力。

3.4.2 利用选择性理解原理,提高品牌传播穿透力

如果说选择性注意是信息接受通道上的第一关,那么选择性理解就是这一通道上的第二关,并且是最难越过的一关。选择性理解类似于一种滤清器。这是指不同的人对于同一信息或作品可以作出不同的解释和得出不同的结论。这就像贝雷尔森和斯坦纳(B. Berelson and C. Steiner, 1964)所指出的那样:理解是一个复杂的过程,受传者在此过程中对感受到的刺激加以选择、组织并解释,使之成为一幅现实世界的富有含义的统一的图画。这幅图画之所以含义上是“统一的”,并且又是“现实的”,就在于受传者在理解接受过程中进行了合意性的理解和阐释。在品牌传播过程中,选择性理解可以分为两种:

1)创造性理解

我们可以这么说,没有一定程度的创造性理解,就没有信息接受的快乐。

其实有效果的信息传播就是能被创造性理解的传播,品牌信息在传播过程中也是如此。耐克的“JUST DO IT”(想做就做),说的是随心所欲,发挥自己的运动潜能。但对这个品牌核心价值的理解往往超过品牌信息的本身,它同样可以作为一种人生信条被传递,被理解。

其实,成功的品牌信息总是多义性和多价性的。它像一个丰富的矿藏,能够被受传者挖掘若干世纪还新意迭出,难以穷尽。

2)歪曲性理解

如果受众对自己的思维惯性和某种情绪不予合理控制,而听任其发展到与传播者的既存立场和传播意向相背离的地步,那么就会导致对信息本义的胡乱引申和肆意歪曲,影响信息的正常传播和准确理解。

库珀和雅霍达(E. Cooper and M. Jahoda,1947)曾对这种歪曲性理解进行了一次有趣的研究。研究者在漫画中以夸张的笔法塑造了一个种族偏见极深的人物形象——比戈特先生。漫画上的比戈特先生在医院的病床上奄奄一息,还断断续续地对医生说:“如果我需要输血的话,医生,您必须保证给我输美国第六代人的蓝血!”漫画家的本意是想让受传者从中悟出种族偏见的可笑,进而放弃偏见。可是研究表明,大约有三分之二的非犹太人和非黑人在看了之后歪曲或误解了漫画家的本义。带有较深种族偏见的白人,不仅品不出漫画的讽刺意味,相反,还从比戈特先生的临终嘱咐中受到鼓舞和激励,进一步坚定了其预存

立场和原先偏见。

所以品牌传播中，我们所传递信息要尽量防止被曲解的可能。

3.4.3 利用选择性记忆原理，强化品牌传播的生命力

在信息传播中，已经突破选择性注意和选择性理解这两关的部分信息，要想顺利进入受传者的大脑储存起来，还必须经过选择性记忆披沙拣金、选优择华的再“过滤”。

在品牌传播中，记忆的结果常常是只记忆那些符合消费者需要的、对消费者有利的和消费者愿意记住的信息，同时忽略或抑制那些无意义的、附加的、不利的和不愿意记住的信息。

这种记忆上的主动筛选、取舍，就是信息接受内在机制中的所谓选择性记忆。影响选择性记忆的因素，主要有三类：

1）主观因素

美国学者奥尔波特和波斯特曼（C. Allport and Postman，1947）的研究为选择性记忆提供了有力的证明。他们发现，在要求受传者阅听之后叙述故事或描述图片的内容时，受传者由于主观上的种种原因，经常会遗漏掉不少细节或只记忆其中的某一部分内容。

日常经验也证明，媒介信息在接受中经过受传者努力加工或创造的要比未经其加工或创造的，要容易记忆些；信息能吸引受传者兴趣的比不能吸引其兴趣的，记忆要容易一些；信息能打动受传者感情的较不能打动其感情的，记忆要容易一些。

2）客体因素

安德森（Anderson，1978）等人的研究表明，在受传者阅读抽象性的篇章之前，或者在阅听具体性的符码之后，为他们提供一些有意义的背景材料，这是有助于接受者改善选择性记忆的。

比如梅塞德斯—奔驰，从1936年至今，无论是奔驰高中档还是低档车都统一命名为相同的名字“梅塞德斯—奔驰”。“梅赛德斯”则是取自其在奥地利的汽车经销商埃米尔·耶利内克美丽女儿的名字。“梅赛德斯”在西班牙语中有幸运的含义，可惜这位美女于四十岁死于不幸的婚姻，而以她命名的做法却不胫而走。

事实上，这个故事为奔驰被别人记住提供了有深意的背景材料。

另外，由于“人基本是单信道的信息处理机。他必须连贯地吸收输送给他

的信息,并借助某种扫描过程,才能把观测到的众多的刺激转换成一系列有次序的操作”。这样一来,受传者面对的信息愈多、愈复杂,所需要的记忆时间就愈长,忘得也愈快;相反,信息少而单纯,则消化快记得也快。因此,品牌信息的传播应该适量适度,而不能“狂轰滥炸”。

3)载体因素

传播学的研究表明,多种传播媒介的综合运用也有助于受传者增强选择性记忆的效果和信息的传通。

一般地说,在印刷中适当地搞一些与内容有关的插图作品较之没有安排插图的作品,要给受众留下更深的印象。如果再将印刷的作品改编、录制成广播剧或拍摄成电影、电视剧播放,这又会比只接触印刷媒介的记忆效果大得多。比如,既读过钱钟书的《围城》小说原著,又看过《围城》电视连续剧的受传者,显然要比只接触一种传播媒介的人要记住更多的内容。

所以,我们在品牌传播中要善于综合运用各种传播媒介,这样可以使媒介有了取长补短的机会,也使难读与易读、文字与图像、听觉与视觉等相关因素得到了优化组合,同时又避免了信息的遗漏、损耗和遗忘。

综上所述,选择性注意、选择性理解和选择性记忆是消费者者在接受过程中最基本的内在操作方式,也是只可推测而难以明察的接受选择机制。这类内在选择机制的起动、运行和终止,既取决于主观因素和客观因素的各自特点和形貌,也取决于主客观因子之间互感互动的频率和相互贴近、吻合的程度。①

3.5 意见领袖在品牌传播中的作用

意见领袖在品牌传播中扮演这两种角色:第一角色是品牌的传播主体,第二角色是品牌传播的对象。因为其意见对普通的消费者来说更有说服力,所以充分发挥好意见领袖的积极作用,会对品牌传播带来更好的效果。

因此品牌在传播过程中,相当注重对意见领袖的培养,并通过他们获取更多的消费者。

① 郭庆光.传播学教程[M].北京:中国人民大学出版社,1999:101.

3.5.1 意见领袖的形成因素

意见领袖(Opinion leader)又译为舆论领袖,是指在信息传递和人际互动过程中少数具有影响力、活动力,既非选举产生又无名号的人。

在品牌传播中,这些人是品牌的评介员、转达者。在品牌传播中,品牌信息输出不是全部直达普通消费者,而是有的只能先传达到其中一部分,而后再由这一部分人把信息传递给他们周围的最普通的受众。有的信息即使直接传达到普遍受众,但要他们在态度和行为上发生预期的改变,还须由意见领袖对信息作出解释、评价和在态势上作出导向或指点。

我们认为品牌传播中,意见领袖主要具备以下素质:

1)知识全面

意见领袖要对追随者产生影响力,不仅要信源广阔,还要有较强的读码、释码(如解释与理解)能力,在某些专门的问题上要有较多的研究和较广阔的知识。那些对自己所谈问题一无所知或知之甚少、毫无研究的人,其意见是很难受到人们注意的,更不要说去影响他人了。

2)有责任感

意见领袖常常是利益集团的代言人或小群体中的头头。他们讲义气,敢于打抱不平,富有同情心和责任感,能带头为群体和成员个人利益讲话,因而容易获得集团内或小群体内成员的好感与信赖。

3)交际广泛

通常,意见领袖有较强的人际交往和社会活动能力以及关系协调能力。这些人活跃好动,能言善辩,幽默风趣,人缘好,交际广,有向心力和吸引力,周围常有一批追随者。

4)有影响力

这里的社会地位,一是指意见领袖在其活动的那个群体之内所占有的社会地位,二是指在群体之外可以获取各种所需信息的社会关系,而这两点又往往与其经济地位的优越与否密切相关。只要一个人不只在群体内也在群体外有较好的社会地位,那么他的意见就能对其追随者产生较大的影响力。

在品牌传播中,我们需要抓住意见领袖那部分群体,这样可以倍增品牌传播效果。

3.5.2 意见领袖的中介功能

在品牌传播中,意见领袖作为传者与受众之间的中介人,其中介功能有哪些呢?品牌传播中又应如何充分利用这些功能呢?

1)加工与解释的功能

对意见领袖行为的研究表明,他们不仅发出信息和影响,而且自己也积极摄入信息和影响。但是,意见领袖的首要任务是对先行接收到的大量的信息进行加工与解释,而后以微型传播(如面对面的交谈)的方式传达给其他受众或追随者。

所以,在品牌传播中,首先要注意选择什么样的人作为意见领袖,应多考虑如何突破意见领袖的选择性注意、选择性理解、选择性记忆这三道防卫圈。

2)扩散与传播的功能

意见领袖就是对品牌信息加工后予以再传播和再扩散的这一部分人。当然,他们不仅对品牌有意义的信息予以再传播,也可能传递一些对品牌不利的信息。经过意见领袖传播的信息,不管是好还是坏,影响力都很大。

所以品牌传播中,要尽量规避对品牌不利的信息通过意见领袖得以传播,当然要规避这些信息的传播,最主要的就是品牌要坦然面对,做一个有社会责任感的品牌。

3)支配与引导的功能

意见领袖的意见不仅影响其他消费者说什么、看什么、做什么和想什么,而且还支配他们怎么说、怎么看、怎么做和怎么想。意见领袖的追随者或被影响者的社会地位愈低、面临的信息愈多、处理信息的能力愈差,就愈加没有主见和自信心,也就愈容易接受意见领袖的咨询和参谋。他们甚至希望凡遇事都能有人主动上门来帮他们出谋划策,权衡利害,拿定主意。

4)协调或干扰的功能

意见领袖对品牌传播者的传播还具有协调或干扰的作用。如果品牌传播者传递的是符合意见领袖及其团体成员需要,那么意见领袖就会全力配合,协调操作。相反,如果传播者输出的信息违背或损害了意见领袖及其团体的利益,那么他就可能设障阻滞或施故干扰,也可能对信息只作出合意的加工和解释,或者干脆进行指责和攻击。

可见,意见领袖的中介功能是多方面、多层次、很复杂的;其影响力可能是巨大的,也可能是微弱的;其性质可能是积极的进步的,也可能是消极的破坏性的。在品牌传播策划中,要善于利用和引导意见领袖。

思考题:

1. 品牌传播对象有哪些特点?
2. 什么是消费者洞察?它能为品牌传播带来什么?
3. 消费者洞察的基本原则有哪些?
4. 消费者的选择机制对品牌传播带来什么启示?
5. 为什么要重视意见领袖在品牌传播中的作用?

品牌传播实验室:

请为东南车盟的传播对象做一个全面的分析。

材料:

东南车盟会员章程

东南车盟是由强势媒体《东南快报》社发起成立的汽车服务组织,她一直坚持"惠聚八方"的理念,诚心为会员打造一个省心省力省钱的车生活平台。

为了更好地保障东南车盟及每个会员的权益,我们依照相关法律法规制定了本章程,具体如下:

第1章 入会条件与入会方式

第一条 凡是乘用车辆的拥有者、驾驶者以及汽车爱好者并遵守本章程的个人或团体均可自愿加入东南车盟俱乐部,申请人可以通过联系东南车盟及其各地分支机构的工作人员办理入会申请。

第二条 申请入会须填写《东南车盟会员入会申请表》,并保证所登记车辆合法有效及所填写资料真实准确无误。

第三条 东南车盟采取自愿加入的原则,凡符合会员条件的个人提出申请时,必须如实填写《东南车盟会员入会申请表》。

1. 申请入会人员需提供行使证、驾驶证、身份证及保险单复印件。申请入会人员需如实填写相关表格。

2. 办理加入手续,可采用以下方式:

(1)网站:在东南车盟网站(www.dncmw.com)上直接填写申请表。

(2)电话:电话申请加入(0591-88000567、88007789、87835800、83839183)。

(3)代办点:到东南车盟会员卡的代办点填写申请表,提交资料,交纳会费,即可领取会员卡。各代办点地址及联系电话请参阅会员手册,或登录东南车盟网(www.dncmw.com)查询。

第2章 会员卡、会员时效、徽标、会费

第四条 东南车盟会员实行一人一卡制,会员卡有效期为一年,会员卡分

为行车卡、金卡、白金卡。

第五条　会员卡有效期满前30天内，持卡人须到东南车盟会员中心办理续会手续，逾期一个月未办理续会手续视同放弃会员资格。若再次成为会员，须重新办理登记手续。

第六条　东南车盟卡仅限会员本人使用，不得转借或转让，否则出现任何纠纷由会员自行承担责任，会员卡若遗失或损坏，补办需收取10元工本费（凭本人身份证或户口簿），同时将原卡号上报由工作人员注销。

第七条　东南车盟卡是会员享受东南车盟服务及会员在特约联盟商家享受优惠服务的重要标识，须注意保管并随身携带。

第八条　有车会员应将东南车盟徽标粘贴在其车辆的后部，确保会员在遇到困难或需要服务时，从而获得东南车盟和其他有关单位或会员的帮助。

第九条　东南车盟行车卡100元/年，金卡680元/年，白金卡2 800元/年（服务内容参见会员卡介绍）。

第3章　会员服务

第十条　东南车盟通过特约联盟商家组成的第三方服务体系，为会员提供紧急汽车救援、特惠汽车保险、汽车修理、汽车养护、汽车租赁、汽车信息咨询，车辆年检、保险到期提醒与代办，车辆违章提醒与处理，以及超低折扣的酒店、机票、鲜花预订、餐饮、娱乐、旅游、购物、健身、洗衣、家政、体检等各种优惠、优质服务，从而帮会员省钱、省时、省心。并举办各种自驾游、品牌车友会、单身车友会、团购等特色活动让会员享受快乐优惠生活。

第4章　会员的权利与义务

第十一条　东南车盟会员有权享受俱乐部提供的本章程第十条、第十一条、第十二条、第十三条所规定的各种专业化汽车服务和各种增值服务，优先报名参加东南车盟组织的各种特色活动，并享受会员优惠。

第十二条　会员有权对东南车盟的服务、活动提出自己的意见和建议。

第十三条　会员有权对东南车盟联盟商家的服务向东南车盟提出投诉，经东南车盟核实后，东南车盟将与服务质量较差的联盟商家解除合作关系，并在媒体上曝光。但会员在享受联盟商家服务的过程中产生付款、服务质量和服务态度等问题和纠纷，东南车盟不承担责任。

第十四条　会员原始入会申请表中所登记的内容发生变更时，会员应在变更之日起五个工作日通知东南车盟，未及时通知东南车盟，由此造成东南车盟会员管理系统无法识别会员的身份，从而使会员无法享受到东南车盟提供的相关服务的，东南车盟不承担责任。

第十五条 会员申请入会时所提供的资料必须真实、合法、有效，否则，东南车盟有权拒绝为其提供相关服务。由此产生的纠纷，由会员自行承担相应后果，对有意违背本章程或提出恶意要求的会员，东南车盟有权拒绝为其服务。

第十六条 会员加入东南车盟后应遵守国家有关法律法规，不得侵犯其他会员的正当权益，不得损害东南车盟的形象，不得进行任何不利于东南车盟的行为，否则东南车盟有权取消其会员资格，终止所有服务，且由此给东南车盟造成损失的，会员负责赔偿。

第十七条 会员接受东南车盟服务和东南车盟组织的各种活动时，不得发布任何非法以及其他危害国家安全和社会稳定的言论，不听劝阻由此造成严重后果的由会员本人承担相关的法律责任。

第5章 俱乐部权利与义务

第十八条 东南车盟为会员提供平等、优质、快捷、规范的服务，充分保障会员的合法权利。

第十九条 东南车盟保障会员的隐私权，对会员所有个人信息严格保密，未经会员本人同意不得向任何第三方泄露，但法律法规规定的特殊情况除外。

第二十条 东南车盟在实施服务时如因不可抗力而不能履行服务承诺时，俱乐部免责。

第6章 附 则

第二十一条 东南车盟有权修改或变更本章程相关条款，会员对本章程修改或变更可以提出自己的意见和建议。东南车盟以本《东南车盟会员章程》为依据为会员提供服务，其他任何超出《东南车盟会员章程》服务范围之外的宣传均不能作为东南车盟的承诺。东南车盟保留对本章程的最终解释权。

本《章程》自2010年11月1日起实行。

第4章　寻找品牌接触点

我们认为，品牌接触点是品牌打动消费者心智的关键点。这个关键点的基本载体是信息，是品牌在和消费者互动过程中所传递的重要内容。

品牌接触点发生机制比较复杂，一个良好的品牌传播，不仅需要能够打动消费者心智的品牌接触点，更需要提供最佳的媒介平台，同时还要关注媒介平台的时间环境和语言环境等，在本书中将从各个环节进行探讨。

本章主要针对品牌策划中的最基本元素——品牌接触点的探讨，对品牌接触点进行全面的解构与分析，从传播内容方面分析研究如何提炼一个能打动消费者心智的品牌接触点。

本章可以为你回答以下和品牌相关的几个问题：为什么同样的品质，有些产品更容易让人接受；为什么美国总统奥巴马在竞选的时候一直强调一个词：变革。在本章，我们还会用东南车盟的案例告诉你我们是如何找到打动消费者心智的关键点。

我们在研究品牌接触点的时候，是基于一个假设：关键点的传播方式是固定的，品牌接触点的传播对象是固定的，传播的时机也是固定的，传播的媒介也是固定的，甚至传播者也是一样的，传播环境、传播频次等都是一致的；只是在传播的信息中能穿透消费者的品牌接触点发生了变异。

4.1　什么是品牌接触点

品牌接触点是品牌传播策划中的一个最基础的元素，是品牌的核心价值。

在运作东南车盟的时候,我们曾经遇到的最头疼的事情就是如何让消费者对我们所销售的车盟卡动心。

其实所有的品牌传播者都一样,他们希望能尽快找到品牌接触点,这样就在传递品牌信息的时候可以达到事半功倍的效果。

到底什么样的信息才能成为品牌接触点呢?

在寻找品牌接触点前,我们先了解一下品牌接触点的概念。

4.1.1　品牌接触点的概念

我们认为,品牌接触点就是品牌打动消费者心智的信息,是以消费者为中心建立起来的品牌核心价值的信息。

在这个概念中我们可以看到几个关键词。

第一关键词:品牌的信息

所谓品牌信息,有两个层面的含义。第一层含义是品牌载体的有用性,或者说能给消费者带来利益支持的相关信息;还有一层含义是品牌的拥有者赋予品牌的更深层次的内涵。

品牌信息可以通过各种媒介进行传递,也可以通过品牌视觉系统进行表达,还可以通过各种服务内容和服务行为进行展示。

我们在指称品牌信息的时候,是指品牌所带来的全部信息。

如耐克运动鞋,见图4.1。

图4.1　耐克公司广告

第一个层面的信息:耐克运动鞋是世界第一体育运动品牌 nike 推出的一款鞋子。耐克运动鞋的设计符合人体运动学原理,使得穿起来脚感更好,运动的时候更舒适、便捷。耐克运动鞋最大的特点和特征在于鞋身侧边有耐克勾勾的标志。

第二个层面的信息:"运动"成了耐克的核心信息之一。几乎所有的消费者都可以从以下两个方面来感受这一点。

①耐克的故事——1963 年,俄勒冈大学毕业生比尔·鲍尔曼和校友菲尔·奈特共同创立了一家名为"蓝带体育用品"(Blue Ribbon Sports)的公司,主营体育用品。1972 年,蓝带公司更名为耐克公司,从此开始缔造属于自己的传奇。

公司创始人比尔·鲍尔曼自 1947 年从俄勒冈大学毕业后一直留校担任田径教练,曾经训练出世界田径史上的传奇人物——史蒂夫·普雷方丹(Steve Prefontaine)。比尔·鲍尔曼幼年时家境贫寒,坎坷的经历培养了他钢铁般的意志。而现任董事长兼首席执行官的菲尔·奈特作为公司的两位主要创始人之一,对耐克的发展同样功不可没。

1959 年,菲尔·奈特从俄勒冈大学毕业,获得工商管理学士学位。一年后,他又进入著名的斯坦福大学攻读工商管理硕士学位。严格的管理教育使他具备成为一名优秀的管理者的素质。在以后的岁月里,两位校友携手并肩,同舟共济,带领公司不断发展壮大。如今,耐克公司的生产经营活动遍布全球六大洲,其员工总数达到了 22 000 人,与公司合作的供应商、托运商、零售商以及其他服务人员接近 100 万人。

②耐克的使命——耐克公司一直将激励全世界的每一位运动员并为其献上最好的产品视为光荣的任务。耐克的语言就是运动的语言。30 年过去了,公司始终致力于为每一个人创造展现自我的机会。耐克深知:只有运用先进的技术才能生产出最好的产品。所以一直以来,耐克公司投入了大量的人力、物力用于新产品的开发和研制。耐克首创的气垫技术给体育界带来了一场革命。运用这项技术制造出的运动鞋可以很好地保护运动员的身体,尤其是脚踝与膝盖,防止其在做剧烈运动时扭伤,减少对膝盖的冲击与磨损。采用气垫技术的运动鞋一经推出就大受欢迎。普通消费者和专业运动员都对它爱不释手。

2001 年,耐克公司在研制出气垫技术后又推出了一种名为 Shox 的新型缓震技术。采用这种技术生产出来的运动鞋同样深受欢迎,销量节节攀升。除运动鞋以外,耐克公司的服装也不乏创新之作。例如,运用 FIT 技术制造的高性能纺织品能够有效地帮助运动员在任何气象条件下进行训练和比赛。耐克公司制造的其他体育用品,如手表、眼镜等都是高科技的结晶。

以上这些都成了耐克作为一个品牌的信息。

第二个关键词:打动消费者心智

品牌在传播过程中传递了很多信息。但哪些信息可能被消费者“选择性注意、选择性理解、选择性记忆”,最终让他们产生消费行为?

能打动消费者才有可能被选择性地注意。现在,媒介成为大家生活当中必不可少的工具,所有的人每天都面临着无数的信息,在大量的信息流中,你所传播的品牌信息如何进入消费者的视野呢?这是成为消费者理解的第一步。但是不是所有进入视野的信息都可以成为理解的对象?理解信息还需要能进一步打动他们心智的内涵,让他们产生某种触动,这样才有可能让他们记住某种品牌成为可能。

如何打动消费者心智呢?我们来看看大卫·奥格威的得意之作:

标题:“这辆新型‘劳斯莱斯’在时速 60 英里时,最大闹声来自电钟”

副标题:“什么原因使得‘劳斯莱斯’成为世界上最好的车子?”

一位知名的“劳斯莱斯”工程师说:“说穿了,根本没有什么真正的戏法——这只不过是耐心地注意到细节。”

在这个传播案例中,我们看到了一个重要的信息:在时速 60 英里时,最大闹声来自电钟。很显然,对于很多车主来说,这一点无比重要,他们会认为这是世界顶级品牌的品质表现。

第三个关键词:核心价值

什么叫核心价值呢?品牌管理专家李海龙先生认为,品牌的核心价值,是品牌营销传播活动的原点,是一切品牌推广活动的核心。他认为每个品牌都有自己的核心价值,它是指导每个品牌生命周期中一切行为的根本准则。

第四个关键词:以消费者为中心

这实际上是表达品牌和消费者之间的关系。

品牌传播要想取得最好的传播效果,必须坚持以消费者为中心的理念。以消费者为中心的理念就是必须取得消费者认同的价值观念,这也是品牌核心价值的重要的体现,也是俘虏消费者心智的关键。

以消费者为中心的理念不是一味的迎合,而是在迎合中引导,这样才有可能获得消费者心智全面的认同和最忠实的合作。

4.1.2 对品牌接触点的历史探索

在产品营销时代,我们的企业被教导要关注与竞争对手产品之间的差异化,为顾客提供一个与众不同的产品。这个时期,雷斯提出了 USP 理论,意即要向消费者说一个“独特的销售主张”(Unique Sales Proposition),而且这个主张是竞争者所没法做到的。毋庸置疑,独特的销售主张理论为许多企业提供了一把利剑,使得他们能够通过为顾客提供与众不同的产品和服务,从而获取可观的利润。我们把这个阶段称为“关注产品”。

到了20世纪50年代末60年代初,随着科技进步,各种替代品和仿制品不断涌现,寻找USP变得日益困难。产品的差异化速度和创新的速度已经跟不上模仿和复制的速度。于是,大卫·奥格威提出了“品牌形象论”。

“品牌形象论”认为,在产品功能利益点越来越小的情况下,消费者购买时看重的是实质与心理利益之和,而形象化的品牌就是带来品牌的心理利益。在此理论指导下,奥格威成功策划了劳斯莱斯汽车、哈撒韦衬衫等国际知名品牌,随之广告界刮起了“品牌形象论”的旋风。

品牌形象时代为企业带来的最大裨益是使得企业明白了,在为顾客提供产品物理利益的同时,打造一个能够使消费者感受到亲和和共鸣效应的品牌形象是非常重要的。我们称这个阶段为“关注形象”。

20世纪70年代初,同质化的厄运也在“品牌形象”身上重演。其原因主要是随着竞争日益激烈,为了获取竞争优势,企业在品牌形象上相互攀比模仿。

在顾客面对众多相似化的形象无所适从之时,两位美国年轻人特劳特和里斯提出了品牌定位论(Positioning),并于1979年出版了专著《定位:攻心之战》。定位论强调:随着竞争激化,为了解决同质化、相似化日益严重的问题,需要创造心理差异、个性差异。主张从传播对象(消费者)角度出发,研究了解消费者的所思所想,由外向内在传播对象心目中占据一个独特的市场位置。

不可否认,定位理论(Positioning)为全球企业做出了相当杰出的贡献。它使得众多品牌经营者看到了精确击中顾客心智的希望,得以从无所适从的品牌塑造迷局中解脱出来。我们把这个现象称为“关注定位”。

李海龙先生认为:定位理论发展到今天,随着传播信息量和传播费用的日益剧增,即使是品牌拥有了一个所谓准确的定位,但是要想在浩如烟海的信息中突出重围,也不是一件很容易的事情。因为定位的相似化和一些有实力的大型企业利用巨额投入制造出的“海洋效应”壁垒,这使得众多品牌的经营者继迷失在品牌形象时代之后,再次感受到了迷失之苦。

所以品牌接触点研究被提上业界的议事日程。此间,李海龙先生提出了“品牌接触点传播”模式。

品牌接触点传播成为一种模式有点牵强,因为模式是一个系统的工程,而品牌接触点只是品牌传播整个系统工程中的一个组成部分。寻找品牌接触点,让它和其他传播元素一起产生作用，发挥整体的作用，获取最大的品牌传播效果。①

4.1.3 案例分析

北京时间2008年11月5日，巴拉克·奥巴马当选为美国总统，他一共获得了53%的选票支持，而对手麦凯恩的支持率是47%。

总统的竞选可以看做是一场品牌传播战，世界上任何一家公司都可以从奥巴马的竞选当中学到一些东西，对于总统选举而言正确的事情对于品牌同样奏效。长期而言，在充分竞争的市场上通常没有哪个单独品牌的市场占有率超过50%，换句话说，第二品牌总会有立足之地，尤其当这个品牌能够刻意成为领导品牌的“对立面”的时候。这一点，我们在《22条商规》中称之为“对立定律”。

1)选择一个词

美国总统选举分为若干个步骤。第一步，候选人必须得到所在党国内会议当中足够多代表的支持。作为民主党代表，奥巴马必须赢得比他最主要的竞争对手——希拉里·克林顿更多的支持。希拉里·克林顿得益于与丈夫比尔·克林顿(被很多美国人认为是美国最成功的政客之一)的婚姬，成为美国最出名的女人。再来看看他的第二个竞争对手约翰·麦凯恩，这是一个极其出名的战争英雄，也是一位业绩可圈可点的资深美国参议员。

奥巴马看起来充满劣势，并不是一个天生的“优质产品”:之前一直默默无闻，比任何对手都年轻，是个黑人，而且有一个大多数美国人都觉得“怪”的名字。

营销竞争是一场认知之争，而非产品之争，所以，以上这些都并不重要，因为巴拉克·奥巴马的品牌传播策略比希拉里·克林顿和约翰·麦凯恩的都对路。

奥巴马的品牌传播策略是什么呢？就一个词:“变革”。每一次演说，每一次新闻发布会，每一次和支持者的会面，在奥巴马侃侃而谈的讲台上必然有这样一块最醒目的标志:我们得以信赖的变革。在每一次演说时，奥巴马的助手们都会向观众分发宣传单，上面有同样的信息:我们得以信赖的变革。

第二次世界大战时的德国宣传部长约瑟夫·戈培尔是“大谎话”专家，戈培尔说:“谎言重复一千遍就成为真理。”这个策略的反面就是“大真相”，如果你

---

① 李海龙. 一触即发——发现打动顾客的关键时刻[M]. 北京:北京大学出版社,2006.

不断重复,真相就会越来越被放大,并产生出合法性和真实性的光环。

2)占据一个词

多年来我们一直强调,成功营销战略的关键在于占据一个词。希拉里占有什么词呢?她先尝试了"经验",这有些符合她个人的优势;但是当看到奥巴马所取得的进展,她马上改为"为变革倒数计时",显然是一个模仿者;更糟糕的是当批评家批评她抄袭的做法后,她又改成了"美国的出路"。

在众多的信息之下,潜在的支持者再也找不到能和希拉里联系上的概念。"变革"并不是一个令人眼前一亮的具有创意的概念,但很多研究表明,70%的美国大众认为国家正在走向歧途。如果希拉里首先站在"变革"之上并集中全部力量在这个单一的概念上,美国将有可能迎来首位女总统。

再来说说约翰·麦凯恩。事实上,麦凯恩的确也有口号——"世界第一国家",但在选举中抛出得太晚了,而且这句口号和大众选民也没什么太大关系。

从技术上来讲,希拉里和麦凯恩都把精力花费在传达这样的信息上:"我能给大家带来比任何对手更卓越的改变。"而"更好"在营销当中从来都不起作用,唯一在营销当中起作用的是"独特"。当你有所不同,你可以首先占据消费者的心智,而对手则无法撼动你的位置。

3)重复一个词

几十年来,随着竞争的加剧,营销观念已经被彻底地颠覆。过去,营销宣传的目的是让品牌更具知名度,持这一观念的人认为消费者会购买他们熟知的品牌而不是根本没有知名度的品牌。今天已经证明,仅有知名度远远无法让品牌获得成功。

美国最出名的品牌是汽车行业的三大领军品牌:通用、福特和克莱斯勒,它们拥有雪佛莱、卡迪拉克、福特、克莱斯勒、吉普等品牌。这些品牌(以及所属公司)都极其出名,但是这三家公司都濒临破产。为什么呢?因为这些品牌不代表任何意义。仅仅具有知名度是没有任何意义的,品牌要取得真正的成功,就需要在消费者心中占据一个词,类似"变革"这样的词。

看看"驾驶机器"为宝马带来了什么?这是世界上最畅销的豪华汽车,会不会有其他的汽车开起来比宝马更有乐趣?这不重要,宝马已经在顾客心智当中占有了"驾驶机器"这个词汇的地位。

现实是令人惋惜的,时至今日,依然只有少数品牌在顾客心智当中拥有词汇,而拥有了词汇的品牌绝大多数也没有宣传这些词汇:梅赛德斯奔驰拥有"声望",但未在宣传语当中使用;丰田拥有"可靠性",也不在宣传语中使用;可口可乐拥有“正宗货”,也没有使用。

多年以前,可乐的第二品牌百事可乐发动了营销攻势,宣传口号就是“百事一代”。他们将百事可乐定位为年轻人的可乐,因为可口可乐被认为是老一代的可乐。像百事可乐指出的那样:“你父母喝可口可乐,但是谁想和父母喝一样的东西?”“百事一代”是非常有效的营销策略,因为它站在了领导品牌的“对立面”。在某种程度上,当时百事可乐在美国超市的销量要超过可口可乐,但可口可乐基于它在快餐渠道和餐馆娱乐场所强势的地位依然是整体的冠军。

百事可乐拥有“百事一代”这个词汇,却不把这个词汇用做宣传口号。自1975年以来,百事可乐共用过15个宣传口号:1975年是“为了年轻的你”;1978年是“享受百事的一天”;1980年是“捕捉百事精神”;1982年是“百事掌控你的生活滋味”;1983年是“现在喝百事吧”;1984年是“新一代的选择”;1989年是“下一代”;1990年是“百事:新一代的选择”;1992年是“拥有它”;1993年是“年轻,快乐,喝百事”;1995年是“唯一百事”;2002年是“下一代”;2003年是“年轻的思维,年轻的饮料”;2004年是“这才是可乐”……

实际上,很多品牌都采用百事可乐的这种模式,每当有新的CEO或者找到新的广告公司,它们的口号就更换一次:平均每一条百事可乐的广告宣传语只持续两年零两个月;平均每一家公司的CEO在任时间是两年零两个月;平均每一条公司在主流商业杂志《商业周刊》所做的广告宣传也仅仅持续两年零六个月。

自1975年以来,宝马只用“终极驾驶机器”这个唯一的口号。33年前,当“终极驾驶机器”这一宣传口号开始启动时,宝马还是美国排名第11位的欧洲进口车,今天已经是第一品牌。同样在33年前,百事可乐是美国市场上第二大可乐品牌,在变换了15条宣传口号之后的今天,它还是第二大品牌,而且大幅度落后于领导品牌可口可乐(现在它在超市渠道也不再领先可口可乐)。

4.1.4 奥巴马竞选战略的启示

回到总统选举的话题上来,奥巴马的竞选战略对于中国、美国以及全世界的企业都有很多启发,也是我们多年来无数次强调的简单原则:

1)简单

美国大众需要国家来改变现状,这对于任何一个旁观者来说都十分明显,那么为什么像希拉里和麦凯恩这样天才的政治家们没有考虑用这个概念呢?根据我们在世界各地大企业的会议室里的经历,“变革”这个概念太简单而且显而易见,以至于很难推销出去。企业的管理层都在寻找"聪明"一些的概念,既然钱都花了,这些人想找到一个他们自己从来没有想到过也想不出来的概念,最好是特别有创意的概念。

以某一期《商业周刊》刊登的广告为例:

· 芝加哥商业研究所:真实的时刻取得成功。

· 达顿商学院:高格调,大气度,多活力。

· CDW 公司:对的科技,立即奏效。

· 日立:启动未来。

· NEC 公司:革新创造动力。

· 德意志银行:展示激情。

· SKF:知识工业的力量。

这其中可能有富有内涵的宣传语,可能有一些很有启发性,或者描述了公司的生产线,但是没有一个能像"变革"引领奥巴马走向成功那样让企业也走向成功,因为它们不够简单。

看看联想的宣传口号:"新世界,新联想",一点也不简单、具体。新世界,这是在说众所周知的事实:联想是一家中国的电脑企业,每一个电脑使用者都知道。新联想,什么新联想? 联想的电脑更小,更轻,更便宜,更持久,设计更独特还是怎样? 概念要有效果,必须使之具体明确。

2)重复

90%的营销有什么问题? ——公司想要"宣传",但是他们最应该做的是"定位"。

奥巴马并不是向大众宣传自己是变革的代表,因为在今天的环境当中,每一位国家最高机构的政客都在彰显自己是变革的代表。奥巴马做的是不断重复"变革"这个信息,因而选民能够将这个概念与奥巴马联系起来,换句话说,他在选民的心智当中代表了"变革"。

在信息泛滥的社会当中,要达到这样的效果需要无休止地重复,对于一个典型的商品品牌,这可能意味着需要年复一年地投放广告和巨额的广告投入。大多数公司没这个钱,也没有耐心,或者没有像奥巴马一样的远见,它们从一个概念跳到另外一个概念,祈求奇迹发生,给品牌注入活力。这在今天已经不再奏效了。

这样的做法在政坛尤为失策,这会建立一个摇摆不定和优柔寡断的形象,这样的形象对于试图在政界飞黄腾达的人来说有致命的缺陷。如今,最有效的方法是学习几十年如一日的宝马:重复、重复再重复。

另外,空洞的概念也是不行的,日立的概念是众所周知的"启动未来",这不可能产生什么效果。有效的口号需要简单和事实基础,日立启动了什么样的未来?当你像日立这样把公司的名字放在你所有的产品之上,想赚钱就是个很困难的事情,因为你的品牌不代表任何东西。

3)锁定

"如果战役失败,马上改变战场。"这个老一套的战争理论在营销领域同样奏效。

通过大张旗鼓地聚焦并宣传"变革",奥巴马成功地改变了政治战场,让他的对手们把主要宣传力量都放在讨论自己能为国家带来哪些改变,以及他们所带来的改变和奥巴马的"变革"有何不同上,而他已经与"变革"锁定。这样一来,所有对于"变革"的谈论都将希拉里和麦凯恩拖离各自的核心优势:他们的参政记录、他们的经验和各自与世界领导者之间的关系。

美国权威营销杂志《广告时代》将奥巴马评选为"2008 的营销大师",我很赞同这一点,借此我再次提醒中国的管理者和营销人士学习奥巴马卓越的营销战略。这个战略的核心十分简单,并被我一再强调:在顾客心智当中占有一个词。

问问自己吧,你的品牌在顾客的心智中占有什么词,可以占有什么词?

4.2 品牌接触点是怎么发生的

4.2.1 品牌接触点发生机制解析

从消费者感知模式来看,没有任何一种购买决策的达成不是建立在理性和感性联想交织的"激战"之上的。虽然,现在的一些理论鼓吹:随着市场竞争的日益激烈,各种层出不穷的促销手段的连番轰炸,但消费者的购买决策已经变得越来越理性。

其实这种论断可能仅仅是针对个别的产品和一些非理性营销的行业而言的。正如唐·舒尔茨(Don E. Schultz)教授在他的著作《整合营销》中所言:当越来越多的厂商将减价、打折、返券、给佣金等作为促销手段时,消费者就越来越感觉到货架上的产品没有什么不同。于是,当价格成为消费者购买决策时所考虑的唯一因素时,产品的特色就越来越显得无足轻重了。当产品被视为大同小异时,消费者在作购买决策时所需要的任何资讯都可以只通过货架找到。

所以,我们自然不能仅因为部分厂商的不理性行为,就武断地认为消费者的购买决策已经变得越来越理性。恰恰相反的是,面子、攀比、负疚、责任等诸多感性的消费心理其实是在日益增强,而不是减弱。因此,关注消费者接触各种品牌信息时,心智中的需求和欲望与品牌信息碰撞时产生的影响其作出购买决策的因素绝对非常重要。

消费者依据平素为了满足某种需求与欲望通过放射性思维积淀下了众多相关的信息。最后,当他们接触到品牌为他们提供的信息时,又非常自然的运用放射型思维发散开来,与心智中积淀下的信息进行印证,最终作出是否购买的决策。总的来说,其思维的主要体现方式就是"联想"。譬如看到统一冰红茶在校园里的 K 歌比赛,就与大学生们平素弹吉他低吟浅唱的生活情景产生联想。

心理学认为,联想表现为由当前感知的事物回忆起有关的另一件事物,或由想起的一件事物又想起另一件事物。客观事物是相互联系的,它们在反映中也是相互联系着,形成神经中的暂时联系,联想是暂时联系的复活,它反映了事物的相互联系。

按照所反映的事物间的关系不同,心理学一般把联想分为不同的种类:

1)接近联想

在空间或时间上接近的事物,在经验中容易形成联系,空间上的接近和时间上的接近也是相联系的,空间上接近的事物,感知时间也必定相接近。感知时间相接近的,空间距离也常接近。

譬如当顾客看到左岸咖啡的法国侍者,听到左岸咖啡播放的法国风情音乐时,便会联想到浪漫的巴黎和法国文人雅士放怀抒情聚首风流的塞纳河。甚至进一步地放射开去——当顾客由"左岸咖啡"想到浪漫的巴黎和法国文人雅士放怀抒情聚首风流的塞纳河时,想到如果我坐在咖啡馆里,或者是当自己手里也拿着一杯"左岸咖啡"时,别人是否也会认为我是一个有浪漫情怀和法国式文学修养的人呢?或者当顾客看着"农夫山泉"时,是否会真能想到烟波浩渺、风景如画的千岛湖,并真的感觉到"农夫山泉有点甜"?

2)相似联想

一件事物的感知或回忆引起对和它在性质上接近或相似的事物的回忆,称为相似联想。相似联想反映事物间的相似性和共性。譬如当消费者看到某产品的包装上有家人团聚共享天伦等图像,便会不假思索地想到如果自己购买了这个产品后是否也会像这样。反面的例子是,当一种目标顾客是整洁和优雅人士的产品,被顾客在终端市场上看到的形象却是杂乱和粗俗时,他们可能就会因此而想到生活中看到的那些令他们厌恶的场景从而放弃购买。

3)比较联想

由某一事物的感知或回忆引起和刺激源产生对比的联想,称为比较联想。从消费者行为心理学来看,通常可能表现为接触到品牌时基于过去的使用经验产生比较性的联想。譬如当消费者看到某产品提供的某种功能时,产生的比过去使用的产品好或者是不好的对比联想;或者是产生如果使用该产品后就能战胜某人的联想,譬如"如果我使用了这个产品,一定比他更牛"。在"品牌接触点传播"模式的运用中,这种比较性联想通常针对一部分希望通过某种购买行为改变现状,或者是比另一部分人获取更大的消费利益的消费者。

4)关系联想

苏格兰心理学派的代表托马斯·布朗提出了关系联想的学说。所谓关系联想即指看到两个对象之间的关系,他认为这种关系联想包括判断、推理和抽象等复杂的心理过程,不仅仅是简单的感觉。在消费者行为表现中,这种联想通常表现为对与品牌属性相关的事物或者具有因果关系的事物的联想。

譬如由一个专业素质不错的销售顾问联想到这家公司所说的"因为专业,所以安全",但如果顾客在接触点上没有感受到所谓的"专业",自然也不会相信这句口号。再譬如因为可口可乐说"让世界一起喝可乐"这就意味着它已经畅销全世界了。结果消费者果然发现它无处不在,连社区垃圾箱里也经常堆满了可乐的罐子。或者当英特尔对消费者说"识别好电脑的标志是看它有没有安装英特尔的微处理器"后,消费者果然在几乎所有知名电脑上都看到了英特尔的标志。因此,关系联想有时也是顾客检验品牌作出的某种承诺的方式。

综上所述,一件事物总是和许多事物联系着,因而可能引起的联想是很多的。但消费者的购买决策评价体系是否认同并接受品牌提供的接触点诉求,通常是受两方面的因素决定的:一方面是联系的强度;一方面是人的定向、兴趣等。联系的强度又决定于刺激的强度、联系的次数、联系形成的时间等。

因此,要想获得品牌接触点,必须通过研究消费者的个人数据库在生活和工作中关于满足需求和欲望产生的各种反应资料入手,发掘何种功能、何种特色、何种氛围以及何种媒介在何种情况下最能对应消费者的需求和欲望。从而发现什么才是对消费者的购买决策影响最大的"关键时刻",并以该接触点为圆心,实施有针对性的不同刺激强度和频次的传播。

当消费者接收到各种品牌信息刺激源时,他就会将接触点信息放入心智中,结合功能需求、使用经验、自我实现、责任、义务、面子、利益等因素进行推理和抉择。并将能满足其某种需求的接触点信息放入心智中的归类抽屉中。至此,也就意味着消费者做好了接受该品牌的准备。

说到底,品牌信息的作用就是激发消费者恰如其分的"联想组合"。而这些"联想组合"正是消费者需求与欲望在一段时间的相关联想中积累而成。当品牌在接触点上传播的信息与这种"联想组合"对应时,结果自然是掏钱!

仔细想想,当我们平时接触到各类产品信息时,大脑中的思维路线是怎样的?看到一台笔记本电脑——摆在办公桌上的感觉——工作效率——出门在外随时做事——比他们的更轻更薄——商务精英形象……于是,这里面哪个对你更重要?哦,你曾经觉得那些人觉得你不太具有商务精英的形象,但是你期望具有这样的形象!那么,谁能满足我呢?唔,有可能不仅仅是电脑的事儿哦?……

4.2.2 从购买决策模式中发掘价值区域

通常来讲,消费者购买决策系统的差异取决于动机的来源、产品属性、价值的高低、购买感知风险度、品牌信息的多寡、预想情感收益的高低、购买决策影响者的影响力等元素。这些元素的影响,决定了消费者购买决策的复杂度的高低。

1)低风险度购买决策模式

我们认为,对于低风险度购买决策模式的产品,由于消费者的购买风险度低,而且冲动性购买行为较多,我们的注意力应放在强化购买动机,打造利益联想和终端互动并激发冲动购买行为上。也就是说,强化购买动机就是主要的"关键性接触点",终端氛围也就是"验证性接触点"了。

譬如洗发水就是一个低风险度的产品,由于其价格不高,而且消费者认为如果购买错误,充其量也就是不适合自己而已,一般不会对自己造成多大的伤害。但是洗发水却是一个需要强化购买动机的产品,因为它的功能与消费者期望达到某种目的的关联度很高。譬如是否能使我的头发看上去很好,或者显得跟其他人不一样,甚至是增添自信等(譬如许多人有时表现自信的举动是甩甩头发)。

大家知道，海飞丝是第一个以“能去屑的洗发水”产品的身份出现在中国市场的。海飞丝品牌的核心价值是通过去除头屑“拉近人与人之间的距离”。

虽然从过去洗发水不能去屑，到海飞丝洗发水能去屑可谓是迈进了一大步。但是随着顾客从需求层面向更高体验层面的延伸，海飞丝意识到自己遇到了一道鸿沟——如何进一步强化消费者的购买动机呢？

于是海飞丝品牌的管理者开始寻觅新的品牌与顾客的“关键接触点”。

通过消费者洞察发现，当问及顾客“你觉得使用海飞丝洗发后头屑洗得干净吗？”时，顾客回答“还可以吧”。于是调查者穷追不舍地继续问：“是你洗完后照镜子看见干净，还是让别人看，他觉得干净了？”顾客说：“感觉上还可以吧。”“那么是什么感觉啊？”调查者接着问。顾客：“洗完头后比较清爽一点吧。”“那么你认为感觉清爽就像头屑被去掉了一样吗？”调查者问。顾客：“唔，好像有这样的感觉。”

请注意，此时“关键时刻”的端倪开始浮现了——原来顾客检验海飞丝去头屑是否有效的标尺除了洗完后照镜子看是否干净，以及让别人看是否干净了之外，“感觉比较清爽”竟然也是重要指标。获取该心理接触点后，海飞丝便推出了“去屑更清凉”的诉求，以强化顾客使用后的“感觉比较清爽”，其实在产品上的改进就是增添了薄荷成分而已。

紧接着，海飞丝品牌的管理者据此“关键时刻”再次进行深入发掘，又发掘出了新的“宝藏”——要想让顾客检验海飞丝去头屑是否有效的接触点标尺感觉“更清爽”，需要“解决五个而不是一个问题——头干、头紧、头痒、头皮发油、刺激”。

2）高风险度购买决策模式

由于消费者购买决策的感知风险度较强，其购买行为通常属于理性谨慎的，冲动购买行为很少。通常会经过产生动机、信息搜集、考虑、评估、验证、选择、购买比较复杂的过程。出于最大限度降低购买感知风险的考虑，消费者会“侦骑四处”地搜集有用的信息。而这些信息中作用最大的就是他人使用的真实经验以及专家（或名人）为证的信息等。

因此，这种购买决策模式主要受自身使用经验及搜集的他人消费经验的影响。所以，在解决高风险度购买决策模式的购买行为时，我们的注意力就应当聚焦于消费者的信息搜集层面并着力强化关键信息的刺激强度。于是，哪些信息在何处对他们的影响最大就成了“品牌接触点传播”模式要研究的焦点。

依据消费者面对高风险度购买决策时的行为表现，我们如何降低他们的购买决策感知风险就是最重要的任务了。

譬如作为较昂贵的家电产品,海尔便面临着究竟是以产品品质为关键性接触点,还是以率先减弱产品使用成本的感知风险为关键性接触点的抉择。也就是说海尔当时必须明确一个关键问题,那就是能否使顾客相信产品的质量已经好到几乎终生不需要维修的地步了。

答案无疑是肯定的,产品质量不可能好到这种程度。那么既然如此,就说明从完整产品这个角度来审视,降低产品使用成本的感知风险才是关键性的接触点,只要让顾客感觉到购买海尔产品后能获得很好的售后服务保障,那么他们就会认为购买海尔的产品是明智的选择。这也就是为什么海尔一直将售后服务作为主要的竞争优势来打造的原因。

譬如,轿车作为昂贵的耐用消费品。某个轿车品牌虽然已经为顾客设计出了所谓"有品味的动感"的"关键性接触点",也非常符合它所面对的消费群体对自身生活形态和未来期望的自我表达和价值实现的需求。但是巨额的购买支出仍可能使得顾客有些踌躇,因为他们希望能够在一些他们认为可以信赖的接触点上获取有用的信息,以进一步减弱购买的感知风险。

那么,这些接触点在何处?

据调查发现,汽车网站的论坛、业内人士和已购买者的评论和使用体验,时尚汽车刊物的报道,它是否会出现在许多"有品味、有动感"的地方,身边认为可以被划分进"有品味、有动感"的人士是否拥有该品牌,是否存在体味这种所谓"品味的动感"体验的场合(譬如车友会)等都是顾客希望获取信心的接触点。因此,此时该品牌就需要透过这些接触点进行行之有效的信息设计和传播,以期达到为潜在顾客提供可以组合的接触点分支,从而对该品牌形成基于信任的偏好。

影响者购买决策模式。非常明显,这是一种由使用者、购买者以及建议者共同组成的购买决策"董事会",通常分为部分影响和全部影响两种。所谓部分影响指的是影响施加者不具有全部的决策权,但是他的建议对于购买决策者也具有一定的影响力而作出购买决策的模式。像我们在高风险度购买决策模式中所讲到的那些信息提供者都属于这种次级影响者的行列。而全部影响者购买决策模式则通常分为使用者和购买决策者组合,譬如一般的亲朋好友。还有就是在购买决策者心中占据极其重要位置的影响者和购买决策者组成,譬如,妻子(丈夫)、父母、儿女等。

因此,解决影响者购买决策模式的购买行为时,我们对关键性接触点研究的焦点应该从洞悉影响者对购买决策者的重要性入手,明确影响者对于购买决策者来说意味着什么,或使用者对于购买决策者来说意味着什么。

1992年,著名的迪斯尼公司有14种以小熊维尼命名的儿童录像带,在欧美的好几个国家和地区出售。他们把这个组合称为“沃特迪斯尼迷你经典”和“小熊维尼新历险记”。为了配合销售,他们把小熊维尼的故事编辑成短片,在ABC广播网的多家下属媒体播放,以吸引儿童们产生购买欲望。但是事与愿违:一大通的操作并没有产生多大的效果,相反销售量日渐低下。

为了挽回颓势,迪斯尼招聘了当时在美国职业经理人界有一定声望的埃里克·舒尔茨为其工作。经过细致的“消费者洞察”之后,营销团队发现了令人振奋的情况:孩子的妈妈们依旧还热爱着小熊维尼。产品卖得不好的原因就是,“沃特迪斯尼迷你经典”和“小熊维尼新历险记”的命名和包装这两个接触点传达出的信息对妈妈们产生了负面的影响。

妈妈们认为“迷你经典”意味着录像带的时间短,一定没有原来的小熊维尼好看,不划算。其一,他们并不认为小熊维尼是个冒险家。其二,她们依然记得她们在儿时深爱的故事书里读到的小熊维尼的可爱形象。并且她们现在还在把这些故事讲给自己的孩子们听。她们热爱小熊维尼和它的朋友们所具有的温和、宽大、真诚和关心的品质,并希望自己的孩子也能够具有这些好的品质。

有了这些发现,舒尔茨仿佛找到了金矿一般欣喜若狂。他立即下令收回了所有的产品,将包装改成了三种不同的款式,命名分别改成了“小熊维尼故事书经典”“小熊维尼学知识”和“小熊维尼游戏时间”。在媒体的配合下,新的定位策略取得了前所未有的效果,小熊维尼销售异常火暴。

洞察消费者的“购买决策模式”虽然说起来如此简单,其实,要准确地描述出消费者对某个产品的购买决策模式并不容易。以上的阐释也仅仅是概括性解释而已。因为购买决策模式的形成不仅仅只跟产品属性有关,还与消费者的价值观、消费能力、消费观以及品牌知识积累的多寡等诸多元素有着密切的联系。

譬如,一些收入较低的消费群可能会对一般人冲动性和随意性购买的某个快速消费品持理性态度。因为他们可能考虑的是购买行为是能为他们带来短期的便宜还是长期的实惠。而一些追求完美,不怕花钱的白领人士,也许会对一种简单产品思虑甚多,因为他们希望这个产品承载的可能很多很重。因此,类似这些微妙的心理特征都可能会导致他们的购买决策模式与一般意义上的购买决策模式迥然不同。

4.2.3 “辅助性接触点”对“关键性接触点”的验证

认知心理学指出,人的思维是受电子脉冲和化学反应影响的网络和网节之间、心理学与信息元之间、概念和内容之间相互作用的一个巨大网络。因此,人们的记忆工作就是将头脑里无数点点滴滴的信息元、数据、经验等按照特定的目的或者一定的要求组合在一起。

这个心理学理论告诉我们,许多时候,顾客对一个品牌产生特殊的偏好和归属感,也可能并不仅是某一个接触点的功劳。可能是其对该品牌在许多细微的接触点上为顾客提供的诸多零散的记忆,透过大脑在面对一个品牌关键性接触点的外在激发从而瞬间组合在一起而形成的。

“品牌接触点传播”模式认为,如果说当潜在顾客在接触到各种不同的品牌信息时,其思维会分别依据产品属性、使用经验、生活体验以及特定时候产生的与品牌对应的相关因素进行类似一个较大的放射状联想过程的话,那么,当品牌的“关键性接触点”已经与其希望获取的利益产生共振时,为了尽可能地降低购买决策的感知风险,消费者有时还会希望围绕这个“关键性接触点”寻觅到一个甚至多个验证式的品牌信息接触点,从而使其购买决策的感知风险最大限度地降低。

作为普通的消费者,我们都曾经有过类似于“三人成虎”式的体验。

当你带着购买动机看到一台空调后,你可能不会立即购买。于是可能是第二天,当你跟你的同事谈起此事时,你的同事说:“这个牌子还可以呀!”于是你的信心开始强一些了;可能第三天,你“碰巧”又在一份你日常看的你认为公信力不错的报纸上看到一篇报道这家企业在研发上勇于创新,或者是引进了一批海外归来的留学生强化其人才实力的报道后,你对这个牌子的购买欲望仿佛又增强了些;可能第五天,你刚好路过一幢豪华楼宇时偶然抬眼一望,发现在这幢楼宇的外墙上这个牌子的空调挂得最多,于是你立即赶往商场掏钱买下了它。这就是辅助性接触点的作用,它可以通过信息叠加的模式,使得你潜在的购买决定得到不断的强化。

因此,这就需要品牌管理者在实施“品牌接触点传播”模式时,既要善于为顾客打造至关重要的“关键性接触点”,又需要善于发现通往这个“关键性接触点”途中的众多细微的接触点,再加以甄别和设计后为顾客提供诸多的感知体验。

另外,同样重要的是,诸多代表着品牌身份出现在众多场合的产品、广告、物流、推销人员、呼叫中心等众多接触点元素,都需要善加注意。俗话说:千里之堤溃于蚁穴，这些看上去细微的接触点也许正是潜藏致命祸根的所在，也可能会成为你的天使，使你的顾客因此而竞相购买。

你有过由于偶不留意在一家饭店内滑倒后，事后竟然从此对这家饭店敬而远之的感受吗？

你有过偶然信手摸到陈列在货架上某个饮料品牌瓶身上的灰尘后，于是非常自然地将手移向附近的另一个饮料品牌的经历吗？

你有过在超市拿着一瓶饮料孤零零地排在众多推着小山似的购物车的家庭主妇的长龙中，等得你火冒三丈的经历吗？

你有过在一间自称为个性的咖啡厅一遍一遍地被强迫听着《回家》《茉莉花》这些泛滥的背景音乐后，发誓再也不去光顾这家店的经历吗？

你有过在喧闹的马路上看到一辆通身污秽不堪地漆着某自诩"为你带来干净清爽生活"的日化品牌的送货车后，走进超市的日化货架前从这个品牌的陈列区旁昂首而过的经历吗？

你有过致电给一家自称"一个字就是'快'"的快递公司的客户人员，让他们上门取件时，听到的却是仿佛路盲似的询问："哪条街？有什么标志建筑吗？在哪儿拐？"的问话后，立即联想出"天哪，他们连我在哪儿都找不到，能给我快速送到吗？"的体验吗？（尽管可能这个客服人员是新来的）

你有过正驱车前往一家你事先确定的楼盘看房的路上时，突然看到某处道路两侧的这家自称是"高雅、纯净……"的楼盘的户外广告上蒙满灰尘，有的灯箱牌还被人用石头掷了几个窟窿后立即掉转车头的感受吗？

……

毫无疑问，大多数人都曾经有过类似以上所举例子的经历。我也更可以负责任地说，许多自以为不错的品牌之所以顾客流失，大多缘由也是从这些地方而来！

由于消费者会对品牌提供的某个"关键性利益"进行验证，以最大程度降低"购买感知风险"。因此品牌经营者在实施"品牌接触点传播"模式时，就应当以"关键性利益"接触点为核心，为顾客设计一个完整的感知价值链。这个价值链设计的原则是在透过"消费者洞察"发掘出了"关键性利益"接触点的同时，应把对"关键性利益"接触点具有强化作用的一些同样重要的"辅助性接触点"与品牌"关键性利益"接触点相连接，从而形成一个指导品牌传播的核心价值链条。

4.3 如何策划品牌接触点

4.3.1 关键品牌接触点提炼方法

做好这方面的工作,有5个要点:

①确认与客户的接触点,列出清单:不但有销售、服务人员的,还有财务、行政、工程人员的;不但有人的,还有广告、包装、产品、建筑的,等等。凡是带有公司信息并可能被客户接触的都是。

②根据各接触点的潜在影响力决定其优先顺序:由于每个接触点的特殊性,对客户造成的影响是不同的,因而要排出优先顺序,以便分配费用、时间和人力。

③判断哪些接触点最能得到客户的反馈:在这些接触点上重点收集客户的反馈。

④计算控制信息的成本,以及每一个品牌接触点收集客户资料的成本。以便形成经营决策。

⑤决定哪些接触点可以传达额外的品牌信息,或加强有意义的对话:是建立和巩固与客户关系的重要接触点,或精心设计信息,或派经过训练的高素质人员与客户进行积极的互动对话。

4.3.2 "接触点漏斗"方法

"接触点漏斗"由三个矩阵图、两次测试、一次写真和反馈修正六个部分组成。参加接触点工具使用的机构为由企业的市场、销售、客户、企划、财务、公关和一些渠道和终端的客户、消费者组成的跨职能小组(或称品牌董事会)来进行。这样的组织突破了以往只由市场或者是销售部门组成的小组来解决问题的弊端。将企业内部的几乎所有职能部门列队成一个排面,共同担负起品牌营销的责任。

1)三个矩阵

①摊牌矩阵:我们可能只是在脑子里充满了许许多多来自见闻的接触点信息,究竟哪些是,哪些不是,哪些重要,哪些不重要,哪些产生的影响力大,哪些

影响力小，一概不清晰。所以在这时，我们需要把它们统统倒出来，摊在阳光下接受检验。注意，一定要倒得干干净净，一点不留，直到你绞尽脑汁都没有了为止。不要过多地考虑是与不是，甚至一些关联不大的概念都倒出来，把它们写在矩阵图里，这叫清空大脑、资源汇总。

②反馈矩阵：根据会前收集的汇总信息，把第一个矩阵中的四个象限的项目按照图4.2中的象限进行归类，对于个别存在争议的可由赞成和反对双方进行陈词后，确定其优先级，并排序。

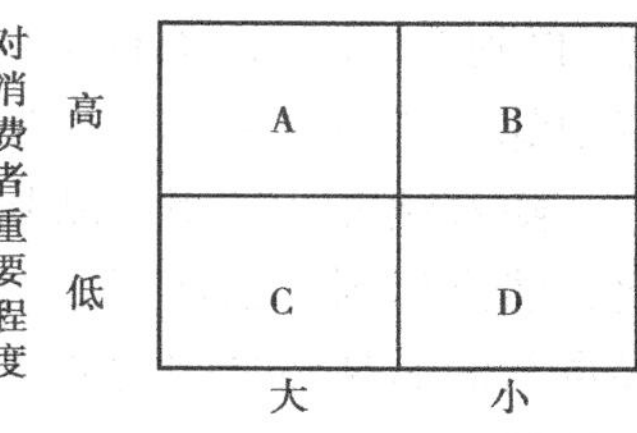

图4.2　对市场影响程度反馈矩阵图

③入瓮矩阵：进行这个矩阵归类时，可邀请非公司员工的有关人员（如广告代理商、公关代理商、私人朋友等）、经销商代表、卖场营业员（清洁工、保安和收银员也可考虑）以及消费者代表数名参加。分组：跨职能小组一组，如广告代理商、公关代理商、私人朋友等一组；经销商代表、卖场营业员（清洁工、保安、收银员）为一组。首先由跨职能小组陈述准备把哪些项目放进下面的（已投入已改善；已投入未改善；未投入未改善；未投入已改善）四个象限内，之后，其他组均可提出异议，并陈述理由。对于个别存在争议的可由赞成和反对双方进行陈词后确定其优先级，并排序。

归类结束，经过现场一致通过后，将归纳出的接触点状况写成“接触点素描”并交由跨职能小组制定应对和改善策略。

2）两次测试

一测：将改善策略拿到接触点进行实施，派驻专人实地向顾客提示：我们现在在进行某某测试，你感觉比以前有什么变化或者不同，你有什么建议和意见，请向我们提出。事后将各接触点的这些数据反馈回跨职能小组进行分析。

二测：通过顾客数据库调集经常购买的老顾客进行调查，可采用DM、电话、电子邮件进行，条件是事先不告诉对方企业为了什么，只是分项询问最近的体验感受如何。这与渠道经销商以及终端卖场合作的实地观察暗访同时进行，调查指数为：销售量与以往的对比（要注意排除促销打折和自然旺季期间的增长）；成交的速度对比；愉悦指数对比；方便性对比；以及其他相对应改善的接触点属性的对比等。结束后，将数据反馈给跨职能小组汇总。

3）接触点写真

做完上述事情之后，我们就需要实施接触点写真了。

当我们按照以上数据对品牌发展和市场影响力程度的不同，将各接触点进行优先级排序后，我们将要以策略性语句将接触点属性、理想的接触点管理目标和现在的解决之道写真出来。该文案将成为公司品牌管理的核心机密。这就是接触点写真的过程。

举个例子来说，海飞丝洗发水从“头屑去无踪、秀发更出众”到“去屑更清凉”再到“一次解决五种头皮问题”的诉求延展，便生动地为我们诠释了顾客心智中隐藏的体验期望与品牌为顾客所提供的体验是否匹配的问题。

随着顾客从期望产品基本功能满足向更高层面的“完美体验”的延伸，海飞丝突然意识到自己遇到了与顾客深度沟通的鸿沟。海飞丝品牌的管理者开始寻觅新的品牌与顾客的心理接触点，透过消费者洞察后，海飞丝得出了如下的品牌接触点写真：

原来顾客检验使用去屑洗发水是否有效的标尺，除了洗完后照镜子看见干净和让别人看是干净了之外，洗完后“感觉比较清爽”也是其检视是否满意的重要指标。因此，我们发现，今后海飞丝品牌与目标顾客沟通的“关键性接触点”是“使他们感觉头皮清爽和轻松”！

4）接触点反馈性修正

最后，我们需要对明测和盲测的结果进行反馈性修正，以最终确定可大规模实施的接触点策略。

对于接触点解决之道的修正，以渠道客户和顾客反馈为主：

①对于信息设计和发布的策略与正确性的修正，以传播代理商的检核为主。

②对于改善策略的实施和资源（人力/物力/财力）的投入情况修正，以检核公司内部各职能部门投入资源的适度和有无重复投入，避免出现资源浪费为主。

③对于竞争对手相关接触点的检核，以完善现在的改善策略，对竞争对手的调查为主。

做完一系列操作，这个接触点管理漏斗也就完成了，以后的工作就是如何管理和维护，定期检视这个漏斗了。一般来说，企业的品牌管理者应该至少15天检视一次接触点漏斗，以便紧随顾客需求的变化而进行修正。

4.3.3 品牌接触点评价过程

第一步：明确所有品牌—客户接触点（内部和外部的审计）。

第二步：使用筛选法评价接触点。

标准:控制接触点的能力

建构品牌承诺的能力

影响客户想法、购买情况和忠诚度的能力

第三步:使用记分卡进行接触点排序(根据上面的标准进行综合评分)。

第四步:最终总结与建议(罗列出需要改进的各层面接触点)。

4.3.4 系统化的接触点管理

顾客触点就像会议室,你可以开表彰会,也可以开批斗会。怎么利用一切由你决定。利用好了,消费者会更多、更长久而且以更高的价钱购买你的产品。利用不好则恰恰相反。管理触点,我们必须把它和企业生意相结合,否则,管理了半天,带不来生意就毫无意义。我们把触点,大体上可以从两个纬度分类:一是物质层面和心理层面;一是直接接触和间接接触,通过此矩阵,我们就能找到所有能够与消费者沟通的触点,并对每个触点的策略与管理方法能够给予清晰的定位,如图4.3所示。

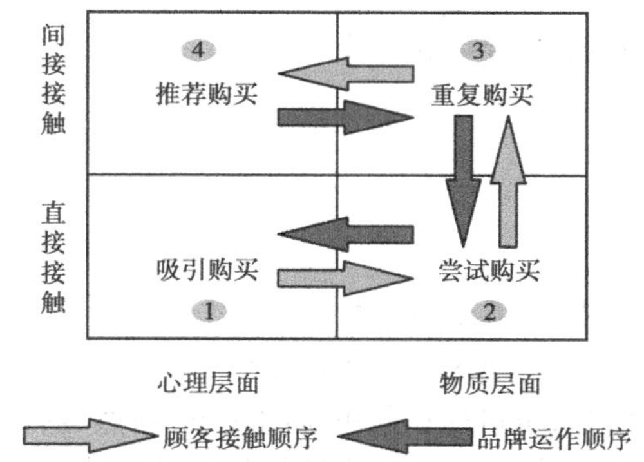

图4.3 接触点矩阵

心理层面的直接接触(象限1):包括产品广告、企业新闻、服务承诺、促销活动、公关活动、价格、人员推介等。这些触点是你生意的来源,做好了,消费者就会开始关注你的品牌和产品,也有可能慕名而来,也就是所谓的引起消费者购买欲望。

物质层面的直接接触(象限2):包括产品包装、陈列、POP、广宣品、赠品、购买地点等。可以说,这是你的品牌和产品与消费者的第一次约会。如果你做得好,那些慕名而来的消费者会尝试你的产品。真正的销量就从这里开始。

物质层面的间接接触(象限3):包括品质、性能、人性化设计、口味、色泽、香味等可感知的东西。如果消费者尝试后发现你的产品在这些方面让他们满意，他们就会重复消费。这个时候，你的产品才算打开了市场，财务上才会有现金流入。

心理层面的间接接触（象限4）：包括品牌定位、性格、亲和力、技术含量、企业实力等。如果在有重复消费者的基础上，并且他们对这些触点给予高度肯定，你便成为强势品牌。这个时候，你的品牌定位、个性之类的东西就开始发挥作用，形成强有力的竞争优势，你可以相对稳定地赚钱了。

营销是一种沟通的学问，触点就是沟通的载体，这些载体似乎融入在营销的所有环节。所以，看似简单的触点，要做好，很费劲，必须用无微不至的心态去耐心挖掘，耐心解决相关问题。

思考题：

1. 什么是品牌接触点？
2. 品牌接触点发生有哪些机制？
3. 怎么样才能寻找到品牌接触点？

品牌传播实验室：

请为车盟卡消费者寻找品牌接触点。

提供材料如下：

车盟卡介绍

一、行车卡（100元）

1. 十次洗车

近50家汽车美容点的10次洗车！

说明：东南车盟在福州地区有近50家颇具规模、口碑良好的汽车美容企业，它们可能在您家附近，也可能在您单位的楼下，当然也有可能在您上下班的路上，也可能在您出游的途中。您可以在东南车盟提供的近50家汽车美容企业进行刷卡洗车10次。

2. 加油优惠

比挂牌价优惠2%！

说明：如果您成为东南车盟的会员，就可以获得中石油提供的比挂牌价优惠2%的加油卡（本优惠数据只限当年，若有变动将在网站上及时公布）。加油卡优惠期限为一年，期满后要想重新获得优惠资格，必须到东南车盟总部进行报备。加油优惠服务在福建省境内的中石油加油站都可以享受。

3. 车险理赔

打东南车盟保险服务热线，多省15%，还有意外惊喜。

说明：如果您是东南车盟会员，购买东南车盟提供的车险服务，不仅可以获得同城最优惠的车险价格，东南车盟还会为您免去一年的东南车盟行车卡年费100元整。如果您还不是东南车盟会员，购买东南车盟提供的车险服务，您将直接获得一张东南车盟行车卡。

会员参保后，东南车盟将为您提供快速的理赔通道，您可以拨打东南车盟的呼叫中心服务热线（0591-88000567　88007789　87835800　83839183）获取理赔服务，东南车盟将安排专业人员到现场协助理赔事宜，协助定损，代驾事故车到维修点。

4. 违章处理

违章一单只需要10元。

说明：如果您是东南车盟会员，那么东南车盟将为您免费代办违章处理，每单次不管罚分多少，东南车盟只代收邮递费用10元。也就是说，如果您有10单次违章，共30分，您只需要缴纳100元邮递费用就可以帮您解除罚分的烦恼。行车卡会员可以享受1单次违章处理的服务，玉兔金卡会员可以享受5单次的违章处理服务，金卡会员不限单次。代办范围只限非高速违章，若有新的变动，车盟将通过东南车盟网及时进行公告。

5. 代办年检

代办年检，省去麻烦！

说明：年检很麻烦，要跑的地方很多。现在好了，东南车盟将为您提供全面的代办服务，行车卡会员只要缴纳100元的代办费用（市场价格为200元），车盟就可以提供接车送车服务，免去您很多麻烦，还省去您好多时间。

提示：

①代办年检只限非营运车辆；

②国家行政法规规定缴纳的款项车友承担；

③代办费用只需要100元；

④代办时，须提供会员行驶证原件、交强险附件并已缴纳交强险、无违章、无违法改装行为。

6. 爱车养护

爱车检测免费，工时费还打折！

说明：在东南车盟近50家联盟企业中，您的爱车都可以享受到多项免费服务，包括底盘检测、发动机检测、灯光线路检测，同时还可以享受三清工时费折扣、汽车维修保养工时费折扣、汽车用品购买的折扣。

7. 贴心服务

行车问路,违章查询,一个电话,车盟包办!

说明:我们还可以为您提供违章信息查询服务,只要您拨打东南车盟呼叫中心服务热线(0591-88000567　88007789　87835800　83839183),我们将为您查询您的车辆的违章信息。

您还可以拨打我们的服务热线(0591-88000567　88007789　87835800　83839183),咨询办理保险理赔业务,我们将为您提供专业的保险指导建议。

8. 增值服务

持车盟卡,吃喝玩乐都省钱!

说明:会员持卡到东南车盟所提供“吃喝玩乐购”等增值服务联盟商家消费,可以享受打折优惠,同时还可以参加东南车盟组织的各种活动。具体折扣服务可查阅手册,也可以到东南车盟网上查询。

9. 提醒服务

东南车盟将成为您不可或缺的秘书!

说明:生日到了,东南车盟还为您送上生日的祝福,要是驾驶证、车辆年检时间到了,东南车盟还将为您发送提醒短信……

二、玉兔金卡(380 元)

1. 30 次洗车

近 50 家汽车美容点的 30 次洗车!

说明:东南车盟在福州地区有近 50 家颇具规模、口碑良好的汽车美容企业,他们可能在您家附近,也可能在您单位的楼下,当然也有可能在您上下班的路上,也可能在您出游的途中。您可以在东南车盟提供的近 50 家汽车美容企业进行刷卡洗车 30 次。

2. 加油优惠

比挂牌价优惠 2%!

说明:如果您成为东南车盟的会员,就可以获得中石油提供的比挂牌价优惠 2% 的加油卡(本优惠数据只限当年,若有变动将在网站上及时公布),加油卡优惠期限为一年,期满后要想重新获得优惠资格,必须到东南车盟总部进行报备。加油优惠服务在福建省境内的中石油加油站都可以获得。

3. 车险理赔

打东南车盟保险服务热线,多省 15%,还有意外惊喜。

说明:如果您是东南车盟会员,购买东南车盟提供的车险服务,不仅可以获得同城最优惠的车险价格,东南车盟还会为您免去一年的东南车盟行车卡年费

100 元整。如果您还不是东南车盟会员，购买东南车盟提供的车险服务，您将直接获得一张东南车盟行车卡。

会员参保后，东南车盟将为您提供快速的理赔通道，您可以拨打东南车盟的呼叫中心服务热线（0591-88000567　88007789　87835800　83839183）获取理赔服务，东南车盟将安排专业人员到现场协助理赔事宜，协助定损，代驾事故车到维修点。

4. 违章处理

违章一单只需要 10 元。

说明：如果您是东南车盟会员，那么东南车盟将为您免费代办违章处理，每单次不管罚分多少，东南车盟只代收邮递费用 10 元。也就是说，如果您有 10 单次违章，共 30 分，您只需要缴纳 100 元邮递费用就可以帮您解除罚分的烦恼。行车卡会员可以享受 1 单次违章处理的服务，玉兔金卡会员可以享受 5 单次的违章处理服务，金卡会员不限单次。代办范围只限非高速违章，若有新的变动，车盟将通过东南车盟网及时进行公告。

5. 免费代办年检

代办年检，免费代办！

说明：年检很麻烦，要跑的地方很多。现在好了，东南车盟将为您提供全面的代办服务，玉兔金卡会员可以免去 200 元的代办费用，车盟工作人员还可以提供接车送车服务，免去您很多麻烦，还省去您好多时间。

提示：

①代办年检只限非营运车辆；

②国家行政法规规定缴纳的款项车友承担；

③免代办费 200 元；

④代办时，须提供会员行驶证原件、交强险附件并已缴纳交强险、无违章、无违法改装行为。

6. 爱车养护

爱车检测免费，工时费还打折！

说明：在东南车盟近 50 家联盟企业中，您的爱车都可以享受到多项免费服务，包括底盘检测、发动机检测、灯光线路检测，同时还可以享受三清工时费折扣、汽车维修保养工时费折扣、汽车用品购买的折扣。

7. 贴心服务

行车问路，违章查询，一个电话，车盟包办！

说明：我们还可以为您提供违章信息查询服务，只要您拨打东南车盟呼叫中心服务热线(0591-88000567　88007789　87835800　83839183),我们将为您查询您的车辆的违章信息。

您还可以拨打我们的服务热线(0591-88000567　88007789　87835800　83839183),咨询办理保险理赔业务,我们将为您提供专业的保险指导建议。

8. 增值服务

持车盟卡,吃喝玩乐都省钱!

说明:会员持卡到东南车盟所提供"吃喝玩乐购"等增值服务联盟商家消费,可以享受打折优惠,同时还可以参加东南车盟组织的各种活动。具体折扣服务可查阅手册,也可以到东南车盟网上查询。

9. 提醒服务

东南车盟将成为您不可或缺的秘书!

说明:生日到了,东南车盟还为您送上生日的祝福,要是驾驶证、车辆年检时间到了,东南车盟还将为您发送提醒短信……

三、东南车盟金卡(680 元)

1. 50 次洗车

近 50 家汽车美容点的 50 次洗车!

说明:东南车盟在福州地区有近 50 家颇具规模、口碑良好的汽车美容企业,他们可能在您家附近,也可能在您单位的楼下,当然也有可能在您上下班的路上,也可能在您出游的途中。您可以在东南车盟提供的近 50 家汽车美容企业进行刷卡洗车 50 次。

2. 内饰清洗

一年内进行一次内饰清洗。

说明:每年可以在东南车盟近 50 家的联盟商家做内饰清洗服务,刷卡消费一次,市场价值为 300 元。

3. 加油优惠

比挂牌价优惠 2%!

说明:如果您成为东南车盟的会员,就可以获得中石油提供的比挂牌价优惠 2% 的加油卡(本优惠数据只限当年,若有变动将在网站上及时公布),加油卡优惠期限为一年,期满后要想重新获得优惠资格,必须到东南车盟总部进行报备。加油优惠服务在福建省境内的中石油加油站都可以获得。

4. 车险理赔

打东南车盟保险服务热线,多省 15%,还有意外惊喜。

说明:如果您是东南车盟会员,购买东南车盟提供的车险服务,不仅可以获得同城最优惠的车险价格，东南车盟还会为您免去一年的东南车盟行车卡年费100元整。如果您还不是东南车盟会员，购买东南车盟提供的车险服务，您将直接获得一张东南车盟行车卡。

会员参保后，东南车盟将为您提供快速的理赔通道，您可以拨打东南车盟的呼叫中心服务热线（0591-88000567　88007789　87835800　83839183）获取理赔服务，东南车盟将安排专业人员到现场协助理赔事宜，协助定损，代驾事故车到维修点。

5. 违章处理

违章一单只需要10元。

说明：如果您是东南车盟会员，那么东南车盟将为您免费代办违章处理，每单次不管罚分多少，东南车盟只代收邮递费用10元。也就是说，如果您有10单次违章，共30分，您只需要缴纳100元邮递费用就可以帮您解除罚分的烦恼。行车卡会员可以享受1单次违章处理的服务，玉兔金卡会员可以享受5单次的违章处理服务，金卡会员不限单次。代办范围只限非高速违章，若有新的变动，车盟将通过东南车盟网及时进行公告。

6. 免费代办年检

代办年检，免费代办！

说明：年检很麻烦，要跑的地方很多。现在好了，东南车盟将为您提供全面的代办服务，金卡会员可以免去200元的代办费用，车盟工作人员还可以提供接车送车服务，免去您很多麻烦，还省去您好多时间。

提示：

①代办年检只限非营运车辆；

②国家行政法规规定缴纳的款项车友承担；

③免代办费200元；

④代办时，须提供会员行驶证原件、交强险附件并已缴纳交强险、无违章、无违法改装行为。

7. 爱车养护

爱车检测免费，工时费还打折！

说明：在东南车盟近50家联盟企业中，您的爱车都可以享受到多项免费服务，包括底盘检测、发动机检测、灯光线路检测，同时还可以享受三清工时费折扣、汽车维修保养工时费折扣、汽车用品购买的折扣。

8. 事故处理

出了事故，拨打电话找车盟！

说明:要是您是金卡会员,您的爱车出现故障,请拨打东南车盟的呼叫中心服务热线(0591-88000567　88007789　87835800　83839183),东南车盟将为您提供以下的服务:

①两次免费车辆泵电:【福州市区、福清市区范围内】车辆因电瓶缺电无法启动时,免费提供充电服务,一年免费提供服务两次(如电瓶无法使用,更换电瓶材料所需费用由会员自付,免工时费)。

②两次免费充气换胎:【福州市区、福清市区范围内】①车辆因轮胎爆胎或损坏而无法正常行驶时,提供免费更换备胎服务。②车主需备完好轮胎,如无备胎可直接要求拖车服务。

③紧急送油免工时费:【福州市区、福清市区范围内】车辆无燃料而无法启动或正常行驶时,提供免费送油服务(油料费用由车主自付),免工时费两次。

④紧急修理:【福州市区、福清市区范围内】车辆因机械或电气故障无法启动或正常行驶时,东南车盟将为您调拨离事故现场最近的汽车维修服务联盟单位,为您提供现场紧急修理服务。

⑤车辆困境特种救援:【福州市区、福清市区范围内】车辆在运行过程中,若出现非正常行使状态,或陷于困境:

· 陷入路井、路沟;

· 落入河流、水沟;

· 侧翻、倒翻等其他不可预见的特殊情况。

将根据实际情况及救援的难易程度,与客户协商收取救援费用,费用额度在500元至3 000元之间。

提示:随着东南车盟在各个城市的拓展,东南车盟的施救服务也将在各个区域展开,具体信息我们将在东南车盟网上及时公布。

9. 贴心服务

行车用车都问车盟!

说明:东南车盟还可以为您提供违章信息查询服务,只要您拨打东南车盟呼叫中心服务热线(0591-88000567　88007789　87835800　83839183),东南车盟都将为您查询车辆违章信息。

您还可以拨打东南车盟服务热线(0591-88000567　88007789　87835800　83839183),咨询办理保险理赔业务,车盟将为您提供专业的保险指导建议。

10. 增值服务

持车盟卡,吃喝玩乐都省钱!

说明:会员持卡到东南车盟所提供“吃喝玩乐购”等增值服务联盟商家消

费，可以享受打折优惠，同时还可以参加东南车盟组织的各种活动。具体折扣服务可查阅手册，也可以到东南车盟网上查询。

11. 提醒服务

东南车盟将成为您不可或缺的秘书！

说明：生日到了，东南车盟还为您送上生日的祝福，要是驾驶证、车辆年检时间到了，东南车盟还将为您发送提醒短信……

四、白金卡(2 800 元)

1. 80 次洗车

近 50 家汽车美容点的 80 次洗车！

说明：东南车盟在福州地区有近 50 家颇具规模、口碑良好的汽车美容企业，他们可能在您家附近，也可能在您单位的楼下，当然也有可能在您上下班的路上，也可能在您出游的途中。您可以在东南车盟提供的近 50 家汽车美容企业进行刷卡洗车 80 次。

2. 内饰清洗

一年内进行 4 次内饰清洗。

说明：每年可以在东南车盟近 50 家的联盟商家做内饰清洗服务的刷卡消费 4 次，市场价值为 1 200 元。

3. 免费打蜡

说明：每年可以在东南车盟近 50 家的联盟商家享受 6 次机器打蜡，市场价值为 900 元。

4. 加油优惠

比挂牌价优惠 2%！

说明：如果您成为东南车盟的会员，就可以获得中石油提供的比挂牌价优惠 2% 的加油卡(本优惠数据只限当年，若有变动将在网站上及时公布)。加油卡优惠期限为一年，期满后要想重新获得优惠资格，必须到东南车盟总部进行报备。加油优惠服务在福建省境内的中石油加油站都可以获得。

5. 车险理赔

打东南车盟保险服务热线，多省 15%，还有意外惊喜。

说明：如果您是东南车盟会员，购买东南车盟提供的车险服务，不仅可以获得同城最优惠的车险价格，东南车盟还会为您免去一年的东南车盟行车卡年费 100 元整。如果您还不是东南车盟会员，购买东南车盟提供的车险服务，您将直接获得一张东南车盟行车卡。

会员参保后，东南车盟将为您提供快速的理赔通道，您可以拨打东南车盟的呼叫中心服务热线(0591-88000567 88007789 87835800 83839183),获取理赔服务,东南车盟将安排专业人员到现场协助理赔事宜,协助定损,代驾事故车到维修点。

6. 违章处理

违章一单只需要10元。

说明:如果您是东南车盟会员,那么东南车盟将为您免费代办违章处理,每单次不管罚分多少,东南车盟只代收邮递费用10元。也就是说,如果您有10单次违章,共30分,您只需要缴纳100元邮递费用就可以帮您解除罚分的烦恼。行车卡会员可以享受1单次违章处理的服务,玉兔金卡会员可以享受5单次的违章处理服务,金卡会员不限单次。代办范围只限非高速违章,若有新的变动,车盟将通过东南车盟网及时进行公告。

7. 免费代办年检

代办年检,免费代办!

说明:年检很麻烦,要跑的地方很多。现在好了,东南车盟将为您提供全面的代办服务,金卡会员可以免去200元的代办费用,车盟工作人员还可以提供接车送车服务,免去您很多麻烦,还省去您好多时间。

提示:

①代办年检只限非营运车辆;

②免受国家统一规定的年检费用(目前是108元);

③免代办费200元;

④代办时,须提供会员行驶证原件、交强险附件并已缴纳交强险、无违章、无违法改装行为。

8. 爱车养护

爱车检测免费,工时费还打折!

说明:在东南车盟近50家联盟企业中,您的爱车都可以享受到多项免费服务,包括底盘检测、发动机检测、灯光线路检测,同时还可以享受三清工时费折扣、汽车维修保养工时费折扣、汽车用品购买的折扣。

9. 事故处理

出了事故,拨打电话找车盟!

说明:要是您的爱车出现故障,请拨打东南车盟的呼叫中心服务热线(0591-88000567 88007789 87835800 83839183),我们将为您提供以下的服务:

①全年免费车辆泵电:【福州市区、福清市区范围内】车辆因电瓶缺电无法

启动时,免费提供充电服务,整年免费提供服务(如电瓶无法使用,更换电瓶材料所需费用由会员自付,免工时费)。

②全年免费充气换胎:【福州市区、福清市区范围内】①车辆因轮胎爆胎或损坏而无法正常行驶时,提供免费更换备胎服务。②车主需备完好轮胎,如无备胎可直接要求拖车服务。

③紧急送油免工时费:【福州市区、福清市区范围内】车辆无燃料而无法启动或正常行驶时,提供免费送油服务(油料费用由车主自付),全年免工时费。

④紧急修理:【福州市区、福清市区范围内】车辆因机械或电气故障无法启动或正常行驶时,东南车盟将为您调拨离事故现场最近的汽车维修服务联盟单位,为您提供现场紧急修理服务。

⑤拖车牵引全年免费施救:【福州市区、福清市区范围内】免拖车费全年一次。注:根据交通管理部门规定,高速公路、高架、大桥、隧道等限制区域不属于东南车盟网紧急救援拖车范围。

⑥车辆困境特种救援:【福州市区、福清市区范围内】车辆在运行过程中,若出现非正常行使状态,或陷于困境:

· 陷入路井、路沟;

· 落入河流、水沟;

· 侧翻、倒翻等其他不可预见的特殊情况。

将根据实际情况及救援的难易程度,与客户协商收取救援费用,费用额度在500元至3 000元之间。

提示:随着东南车盟在各个城市拓展,东南车盟的施救服务也将在各个区域展开,具体信息我们将在东南车盟网上及时公布。

10. 贴心服务

行车用车都问车盟!

说明:东南车盟还可以为您提供违章信息查询服务,只要您拨打东南车盟呼叫中心服务热线(0591-88000567　88007789　87835800　83839183),东南车盟都将为您查询车辆违章信息。

您还可以拨打东南车盟服务热线(0591-88000567　88007789　87835800　83839183),咨询办理保险理赔业务,车盟将为您提供专业的保险指导建议。

11. 增值服务

持车盟卡,吃喝玩乐都省钱!

说明:会员持卡到东南车盟所提供"吃喝玩乐购"等增值服务联盟商家消费,可以享受打折优惠,同时还可以参加东南车盟组织的各种活动。具体折扣服务可查阅手册,也可以到东南车盟网上查询。

12. 提醒服务

东南车盟将成为您不可或缺的秘书!

说明:生日到了,东南车盟还为您送上生日的祝福,要是驾驶证、车辆年检时间到了,东南车盟还将为您发送提醒短信……

第5章 品牌传播技巧:让消费者更容易接受

本章主要探讨如何更好地将品牌的核心信息进行创意地表达,就是解决"怎么说"的问题。"怎么说"也是品牌传播的技巧,通过技巧的表达,可以让消费者更容易产生注意,更容易理解,也更容易接受。

中国著名策划人叶茂中先生曾经喊出这样的口号:没有创意就去死。尽管大家都想对传播中的信息进行创意地表达,但真要做好创意还是比较困难的。

我们认为,要想达到最佳的品牌传播效果,就不能不关注在品牌传播中的信息元素的创意表达。

通过本章学习,我们可以回答以下几个问题:品牌在传播过程中需不需要创意的表达,应该如何做好品牌元素的创意表达,都有哪些办法让我们品牌传播更有创意。

5.1 品牌传播技巧特点和原则

5.1.1 品牌传播技巧概念

品牌传播技巧,就是在品牌传播过程中所表现出来的传播技能或方法。它由品牌传播的结构形式、表达方式、修辞手法和各种符号有机组合而成。

在传播研究中,常有人将传播技巧等同于传播技术,混淆两者。其实,传播技巧反映的是对信息"包装"传播的巧妙技能,对传播原理有很大的依赖性,即没有对传播原理的透彻了解,很难有高超的传播技巧;传播技术反映的是对信息“原样”传输的操作技能,对传输装备有很大的依赖性,即没有传输设备(如摄像机、发射机等),就不存在传播技术。传播技术是形成传播技巧的基础,传播技巧是对传播技术的熟练掌握。因此传播技巧中往往包含着传播技术的使用,掌握了传播技术的人不一定同时懂得传播技巧。因为,传播技术的学习可以短期速成,而传播技巧的获取绝非一朝一夕。

人类传播史反复证明:传播实践是传播技巧的源泉,而传播技巧也可以优化具体的传播实践。传播技巧不是理论家冥思苦想出来的,而是传播经验的结晶。它由传播的自然形态生成,再由长期的传播实践“淬火”“打磨”和“上光”。

在所有的传播形态中,可以说到处都蕴含着、勃动着大量的广义的传播技巧,也可以发现和接触到许多现代传播技巧的“原型”。在品牌传播的过程中,同样也存在着各种各样的传播技巧,它是提升传播效果的重要手段。

品牌传播技巧是品牌传播策划人的理论素养、文化素养和足够的经验知识的综合反映。固然,技巧可以增强传播效果,但技巧并非万能,最关键的是要有符合当今社会需要、消费者需要的思想和观点。

品牌传播技巧又是在遵循传播规律的基础上生成和制订出来的具体方法。品牌传播主体对传播的本质规律认识得愈正确、把握得愈科学,也就愈有可能形成卓有成效的品牌传播技巧。当然,品牌传播技巧的形成与发展也反映信息整合、制作、传播的规律性。作为品牌信息时代的传播者,若不从多方面武装自己,不掌握一定的传播技巧,并有意识地合理地运用它,就很难获得最佳的传播效果,自然也难圆满实现自己的品牌传播目的。

5.1.2 品牌传播技巧特点

1)独立性

传播技巧具有相对的独立性。它可以单独地服务于传播内容,使传播内容得到艺术的化妆和修饰,于是也就成为一种不可替代的独立的表现形态,并且可以抽取出来单独地予以观照、分析和研究。传播技巧的这种独立性,决定了某种技巧一旦形成以后,这种技巧便可以在传播活动中反复使用、不断完善。如隐喻法、示范法、比较法等技巧,从古代的人际传播到今天的大众传播,以及我们现在所分析的品牌传播,都是如此。

2)稳定性

品牌传播技巧的可重复性,又构成了其内核和外形变化缓慢、相对稳定的特点。但是,技巧的稳定性并不意味着它可以陈陈相因、故步自封、拒绝变革和发展;也不意味着品牌传播者可以永远重复使用那有限的简单的和死板的几招,不思进取,不求创新。强调品牌传播技巧的稳定性,不只是指出其变化缓慢的特质,还表明技巧可以古为今用、洋为中用和传统技巧不会被现代技巧很快取代的道理。

3)创造性

"学贵心悟,守旧无功。"(宋·张载《经学理窟》)高明的传播者不仅能得心应手地、恰到好处地使用那些生动活泼、富有生机的传统技巧,而且还能不为前人的或现有的技巧所囿,创造性地构想和使用新的技巧。但是,对传播技巧的创造性追求,不可以抛弃或脱离现存的所有技巧而企图异想天开地一下子构想出许多崭新的技巧。创造新的富有现代特征的传播技巧,必须尊重传播技巧独立性和稳定性的特点,依靠传统积淀,依靠世世代代确定下来的东西,同时还要顺应受众长期以来已经养成的接受习惯和思维定势。换句话说,传播技巧的创造性特点,主要表现为对传统技巧用新的事实、新的经验加以补充、丰富和整合、修正,使其适合表现崭新的思想内容和时代生活。

5.1.3 运用传播技巧的原则

文有定则,术有恒数;"才之能通,必资晓术。"(刘勰《文心雕龙》)运用品牌传播技巧必须遵循一定的原则,同时又须妙运从心,随手多变,不为固定的技巧所束缚。那么,我们运用品牌传播技巧必须遵循哪些原则呢?

1)技巧要为内容服务

孔子曰:"言之无文,行而不远。"在传播活动中,不但要有真实新鲜、丰富生动的内容,还要有一定的恰当的技巧,否则,内容便无法得到很好的表现和有效的传播。这就要求将传播技巧与内容很好地结合起来,让技巧很好地为表现内容、论证观点服务,而不要离开内容、玩弄技巧。内容是主干,技巧是枝叶。没有技巧的内容,只能是干瘪的说教、简单的声明;离开内容的技巧,充其量只是些形式堆砌、文字游戏。

2)技巧要与谋略吻合

如果某一品牌信息的传播与某一品牌传播策略存在着内在联系和互补关

系,那么传播技巧的运用就应该很好地反映传播策略的总体构想和意图,即应该为策略实施服务,与策略意图吻合,而不应与策略若即若离,甚至背道而驰。因为,一个与策略相悖的传播技巧,往往会导致整个传播策略的失败,进而会使传播目的全部落空。这是不可不注意的。

3)技巧要为消费者接受

不同的品牌传播技巧指向不同的消费者,而不同的消费者对传播技巧亦有各不相同的要求;有针对性地运用传播技巧,可以大大提高品牌传播效果。因此,品牌传播者运用传播技巧不能千篇一律、生搬硬套、不求变化,而应根据不同消费者的特点、需要、兴趣、习惯以及文化程度等情况有针对性地运用不同的传播技巧,使传播能为不同的消费者所喜爱和接受。

4)技巧要灵活运用

丰富多彩的社会生活需要灵活多样的传播技巧来表现。因此,在传播活动中,品牌传播者绝不要为一两种用熟的技巧或传统的技巧所束缚,而要注意灵活地综合运用多种技巧和不断创造新技巧来表现和彰显信息内容,使其成为质形相糅、血肉相依、相辅相成、相互配合的艺术整体。

5.2 品牌传播的创意表达

5.2.1 品牌传播的创意特点

品牌传播要想获得最好的传播效果,必须在内容和表达形式上多下工夫。

我们认为,品牌传播内容的创意表达是为了塑造良好的企业品牌形象,体现产品个性而进行的新颖独特的创造性思维,它主要包括以下几个特点:

①品牌传播内容的创意从本质上讲,是一种创造性思维。它要以新颖独特为生命,唯有这样才能突破品牌传播海洋的包围,产生感召力和影响力。

②品牌传播内容的创意的目的是为了塑造品牌形象,体现商品个性。不难看出,品牌传播的终极目的就是为了促进商品的销售,但是并非每一则广告都是为了直接达到这一目标。具体到创意这个环节,创意的目的只是如何让目标受众了解商品个性,如何让品牌形象在目标受众的心中扎下根,在此基础上再促使他们心甘情愿地采取购买行动。

③品牌传播内容创意是一个动态的过程,而且是一个思维的过程。它所产生的是一种智慧的结果,需要以可视可感的文字或图画为思维的物质载体。

5.2.2 品牌传播内容创意原则

1)目标性原则

品牌传播内容创意要和品牌传播目标和品牌营销目标相吻合。在创意活动中,创意必须围绕着品牌传播目标和品牌营销目标进行,必须是从品牌传播对象出发,最终又回到品牌传播对象的创造性行为。任何艺术范围的营造都是为了刺激人们的消费心理,促成营销目标的实现。大卫·奥格威曾经说过:“我们的目的是销售,否则就不是广告。”品牌传播是一种旨在促成消费受众产生某种心理上的、感情上的或行为上的反应的一种说服过程,或者说是一种信息传达过程。品牌传播内容创意是与品牌传播的目的一致的,既需要想象力,又不能让想象力漫无目的。

2)关注性原则

品牌传播内容创意要千方百计地吸引消费者的注意力,使其关注传播内容。只有这样才能在消费者的心中留下印象,才能发挥品牌传播的作用,运用各种手段去吸引尽可能多的消费者的注意,是品牌传播内容创意一个重要的原则。品牌传播内容创意不仅要简单明了,而且还要生动逼真,给媒体受众留下深刻的印象。品牌传播内容要能吸引媒体受众的注意,进而激发好奇心,产生购买欲望,以达到促进销售的目的。另外,需要注意的是,品牌传播内容创意要以媒体受众的理解为限度。

3)科学性原则

品牌传播内容创作活动充满了不同事物之间的、现实与虚幻、真理与荒诞、幽默与讽刺、具体与抽象之间的碰撞、交融、转化、结合,并且需要发挥策划人的想象力,用最大胆、最异想天开的方法去创造广告精品。但是品牌传播的本质是一种产品,而产品的属性就决定创意想象力和创造力不是无节制的、荒谬的,它必须遵循一定的规律,掌握一定的分寸。

5.2.3 品牌传播内容创意过程

“创意无法则”被很多创意人奉为教条。头脑活跃的策划人天马行空,灵光乍现,好的创意往往在不经意间迸发,循规蹈矩反而有可能约束创意的发散,所以有些人认为创意是不需要法则的,甚至认为遵循法则产生的创意一定不是好创意。在广告界流传着这样一句话:创意像爱情一样不可分析。品牌传播内容创意的最终形成表面上看起来很短,实际上则需要悠长的酝酿。创意不仅需要关注灵感的过程,还需要掌握其思维方法。

品牌传播内容创意的过程中两个不可或缺的部分是传播成功的基础。第一是战略,即消费者想要听些什么;第二是执行,即品牌传播应该表现出什么。这两个部分都必须非常出众,而且缺一不可。

概括地讲,品牌传播内容创意的思考过程可分下列五阶段:

a. 准备期——研究所搜集的资料,根据旧经验,启发新创意,资料分为一般资料与特殊资料,所谓特殊资料,是指专为某一品牌传播活动而搜集的有关资料。

b. 孵化期——在孵化期间,把所搜集的资料加以咀嚼消化,在有意或无意之中,使意识自由发展,并使其结合。因为一切创意的产生,都是在偶然的机会中突然发现的。

c. 启发期——大多数的心理学家认为:印象(image)是产生启示(hint)的源泉。所以本阶段是在意识发展与结合中,产生各种创意。

d. 验证期——把所产生的创意,予以检讨修正,使其更臻完美。

e. 形成期——以文字或图形,将创意具体化。

1)杨氏程序

杨氏程序是美国著名广告大师杰姆斯·韦伯·杨在其所著的《创意法》一书中提出的5个步骤:

①收集资料——收集各方面的有关资料。

②品味资料——在大脑中反复思考消化收集的资料。

③孵化资料——在大脑中综合组织各种思维资料。

④创意诞生——心血来潮,灵感实现,创意产生。

⑤定型实施——创意最后加工定型付诸实施。

2)奥氏程序

奥氏程序是美国广告学家奥斯伯恩总结了几位著名广告设计家的创新思考程序而提出的,它基本有3个步骤:

①查寻资料——阐明创新思维的焦点(即中心);收集和分析有关资料。

②创意构思——形成多种创意观念,并以基本观念为线索,修改各种观念,形成各种初步方案。

③导优求解——评价多种初步方案;确定和执行最优方案。

3)黄氏程序

黄氏程序是香港地区一位广告学者黄沾先生提出来的,其程序为:

①藏:收藏资料。

②运:运算资料。

③化:消化资料。

④生:产生广告创意。

⑤修:修饰所产生的创意。

4)詹姆斯·韦伯·扬的"过程论"

詹姆斯·韦伯·扬是全世界公认的广告泰斗,1974年他被授予美国广告人的最高荣誉"美国广告杰出人物"。他在《产生创意的方法》一书中提出了产生创意的方法和过程,其思想在我国广告界影响深远。

韦伯·扬的创意"过程论"把创意过程分为5个阶段,即收集原始资料;用心智去仔细检查这些资料;深思熟虑,让许多重要的事物在有意识的心智之外去作综合;实际产生创意;发展、评估创意,使之能够实际应用。在5个阶段中,灵感激发创意只是其中的一个阶段。

①收集原始资料。原始材料包括特定资料和一般资料。所谓特定资料就是与产品有关的资料以及那些计划销售对象的资料。广告的构成,是在我们的生活万花筒般的世界中所构成的新花样,因此有必要浏览各学科中的所有资讯,而这些都是一般资料。收集特定资料是目前的工作,而一般资料的收集则是一个广告人终生的工作。

广告创意始于对广告商品、消费者以及竞争广告的调查与了解。创意的基础是及时准确地获得有关商品、消费者、竞争广告等的资料,进行细致的统计调查,并加以比较分析。

原始的资料也应包括对生活中点点滴滴的感悟与积累。生活乃创意之母,要善于从生活中挖掘创意,于平凡中见新奇。

②用心智分析资料。詹姆斯·韦伯·扬指出:广告创意完全是各种"旧"要素间的相互渗透。这里,"旧"的要素当然是指已收集到的各种资料。至于"新的组合",则有两层含义:一是指这些要素的有机组合,形成对商品、消费的映像;二是这些映像经过广告人群体智慧的作用,形成新的意念,即产生创意。因此,广告创意始于对各要素分散、独立的考察,终于"新的组合"这个从分散的"点"走向聚合的"意"的过程。创意的第一步是为心智的万花筒积聚起丰富多彩的"玻璃片",第二步当然就是毫不犹豫地旋转万花筒——让多彩的"玻璃

片”碰撞出绚丽的思想火花。旋转万花筒，实际上就是寻找各种事实之间的相互关系。如果能在看似无关的事实之间，发现它们的相关性并对它们进行新的组合，高妙的创意就在其中了。

表现相关性的方法丰富多彩，诸如联想、比喻、对比、衬托、暗示等。韦伯·扬告诫我们：所得的创意无论如何荒诞不经或残缺不全，都要把它们记下来。这有助于推进创意；不要过早地发生厌倦，至少要追求内心火力的第二波，当你感到绝望、心中一片混乱时，就意味着可以进入第三步了。

③深思熟虑，让许多重要的事物在有意识的心智之外去作综合思考，对有关资料进行调查分析之后，在思考、酝酿、综合的基础上勾勒一种创意的形象。这是广告人的“自由创意”阶段，是对已有映像进行形象的再创造过程。在这个创意过程中，可能会提出很多个新的创意，要注意把每一个好点子或闪光的灵感都记录下来。完全放松，放弃问题，转向任何刺激你想象力及情绪的事情，去听音乐，看电影，打球，读诗或看侦探小说。如果把创意第一步比作收集食物，第二步就是咀嚼，第三步就是消化。

④实际产生创意。韦伯·扬把它称做“寒冷清晨过后的曙光”。它的特征是突发性。“它就像一棵高居山顶的橡树，每个人都可以看到，又很难摸得着。”

⑤发展、评估创意，使之能够实际应用。找到了创意，这仅仅是曙光。常常还要做许多耐心的工作，以使大多数的创意能够适合实际情况。这时，必须走第五步——把新生的创意交给深思熟虑的批评者审阅。对前面提出的多种创意方案进行比较、提炼、深化、成型与完善，这是创意完成的最后阶段。经过多方研究与评定，如果认为该创意符合广告总体策划与目标的要求，就可以进入广告的表现阶段。这时你会发现，好的创意具有自我扩大的本质。它会刺激那些看过它的人们对其加以增补。这个步骤为世界上许多大广告公司所认同，有的还采用“动脑小组”的形式，来进行创意的群体攻关。

可见，广告创意的有序性、和谐性和能动性在创意的流程中得到了充分的体现，这就要求广告公司各部门成员协调工作，默契配合，从而使各种要素的映像有如涓涓细流，在由人组成的创意主体中流动，进行新的组合，直到创意脱颖而出。

5.2.4 创意经典思维方法

1)横向思考法和垂直思考法

英国心理学家爱德华·戴博诺博士在《新的思维》一书中，用“挖井”作比喻，论述了垂直思维和横向思维两种不同方法的关系。戴博诺说，垂直思维从单一的概念出发,并沿着这个概念一直推进,直到找出最佳方案或方法。这正如挖一口水井,一直挖,挖得很深但仍不见出水,继续挖。如果选址错误,可能耗费大量人力财力仍达不到目的。而横向思维则要求我们首先从各种不同角度思索问题。思维的惯性很容易使自己在一个特定的问题领域中作循环思索。这个时候就需要跳出来,看一看其他领域,从别的地方找一些材料以启发自己。

①逻辑的思考方法和分析的方法是按照一定的思考线路,在固定范围内,自上而下进行垂直思考,故被称为垂直思考法。此方法偏重于已有经验和知识,以对旧的经验和知识的重新组合来产生创意,能够在社会公众既定心理基础上产生广告创意的诉求,但是在广告形式上难以有大的突破,结果比较雷同。

②水平思考方法是指在思考问题时摆脱已有知识和旧的经验约束,冲破常规,提出富有创造性的见解、观点和方案。这种方法基于发散性思维,故又把这种方法叫做发散性思维方法。例如,在人们普遍考虑"人为什么会得天花"问题时,瑟纳考虑的是"为什么在牛奶场劳动的女工不得天花?"正是采用这种发散式思维方法,使他在医学方面有了大的发现。

2)头脑风暴法

头脑风暴(Brain Storming)是一种集体创造性思考法,由美国企业家、发明家奥斯本首创。它是从群体思维的角度考虑,是目前在世界范围内应用最广泛、最普及的集体智力激励方法。

从20世纪50年代开始,在全球范围内就掀起前所未有的创意大风暴。

头脑风暴法在英语中的原意是用脑力去冲击一个问题。作为一种创造方法,它在韦氏国际大字典中被定义为:一组人员通过开会方式就某一特定问题出谋献策,群策群力,解决问题。这种方法的特点是:克服心理障碍,思维自由奔放,打破常规,激发创造性的思维方式,达到创造性地解决问题的目的。奥斯本创建这一方法最初就是运用在广告创作活动之中。

头脑风暴法运行程序:

①准备。在准备阶段需要解决的问题是选择熟悉这一技法的主持人;然后确定会议人选,一般以5~10人为宜,最好是内外行人士都有;再则要提前数天将事项通知与会者,包括时间、地点、要讨论的问题以及背景。

②预热。这一阶段的目的在于使与会人员进入角色并营造激励气氛。通常只需几分钟,在操作过程中的具体做法是提出与会上所要讨论的问题毫不相关的问题。

③明确问题。这一阶段的目的是通过对问题的分析陈述,使与会者全面了

解问题,开阔思路。主持人介绍问题需按照最低信息量原则,简明扼要。

④畅谈。这是头脑风暴法的实质性阶段。在这一阶段中,与会者克服心理障碍,让思维自由驰骋,同时借助于集体的知识互补、信息刺激和情绪鼓励并通过联想提出大量创造性设想。畅谈结束后,会议结束,但与会者会后应继续考虑,以便及时补充设想。

⑤对设想的加工整理。会上提出的设想大部分未经考虑和评价,需要进一步完善加工。这一阶段包括:一是设想的增加,即把与会者的会后新想法予以收集。二是评论和发展,如:是否简单?是否恰当?是否具有冲击力?是否具有可行性?等等。经过比较、评论,发展出若干最好设想。评论设想的人员可以是设想的提出者,也可以不是,但最好应是本问题的内行人士。

以上是应用头脑风暴法的一般程序,具体运用时,可以根据经验和具体情况灵活运用。美国学者格力格认为,在一般的“头脑风暴法”中,由于很多参与者不能完全地开放心胸,畅所欲言,所以可以在头脑风暴法之后,另加角色风暴法以增加一些别开生面的主意。比如用传统的头脑风暴法产生 20 ~ 30 个创意,然后由各人员选其中的某一角色来扮演。

头脑风暴法运用的原则和要求有:

①会议原则:一是自由思考原则。要熟悉并善于应用发散性思维的方法,如横向思维、纵向思维、侧向思维、逆向思维等;二是禁止批评原则,又叫保留批评原则。过早地进行批评,会使许多有价值的设想被扼杀;三是谋求数量原则。在规定的时间内提出大量观点、设想,多多益善,以量求质。其中有些观点可能是荒唐可笑的,主持人必须都要加以记录;四是结合改善原则。这是指与会者要努力把别人提出的设想加以综合、改善并发展成新设想,或者提出结合改善的思路。

②会议要求:一是主持人应平等对待每一个与会者,不可制造紧张气氛。与会者提出的方案一律记下,并适当予以启发引导,掌握进程,能在冷场时提出自己的独特设想。二是与会者不许私下交谈和代表他人发言,始终保持会议只有一个中心:注意倾听别人的发言;设想的表达要简单,最好有幽默感。三是会议的时间以 20 ~ 60 分钟为宜,经验证明,独到的设想通常要在 15 ~ 20 分钟以后出现,在 30 分钟左右可出现一个峰值。值得注意的是,会议持续时间一般只需主持者心中有数并加以灵活掌握,不宜在会议开始时或经过一段时间后加以宣布或提醒。

3) 李奥·贝纳的固有刺激法

李奥·贝纳被誉为美国 20 世纪 60 年代广告创意革命的旗手和代表人物

之一,芝加哥广告学派的创始人及领袖。他所代表的芝加哥学派在广告创意特征上强调"与生俱来的戏剧性"。他说"我们的基本观念之一,是每一商品中的所谓的'与生俱来的戏剧性',我们最重要的任务就是把它发掘出来加以利用。""每件商品,都有戏剧性的一面。当务之急就是要替商品发掘出其特点,然后令商品戏剧化地成为广告里的英雄。"①

李奥·贝纳认为成功的创意广告的秘诀就在于找出产品本身固有的刺激。"固有刺激"也被称为"与生俱来的戏剧性"。广告创意最重要的任务是把固有刺激发掘出来并加以利用,也就是说要发现生产厂家生产这种产品的"原因"以及消费者购买这种产品的"原因"。一旦找到这个原因,广告创意的任务便是依据固有的刺激——产品与消费者的相互作用——创作出吸引人的、令人信服的广告,而不是靠投机取巧、靠蒙骗或虚情假意来取胜。

按照这种观念,在广告创作中,李奥·贝纳认为,不论你要说什么,一般情况下,根据产品和消费者的情况,都要做得恰当,只有一个能够表示它的字,只有一个动词能使它动,只有一个形容词能描述它。对于创意人员来说,一定要找到这个字,这个动词及这个形容词。同时永远不要对"差不多"感到满足,永远不要依赖从欺骗去逃避困难,也不要依赖从闪烁的言辞去逃避困难。

李奥·贝纳在长达半个多世纪的广告生涯中,创作出了一个又一个传世的广告杰作。如他所创作的经典广告"万宝路"香烟广告、"绿巨人"灌装豌豆广告和"肉"广告,一直为广告界人士津津乐道。

5.3 品牌传播具体技巧

古今中外,传播技巧形形色色,多种多样,有用于口头,有诉诸笔端,也有施之于画面。这些传播技巧也都可为品牌传播所借鉴。

面对纷繁众多的传播技巧,我们很难作出全面、彻底的罗列和介绍,而只能着重介绍那些经常出现的、基本通用的和行之有效的传播技巧。

5.3.1 组构技巧

组构技巧主要有明示法和暗示法、立论法和驳论法 4 种。

---

① 饶德江. 广告策划与创意[M]. 武汉:武汉大学出版社,2003.

1)明示法和暗示法

这是指在品牌信息加工过程中,将所要传播的基本内容作出明确的或含蓄的归纳总结。

品牌信息加工与符码制作是为了影响消费者的态度和行为,因此任何品牌传播主体都会在其中明确表达或暗中传达一定的思想、感情、目的和意图,而品牌信息的加工也总是围绕一定的主题思想或基本观点进行的。

思想明示的基础是通过证明和逻辑推理而试图取得接受者对文本主旨的赞同,思想暗示的基础则是通过直接移植心理状态的途径让信息在接受者身上发生作用。因此,如果说在明示时结论是由传播者预先作出的话,那么在暗示时结论则是由接受者现时独自作出的。所以,明示法主要是明确的理性的影响,而暗示法则主要是模糊的情绪的影响。

通常,在具体的运用中,品牌传播主体的目的在于劝服,其内容宜明示,属于情感心灵上的联络,其内容宜暗示;消费者的接受能力若较弱,其内容宜明示,接受者的接受能力若较强,其内容又宜暗示;权威性较低的传播者,其传播可用明示,权威性较高的传播者,其讲话可用暗示。

2)立论法和驳论法

从正面直接提出自己品牌的观点,并且只向消费者介绍那些有利于论述这一观点的论据和事实,叫做立论法(即单面论证)。品牌传播主体同时向消费者介绍或提出那些既有利又不利的事实和论点,通过揭露和批驳那些错误的论点论据来树立正确的观点,叫驳论法(即双面论证)。这两种方法有利有弊。立论法可以避免相反信息的干扰,有利于向接受者直接灌输自己的观点。但是,接受者一旦觉察到还有相反观点的存在,便会由此产生种种怀疑。驳论法可以使接受者产生"免疫力",自觉地改变态度,但若处理不好,又会使接受者对反面信息产生兴趣,进而深信不疑。到底是使用立论法还是驳论法,主要取决于品牌传播活动中的某些具体条件或现实情况:

①消费者的预存立场。如果消费者预先倾向于相信你所宣传的观点,采用正面论证的立论法比采用两面论证的驳论法容易取得"自己人"效应。而如果去讨论同你所主张的思想相对立的观点,反而会使"自己人"产生离心倾向。但是,如果消费者预先倾向于相反的论点,或者怀疑你所主张的思想,就必须采取两面都说的方法,以消解消费者的敌对情绪,使其产生一种复杂的交替变化的态度,最后不知不觉地进入你预设的"圈套",成为思想上的"俘虏"。

②消费者的已有知识。如果消费者的知识面较窄,文化水平较低,并且把

你所主张的思想当做是唯一的观点,比较好的做法是对自己的观点只作正面论述。而若过多地提到相反论点,反而会使人犹豫不决。相反,倘若消费者见多识广,又知道相反观点的存在,这时你又必须采用两面分析的方法了。因为回避相反观点,会被认为不客观。品牌传播主体只有既充分证明自己的观点又有力批驳反面观点,才能收到预期效果。

5.3.2 论证技巧

论证技巧主要有引证法、印证法和比较法 3 种。

1)引证法

品牌传播主体在品牌信息传播中巧妙合理地引用事实材料和理论资料作为论据,叫做引证法。

面对各种现存资料,品牌传播主体总是有意地避开或抛弃那些对己不利的材料,而主动地选择、引用那些对己有利的论据,并且尽量使这种有目的的、带倾向性的取舍不留下半点人为的痕迹,而用客观资料掩护主观意见,这被称为"洗牌作弊"。

引证法在劝服性的品牌传播中,就其引证内容看,主要表现为:①引用事实材料。它包括具体的现实材料和历史事实以及经验、统计数字等概括性材料。②引用理论材料。这包括科学的定义、法则和规律;一般的公理、常理和成说等。就其引证形式看,也主要有两种形态:①原本引证。即依照资料的原来存在的面貌一毫不差地加以引用,并认真核实,注明出处。②解说论证。这种论证不拘泥于原资料的原本形貌,而只着重用其所表达的意思。因此,它可以在不改变原材料主要意思的情况下,对原材料进行再加工(如压缩、扩展、合并)。

引用资料证明观点时必须注意:①事例要真实可靠,绝不可胡编乱造。②事实要典型生动,也就是要选择那些生动的、具有代表性的、能反映事物本质的材料来证明观点。③引文要准确贴切。不要断章取义,不要无的放矢。④资料要认真核实,要确保资料来源的可靠性和权威性,不要添油加醋。

2)印证法

引证法是品牌传播主体直接引用资料来证明自己的观点和主张,而印证法则是:真正的品牌传播者隐藏在幕后,操纵别人现身说法来达到间接证明自己观点或主张的目的。由于品牌传播者所选择的代言人与一般人相比具有特殊的经历和遭遇,或有同解决传播任务有关的成功的经验和失败的教训。因此这样的代言人容易得到接受者的尊重、赞赏和认同，即容易被看成“自己人”，其讲话内容也就容易被接受并产生效应。

正确运用印证法的原则是：①真实。切不可弄虚作假、移花接木、张冠李戴。②典型。事例要具有代表性和普遍意义，要能起示范作用和榜样作用。③平凡。④易学。

3）比较法

用正反两方面的或相近相似的事实或观点的比较来进行论证说理的方法，叫比较法。

比较法可以使被论证的事物的某些层次更加鲜明、更加突出，可以帮助人们准确地认识、评价事物，使人能够在大量相似的事物中找出它们的不同点，在许多不同的现象中发现它们的共同点。比较法在实际运用中有以下4种情况：

①对立比较。这是一种通过对立双方的事实或观点的比较，来证实自己观点正确的方法。如新与旧、成与败、得与失、真善美与假恶丑等，都是典型的对立比较。

②类似比较。这种方法是将一类事物相近相似方面进行比较，以另一事物的正确或谬误证明这一事物的正确或谬误。在运用这一方法时，应特别注意相类比的事物必须是同一类别，具有本质方面的相同点。否则，不属同类而只有某些相似点的事物，就只可比喻而不可进行类似比较。例如把人民群众对腐朽势力的坚决斗争同武松对老虎的斗争相比，只能说是比喻，而不能叫类比，因为事物的本质和类别都不相同。

③横向比较。这是把同一时期的两种性质截然不同或有点相似的事物进行比较。如在特定的环境下，人们对名和利的不同心态反映；在改革开放的形势下，沿海与内地、南方与北方等地区的情况比较都是横比。

④纵向比较。这是把同一事物在不同时间的不同情况作比较，比如旧与新、昔与今的比较。

5.3.3 鼓动技巧

鼓动技巧主要有情感激励法、理性分析法和号召从众法3种。

1）情感激励法

这是通过抒发情感来达到传播目的的一种方法。一些心理学家认为，对人类影响最大的是情感，而不是理智。情感推动人去行动，而理智则阻碍人的活动。乔治·哈特曼（George Hartman，1936）曾在这方面做过一次同政治选举有关的广泛的实验调查。调查结果表明,竞选者在散发情感煽动传单的各个区获得的票数最多;在散发理性分析传单的各个区获得的选票较少;而获得选票最少的是那些任何传单都未散发过的选区。可见诉诸情感比诉诸理智对人的行为有更大的影响,亦即具有更大的劝服效果。通常,在下列情况下可用情感激励的方法:①对文化程度偏低的普通接受者,尤其是女性,宜采用情感煽动的方法。这些人讨厌抽象的语言、严密的推理、烦琐的引证和空洞的说教。在复杂的现象面前,他们分析思考、判断是非以及控制自己行为的能力也较弱,因此用理性分析的方法常遭失败。在品牌传播活动中,假如传播者抒发了与消费者相同的生活感受和情感体验,或者以直接的利害关系和似乎迫切的紧张气氛来渲染情绪,就会使这些接受者产生感情共鸣,进而不由自主地朝着你所暗示或指引的目标行动。因为,"人的行为,都朝着实现幸福的目标。"(亚里士多德语)②如果消费者对你所分析的问题漠不关心、不感兴趣,或者知之甚少,甚至全然不知,那么,比较可行的办法就是以情感进行煽动。

当然,品牌传播者也可以综合地运用情感激励和理性分析两种方法。开头和结尾部分应当热情洋溢、娓娓动听,中间部分应当运用逻辑推理,合乎理性。这样,情感煽动的力量可使消费者对品牌传播者持肯定的态度,激起消费者对品牌的兴趣。

情感法最富于鼓动性,但要用得恰当,还应该特别注意下列各项:①抓住为广大消费者所熟悉的事实;②抓住为广大消费者最切身的、最迫切的、最易感动的事实;③传播内容生动,富于情感。

2)理性分析法

理性分析法,是运用概念、判断、推理来说明观点、剖析事理的方法。与情感激励方法的运用条件基本相反,理性分析的方法可在下列情况下合理使用:①说服具有高度智力水平的接受者,比较正确的做法是运用理性分析方法。因为,这类人信息来源广,知识面宽,情感的锻炼机会多,而且有较强的识别真假、判断是非的能力和控制自己行为的能力。②如果品牌传播的目的在于使消费者具有比较强大的忠诚度,那么,比较合适的做法是诉诸理性分析。因为,情感激励所唤起的效应在消费者身上通常只能保留几天或至多两三个星期,而理性分析引发的效应在消费者身上保存的时间却要持久得多。③如果消费者对品牌传播内容非常关心,兴趣很浓,并有亲身感受或部分了解,这时,运用理性分析的方式是比较适合的。

3）号召从众法

号召从众法实质是品牌传播主体所传递的信息总是力图让消费者相信，能对他们产生真实或臆想压力的那个群体（个人）都已经或正在接受他的观点和方案，暗示（号召）受众要想避免孤立、减少压力而应该采取与大家相一致的态度和行为。从众行为产生的原因：一是想得到奖励或好处，防止被孤立或惩罚；二是缺乏主见、自信心和信息资料，而把别人的意见、行为当做自己行动的参考构架；三是屈服于周围环境和舆论压力。

5.3.4 传递技巧——多说法

“宣传的诀窍在于能说会道。毋庸讳言，遇事抢先喋喋不休的一方会占到便宜。”此话虽有点片面，但从某种意义上说，也绝非全无道理。事实是：有的东西只要多次重复，就成真的了。《战国策》里，“曾参杀人”和“三人成虎”的故事告诉我们：就连对儿子非常信任的曾母，在一连三次听到别人告之曾参杀了人的消息，居然也六神无主，以假当真；而在几个人接连谎报市上有虎时，同样会使人在慌乱中真假莫辨，信以为真。可见，只要传播者反复多次、不厌其烦地向接受者传播自己的观点和主张，使其没有机会和时间来选择其他信息作为参考，接受者就有可能改变态度，采取传播者所期望的那种行动。

当然，多说也不仅仅是传播者一个人反反复复、连续不断地说，它也包括不同的人相继重复同一个内容或信息和使用不同的形式从不同侧面反复传播同一个主题或中心思想。

但是，不论你是以何种多说方法来传播，你都必须遵循这样的原则：①内容要真实可信，不可弄虚作假；②信息重复的频率、强度和时距要适当，因为重复过度会令人生厌而回避，重复不足又会出现漏听、漏看现象；③多说要富于变化，要对观点和内容从不同的角度和层面，运用不同的媒介和形式进行多面的立体的传递，切忌死板的、机械的、录音式的重复。

思考题：

1. 品牌传播技巧有哪些特点？
2. 如何让品牌传播表达更有创意？
3. 如何使用品牌传播技巧为传播效果服务？

品牌传播实验室：

一、策划案例赏析

今天你要秀哪一面？——看七匹狼新 TVC　谈男装品牌再飞跃

资料来源：全球品牌网　http://www.globrand.com/2007/72401.shtml　马超

高级男装，大多以休闲及商务类服饰为主。对成功人士而言，成功、稳重、激情、拼搏等精神往往是男性走向卓越路上的徽章。所以，我们就能够在电视上看到"简约，不简单！""要改变命运，先改变自己！""我的未来不是梦！"等硬派、犀利的广告语。但是，男性世界真的就只有无止境的奋斗与竞争吗？在大家都把视线聚焦在成功与艰辛这一点时，一匹"狼"率先把男人鲜明的其他方面曝光出来，让铁骨铮铮的男人有了崭新的形象——铁骨，也需柔情。

1. 七匹狼 TVC

开阔的码头边，漫步的一男一女，海风徐徐吹起，男人温柔地给女人围好围巾：男人的温柔面，见图 5.1。

图 5.1　七匹狼广告画面 1

嘈杂的公路旁，一名儿童出现在飞奔的卡车前，千钧一发之际，一男人现身，一个翻滚，将孩子抱离现场：男人的英雄面，见图 5.2。

图 5.2　七匹狼广告画面 2

空旷的办公室，深夜，男人伏案工作，指间跳动，灯光映照着男人孤独的身影：男人的孤独面，见图 5.3。

图5.3　七匹狼广告画面3

热闹的大会场,男人在万众瞩目之时徐徐站起,手与手坚定地相握,掌声响起:男人的领袖面,见图5.4。

图5.4　七匹狼广告画面4

熟悉的奔狼,伴随着舒缓的音乐,带出一句意味深长的广告语:今天你要秀哪一面? 见图5.5。

图5.5　七匹狼广告画面5

以往的七匹狼品牌,以硬派的风格著称,从齐秦版的广告开始,一身坚挺冷峻的西装就曾伴随那些听着《狼》,在儿时拥有雄心抱负的男人走过了多年风雨岁月。而这些男人心中亦明白,在职场、商场、官场中必须狠下心来,抱着一股"狼性"生存,或狡诈、或凶险、或艰辛、或困苦,但无论怎样,他都必须前行。而这种精神,或在广告学上称为品牌核心价值,是当年诸多男装发迹时的主要理念。但是,在今天品牌爆炸的年代,这种"狼性"的价值观已经广泛地充斥在了各个国内品牌男装广告中,同质化的风格又怎能突显品牌个性呢?

深挖男人感性世界,品牌的第二次飞跃

要突显品牌,那就要回到原始的起点去思考。何为男人?难道男人是钢铁铸就的吗?我们翻开历史的画页,看一看唐太宗,看一看康熙,再到今日看一看诸多的伟人与企业家,这些均是些有血有肉的男人,他们不仅仅要在自己的沙场中厮杀,还要在生活中扮演诸多角色。回到理性分析,我们可以看表5.1:

表5.1　男人特质

男人特质	特质特点
温柔面	男人适当温柔是一种魅力,也是一种修养。
英雄面	物欲横流的现代社会,男人英雄的一面受到环境和事件的挑战与影响。
孤独面	男人的孤独是一种美,亦是一种沧桑,一种无助的回望和满怀目标的期望。
领袖面	男人的领袖气质是一种高度,是一种积累,是一种财富,那是经验、智慧、机遇、拼搏的最终结晶。
其他面	……

从表5.1我们不难看出,男人的生活岂止一面?男人也是人,男人的内心也不能只有理性没有感性。而七匹狼的这种创意则如赞美诗般地把男人多彩的内心世界进行了展现,各个面在浪漫的剧情中娓娓道来,生活中的小细节与常人平凡的情感,构建起人性中最珍贵的点滴,并在奔驰的野狼画面中定格。这就是七匹狼双面夹克的最新广告,更是七匹狼对男性内心的全新捕捉。

回归到品牌学角度来讲,七匹狼的这一广告使品牌形象得以重新定位:他不再是单一的硬汉形象,而是有血有肉的真实男人。生活中,充满热情;对家人,关爱;对爱人,温柔;对儿女,慈爱——这才是男人生活中的真实面貌。但是,一个刚性品牌却没有因为这则广告变得软弱不堪,这是一个由"刚"变"韧"的革新,而非"刚"变"软"。所以说七匹狼的新广告使品牌得到了再次飞跃,更可贵的是,七匹狼实现了品牌核心价值与其他品牌的差异化,使这匹"狼"的形象充满了韧性与平和。

2. 再谈服装品牌核心价值

服装品牌的意义在于它能够创造更多的附加值。高附加值是所有成功品牌具有的共同特征，因此名牌服装可以标出非常高的价位，如国际顶尖品牌VERSACE、HUGO BOSS、ZARA等。但是，话说回来，任何一个品牌都是无法向顾客强行推销自己的。顾客对品牌价值的信赖来源于服装品牌传递的丰富内容（如个性、文化、生活方式、价值观念等），在某种感情形成共鸣时，最终就会对该品牌产生好感或偏爱。

由于我国服装行业缔造品牌的起点较晚，所以暂时还未有哪个品牌能够跻身国际品牌之列。同时，各国际男装品牌中主流的品牌的核心价值均为成功、尊贵、身份等，在我国男装品牌资历尚浅的前提下，我国品牌以此为借鉴还不太适合。所以，国内的柒牌、七匹狼、九牧王、雅戈尔等品牌均以一个"行进在成功路上的男人"的形象出现，这不仅符合了晚起点的历史阶段，也是中高档（而非顶级品牌）男装应有的气质。但是，品牌形象不能一成不变。随着品牌的成长与品牌个性的同质化，品牌思路也应作出相应的调整。否则，各品牌就会变成大众皆知的"名牌"，而却无法产生联想的品牌。七匹狼此次的品牌调整就具有相应的先觉条件：第一，七匹狼已经创立10年有余，品牌从嗷嗷待哺逐渐变得会走路说话，"婴儿服"已经显小；第二，各男装品牌理念已经大量跟风，品牌个性逐渐削弱；第三，"狼性"凶猛冰冷，已经需要注入温暖；第四，品牌认知度较高，拥有了一批忠诚度较高的消费者。正是如此，七匹狼才从狼文化和拼劲，转向了更加真实的现代男人生活情态。

但是，品牌的调整又绝非盲目而冲动的演变。因为，品牌的缔造本身就是一个漫长的积累过程，在这个过程中品牌发展的方向如果出现了急转弯似的变动必然会影响受众对品牌的认知与体验，从而对品牌产生很多负面影响。所以，品牌调整必须在合适的阶段，并以过去的品牌理念为基点，继而在这个基点上完成对品牌的提升与飞跃。在七匹狼的新版广告中，我们可以看到七匹狼并没有放弃原有的核心精神，相反，它只是在这种精神上延伸出了更多的层面，以柔情的"血肉"丰满了桀骜的"狼骨"，才得以使品牌继续如滚雪球般成长。所以，品牌调整方面的细节要尤其引起各服装企业的注意。

3. 品牌调整到营销格局调整

品牌与营销是对双生子。当品牌进行调整后，那么营销格局也应该随着品牌的调整作出相应的调整。否则，若只是品牌作出了调整，却依然保持着过去的营销方式，那么就好比唱高调一样，整个体系的变革必然前功尽弃。在七匹狼完成对新 TVC 的推出后,生产及渠道环节也作出了一定的调整。其中,最为显著的是 2007 年新品的发布。在这次新品发布会上,七匹狼展出了一系列休闲服饰,除了双面夹克外,还涉及航海服、高尔夫等系列服饰,使过去沧桑与硬派的"狼形象"变得更加有品位与运动感。这一举措的实施,从侧面烘托了品牌变革中的"男人多面",丰富的产品线从多个角度满足了男性内心世界的需求,最终与品牌变革形成共鸣。

另一方面,七匹狼在渠道方面也将打造全新男性旗舰生活馆。在这种新型终端模式中,七匹狼还根据产品线的多面性与定位将其细分为"红狼"和"绿狼"两种风格。据说,在 2007 年,七匹狼集团将斥资在全国各地营建 20 家这样的大型店铺。在这两种不同风格的店铺中,七匹狼将把传统男装、男性服饰、家居用品等合为一体,全方位地诠释现代男性生活的方方面面,最终展现一个拥有温柔、孤独、英雄、领袖等多个气质的男性形象。

可以说,七匹狼的营销格局调整完全是从品牌的变革由起,将整个品牌进行提升的一次飞跃。而这一次品牌的飞跃也应为国内其他品牌男装敲响警钟——在品牌时代,要想于竞争中保持先机,必须要根据外界与自身的情况进行适时的调整。这种调整应该基于理性、品牌发展阶段与品牌力多个参考面进行,另外再加上营销层面的相应调整方能使变革成功,品牌的雪球才会越滚越大!

二、为东南车盟卡的推广做几个品牌传播创意广告

材料提供(见第四章)。

第6章　寻找最合适的传播媒介(上)

在媒介环境已经发生深刻变化,特别是在媒介与社会、与人的关系也发生了深刻变化的背景下,一个好品牌的塑造与成长,一定需要借助媒介的力量,以媒介有效传播作为成长的阶梯。很多时候,一个品牌,可以兴于媒介,也可以毁于媒介。在现实的层面上,品牌与媒介又相互依赖,品牌需要媒介,媒介也需要品牌。

如何为品牌宣传寻找一个最合适的传播媒介,如何在传播媒介选择中为品牌传播提供最经济的通道?

在大众传播碎片化的时代里,以上问题显得如此迫不及待。于是策划人想通过整合媒介的方式,把受众所接受的碎片,整理成一幅更壮观的图画。

整合不是拼凑,而是有机的连接。整合品牌传播媒介,就是让它们发挥最大的效果。整合,必须熟悉媒介的特点,让整合中的每一种媒介都发挥重要的作用,甚至发挥最大的效果。

本章可以为你回答以下几个问题:在品牌推广中,到底选择什么样的媒介?为什么有些品牌偏好电子媒介,有些品牌偏好平面媒介?为什么多种媒介一起宣传反而效果不见得会成比例地增长?相关的媒介理论在品牌传播中有什么样的借鉴作用呢?

6.1 品牌传播媒介概念与分类

6.1.1 品牌传播媒介的概念

传播媒介就是指介于传播者与受传者之间的用以负载、传递、延伸和扩大特定符号的物质实体。品牌传播媒介就是向消费者传递品牌符号的载体，它和所有的传播媒介一样具有实体性、中介性、负载性、还原性和扩张性等特点。

1）实体性

品牌是通过媒介进行传播，而媒介给人的感觉是可见、可触、可感的，是具体真实的有形的物质存在。比如在推广品牌的介质中的书刊、报纸、收音机、电视机等都是用于传播的实体。

在品牌的口碑传播中，依然是通过实体进行。比如说人体及人体的口、眼、耳也都是传播的实体，口是发送信息的媒介，耳是接收信息的媒介，眼既可发送信息（所谓“眉目传情”），也可接收信息。

2）中介性

品牌传播媒介的中介性特点，居于品牌传播者与受传者之间，它相当于一座桥梁，可以使品牌的传受两者通过它交流信息、发生关系。

3）负载性

负载符号，既是品牌传播媒介的特点，也是品牌传播媒介存在的前提和必须完成的使命。品牌传播媒介不仅需要负载品牌符号，而且反过来，符号也负载了品牌信息或内容。

4）还原性

品牌传播媒介在将传播者编制的品牌符码传递给受传者之后，应在受传者那里能够还原为传播者所编制的品牌符码形态。特别是在大众传播中，传播媒介若不能客观地原本地负载符号，而在中途发生变异，不仅会因不合其还原性特点而变态，而且会造成巨大的传播混乱。

5）扩张性

品牌传播媒介还可以通过媒介的议程设置功能，对品牌传播的声音进行扩张与放大。

6.1.2 品牌传播媒体的分类

1)按表现形式分类

按其表现形式进行分类,可分为印刷媒体、电子媒体等。印刷媒体包括报纸、杂志、说明书、挂历等。电子媒体包括电视、广播、电动广告牌、电话等。

2)按功能分类

按其功能进行分类,可分为视觉媒体、听觉媒体和视听两用媒体。视觉媒体包括报纸、杂志、邮递、海报、传单、招贴、日历、户外广告、橱窗布置、实物和交通等媒体形式。听觉媒体包括无线电广播、有线广播、宣传车、录音和电话等媒体形式。视听两用媒体主要包括电视、电影、戏剧、小品及其他表演形式。

3)按影响范围分类

按品牌传播媒体影响范围的大小进行分类,可分为国际性传播媒体、全国性传播媒体和地方性传播媒体。世界性媒体如卫星电路传播、面向全球的刊物等;全国性媒体如国家电视台、全国性报刊等;地方性媒体如省、市电视台、报刊、少数民族语言、文字的电台、电视台、报刊、杂志等。

4)按接受类型分类

按品牌传播媒体所接触的视、听、读者的不同,可分为大众化媒体和专业性媒体。大众媒体包括报纸、杂志、广播、电视,专业性媒体包括专业报刊、杂志、专业性说明书等。

5)按时间分类

按媒体传播信息的长短可分为瞬时性媒体、短期性媒体和长期性媒体。瞬时性媒体如广播、电视、幻灯、电影等。短期性媒体如海报、橱窗、广告牌、报纸等。长期性媒体如产品说明书、产品包装、厂牌、商标、挂历等。

6)按可统计程度分类

按对品牌信息发布数量和广告收费标准的统计程度来划分,可分为计量媒体和非计量媒体。计量媒体如报纸、杂志、广播、电视等。非计量媒体如路牌、橱窗等。

7)按传播内容分类

按其传播内容来分类。可分为综合性媒体和单一性媒体。综合性媒体指能够同时传播多种广告信息内容的媒体,如报纸、杂志、广播、电视等。单一性媒体是指只能传播某一种或某一方面的广告信息内容的媒体,如包装、橱窗、霓虹灯等。

8)按照与广告主的关系分类

按照与广告主的关系来分,又可分为间接媒体和专用媒体(或称租用媒体与自用媒体)。间接媒体(或租用媒体)是指广告主通过租赁、购买等方式间接利用的媒体,如报纸、杂志、广播、电视、公共设施等。专用媒体(或自用媒体)是指属广告主所有并能为广告主直接使用的媒体,如产品包装、邮寄、传单、橱窗、霓虹灯、挂历、展销会、宣传车等。

6.2 认识品牌传播媒介

6.2.1 认识媒介,实际上就是品牌传播的起点

大众报业集团刘明洋博士这样认为,从品牌传播的角度说,媒介作为传播载体的重要性不必多言。但是,对于媒介,并不是所有品牌传播的实施者都能完全认识并理解的。近些年,随着传播技术的发展,也随着经济社会文化形态的变化,媒介正在发生着深刻的变化。各类媒介以及由其构成的品牌传播的媒介环境,已经今非昔比。媒介的载体功能、传播价值、效果体现,都具有了明显的新趋势。

就现状而言,有两个重要的概念,可以帮助我们很好地理解媒介及媒介环境。这两个概念就是“数字化”与“媒介化”。前者是一个媒介系统的概念,在这个概念中技术因素的影响占主要的位置;后者则是一个社会系统的概念,媒介、社会与人,在这个概念里实现着一体化。这两个概念,实际上代表着当今时代重要的媒介特征。

1)关于数字化

数字化是基于传播技术的创新所带来的一个概念,作为对新媒介形态的一种表述,包含着许多与以往不同的变化。

首先,我们会看到,数字化已深刻地改变着媒介的结构与生态。当人们对互联网是否完全具备媒介特征还在进行讨论时,手机媒体却早已成为媒介产业

的新宠。数字技术所带来的传播方式的变化,使得不同媒介之间的分界线变得模糊不清,"多媒介""巨媒介""融合媒介"等新的创意与实践,不断出现。通过各类媒体综合的数字化平台,多次传播成为可能。在新的传播链条中,包括着与以往不同的4个角色,即内容的提供者、内容的再加工与再传播者、传播平台的提供者和终端用户。而且,数字化还导致媒介结构的多元化,传播信源结构、媒介组织结构、作为信息载体的功能等,都变得更加多元和丰富。

数字化也深刻地改变着传受二者的关系。在技术的层面上,个性化的传播需求可以通过有效的个性化制作与传播得以实现,"分众化"的趋势更加明显。对于受众来说,一方面他们接受信息的目的更加自我,除了信息之外,不同的受众还希望获得不同的价值与观念;另一方面,他们对于接受渠道即媒介的选择,自主性更强,"差异性受众的选择行为"使得媒介产品的销售真正成为卖方市场。更为重要的是,受众已不再是"单向度"的信息或价值的接受者,而可以参与媒介产品的制作。因此,"互动与反馈"便成为媒体运行的常态。

2)关于媒介化

媒介化,是从媒介的视角,对于媒介与社会、媒介与人的关系的一种表述。从这里,我们会看到一些重要的特征。

①泛媒介。今天,就算是媒介研究专家,也很难一下子说出究竟有多少种媒介存在。从传统的报纸、广播、电视三大媒体,到第四、第五、第六媒体,其增长速度之快,让专家们也无法跟上媒介创新的步伐。一些新的媒介已走进人们的生活,对于这类媒介的研究还鲜有成果。所以,就有了这样的问题:今天的媒介是什么?明天的媒介又是什么?后天的媒介又将是什么?

②公众性被无限放大。"贾君鹏,你妈妈喊你回家吃饭"这句话在网络上一出现,短短9个小时内便引来了超过40.6万名网友的点击浏览,1.7万名网友参与跟帖,网络的聚集力可见一斑。在2010年,"给力"二字则实现了从网络语言向公众语言的过渡,一些企业甚至用"是否给力"对其员工进行打分。当然,更容易放大信息公众性的,还包括更多的手机短信。一个精彩的段子,可以在极短的时间内,传播至巨量的群体。在新的媒介环境下,信息的公众性、价值的公众性,都可以被无限放大。

③"被媒介化"。置身于当今的媒介环境,不管是组织、机构还是个人,谁都无法逃避媒介的聚焦。而且,这种聚焦并不需要像以往的"狗仔队"那般辛苦才能完成,有时轻松易得。当南京那位官员不经意间因为抽了"至尊香烟"而被聚焦,进而被免职时,"被媒介化"便有了一个有效的案例。还有,当这门、那门的

众多“门事件”不断出现时,你可能会困惑:在自己的电脑中记个日记竟然也会被晒到网上?但事实就是如此。技术的力量让每一个人、每一个时刻都存在于某种媒介之中。在现在的政策环境下,尽管对于过度的“被媒介化”存有一些道德或法律方面的争论,但这并不能改变媒介的张扬。媒介,已经让每一个人防不胜防。忽视媒介,就无法生存。

④从工具到依赖。媒介曾有过“工具”之说,但是现在,对许多人来说,媒介已不仅仅只是一种工具,而是一种依赖了。先看网络媒体。如果没有了网络,你能做什么?很多人会回答:真的感觉缺失了很多,工作会受影响,生活也会受影响。当“今天你偷菜了吗”成为人们见面打招呼问候的话语时,网络上的游戏已经生活化了。对网络媒体的依赖,实际上成为许多人的一种工作状态、生活状态和生存状态。人们在网络上交流信息、情感和观点,在网络上交友、征婚和购物,网络已成为生活中的必需品。还有手机,曾有一个小规模的调查,话题是“今天你忘记带手机,你有什么反应?”很多人的回答是“不安,怕误事”。如果你的手机放在办公桌上,一上午没有声响,你一定会怀疑自己的手机是否出了问题,因为你可能已经无法接受手机一上午不响的状况了。对媒介的依赖,将媒介的价值推到了超过任何一个时期的高度。

6.2.2 各种媒介生态表达

1)报纸广告

报纸一般是以散页的形式发行,定期、连续地向公众传递新闻、评论等信息,同时传播知识、提供娱乐、消费等生活服务信息。报纸是最早用来向公众传播广告信息的载体,现在仍然是经常被运用的广告媒体之一。

报纸的优势主要是:

①覆盖面较广,读者遍及社会各阶层,而且读者群也较为稳定。

②时效性强(尤其是日报),传递迅速。报纸具有随时间的发展更新信息的顺时性,这有利于读者把握信息的发展。

③权威性。报纸是一种纯平面视觉传播媒体,以文字传播为主,相对电波视听媒体更偏向理性。[①] 而报纸所担任的社会角色,它不仅只报道新闻,更重要的是要发挥评述以及论说的功能,担当引导社会舆论的角色,这更进一步强化了它的理性色彩。报纸在群众中享有很高的威望,“党的喉舌”的形象增进了广

---

① 纪华强.广告媒体策划[M].上海:复旦大学出版社,2007.

告的可信度。另外,新闻力量的提携也是增加可信度的有效方法,新闻的真实性会不知不觉地渗透到广告中。

④印象深刻,便于查阅。由于报纸广告是诉诸视觉的,且报纸可供保存,对于公告、启示、声明等广告,通过报纸媒介刊出等于取得了法律的认可。同时看报纸常常是一种自觉的行为,自觉才容易印象深刻,阅读的时间又不受限制,报纸广告可供详尽诉求,以充分说明商品的优点特色。

⑤非强制性。读者具有信息收受的主动性,即读者有选择阅读内容、阅读时间、阅读地点和阅读速度的主动性。而电波媒体由于其线性传播的特点,使得其传播内容稍纵即逝和不可逆转,对受众有很强的约束力,属于一种强制力很强的媒体。报纸则可以根据读者的阅读习惯来阅读报纸,根据自己的需要和兴趣来选择不同的报纸,版面和内容,根据自己的知识能力对报纸的信息进行读解。

它的缺点主要是:

①报纸的有效时间短,很少有人会去翻阅两三天前的报纸,而且反复阅读的可能性很小,常随着新闻变成旧闻,广告也随着成了明日黄花。

②内容庞杂。在一张报纸甚至一个版面内各种内容都有,广告极易受其他内容和其他广告的影响。同时,广告效果容易被广告篇幅大小所左右。由此导致了报纸的干扰度很大,报纸靠广告收入来维持,刊载不同广告主的广告才可能生存。报纸又是以多条信息在同一版面并置形式编排,如果管理不当、专业不精,广告版面往往显得杂乱无章,过量与杂乱的信息会削弱任何单个广告的效果。

③印刷质量不够精美。那些需要表现外观美丽豪华,体现商品质感的广告诉求,在报纸上不能得到充分表现。

④受知识程度的影响。知识程度低、文盲较多的地区就不宜运用报纸广告来进行诉求。如偏僻山区报纸的阅读率就极低。

2)电视广告

电视是把声音、图像(包括文字符号)同时传送和接收的,将视听结合的传播工具,是一种具有多功能的大众传播媒体。

它的优势为:

①真实直观,表现力和感染力强。电视运用视觉和听觉同时作用于它的受众,“图文并茂”“声、色、形、动兼备”,使其因生动、形象、活泼而独具说服力和生动性。特别是现场直播的节目,让人有身临其境的感觉,这是其他媒体无法

做到的。电视能把一个产品全方位、直观真实地表现出来,而且可以真实反映实物具体操作过程,以指导消费者使用,极易使消费者了解商品的复杂结构,使之一目了然。它是一种富有动感,感染力强的大众媒体。电视是一种视听结合的传媒,是集文字、声音、动作于一体的综合媒体,在各媒体中印象最深,具有最强的感染力。

②电视是一种覆盖率高、速度快、适应性强的广告媒体。电视节目受众几乎包括所有阶层,遇有重大事件发生,电视现场直播可使万人空巷,这是其他媒体都很难相比的。而且它的传播范围有大有小,传播速度快,可重复播放,适应性强。同时特定的频道和栏目又有特定的受众,针对性强。

它的缺点主要是:

①稍纵即逝。由于电视是借助动态视觉画面传达信息,而且电视广告播出时间十分短暂,因此不能传递较多、较复杂的信息,较难进行理性诉求。电视广告属于时间性媒体,声音和画面稍纵即逝,观众对广告信息接受较不充分。观众的选择性差,接触广告是被动的,不像印刷广告那样可以保存,可以查找。

②费用昂贵,电视广告的制作过程复杂,制作和播出费用高。因为电视稍纵即逝的特性,一般电视广告需反复多次播映,必然增加费用。

3)杂志广告

杂志指的是一种以间隔一周以上时间、定期发行的具有小册子形式的出版物。与报纸同属印刷媒体,两者具有共同之处,也有自己的个性特点,归纳如下:

它的优势主要是:

①宣传针对性强。杂志是一种对象明确,针对性很强的广告媒体。不同的杂志侧重于不同的内容,比如《读者文摘》侧重于大众文化,《家庭》侧重于女性服务,《福布斯》侧重于商业。杂志通常以专业性见长,如化工类、医学类、生活类等,因而目标对象相对明确,针对固定的广告对象有的放矢、集中诉求,即使如《小说月报》这样看似没有明确对象的杂志,一般也有其较为固定的读者群。该群体具有一定的稳定性,成员之间有一定的认同感。它们的读者仅限于专业同列之间。随着多样化和个性化趋势的发展,将会出现更多的针对性细分化,有特定目标受众的杂志。①

②较高重复率和传阅率。杂志的有效期长于报纸及电视。杂志的周期一般以月刊居多,杂志的特性具有资料性和永久保存性,有效时间相对较长,而且

① 纪华强.广告媒体策划[M].上海:复旦大学出版社,2007.

反复阅读率高,无形之中延长了广告的生命力。杂志的读者多数是固定订户,阅读时比较专心,实际阅读率在四大传统媒体中最高。杂志被保存的时间较长,反复阅读率高,而且传阅性好,能够深入消费者家庭,能扩大和延续广告的传播效果。

③较强的表现力。与报纸相比,杂志在印刷和装订上都来得更精美,纸张的质量也比较高;杂志中的广告一般独占版面、设计讲究、印刷精美、传真程度高,给读者的印象深刻,所刊载图片无论在清晰度,还是在色彩的还原上都更具有表现力,能提高表现对象的美观程度和价值感。[①] 印刷质量优于报纸,在传达商品质感方面明显强于报纸媒体,所以杂志广告更能衬托出项链、珠宝以及食品等商品的外在形象,使这些商品充满诱惑力。

它的缺点为:

①内容庞杂,辨识度不高。与报纸一样,杂志往往页码多、内容庞杂,要有较好的视觉效果、独特的创意及一定的面积才能更好地吸引读者的眼球,达到理想的广告效果。

②周期太长,灵活性较差。由于杂志的刊期较长,设计印刷较为复杂,截稿期与刊登的时间有时相距甚远,一些新产品及时间性强的广告一般不宜刊登。如遇市场变化、突发事件需要变更广告内容,会显得非常困难。

③制作成本相对较高。彩印、制版、加色等费用较贵,加上杂志的发行量一般比不上报纸,因而总成本比报纸广告高得多。

4)广播广告

广播是比电视更早的媒体,它通过无线电波或金属导线,用电波信号向听众提供信息服务,它只能提供音讯而没有视讯。

它的优势为:

①简便迅捷、时效性强的广告媒体。广播以速度见长,是目前传播速度最快的广告媒体之一。由于广播媒体本身的特性,决定了广播广告应急性很强的特点,尤其直播节目方式的普遍运用,更强化了广播广告的时效性,广播广告还具有更改修正十分灵活的特点。

②覆盖面广、受众广泛、费用价廉。广播是一种真正全球性的媒体,它不受信号制式的影响,它不像电视传播要受信号制式、收受工具的制约和影响,只要有一台全波段的收音机,就可以听遍全球所有的电台,其覆盖面非常大,受众非

① 纪华强.广告媒体策划[M].上海:复旦大学出版社,2007.

常广泛。城市里:在家里、路上、车上、商场,广播的声音无处不在;即使在很多偏僻的乡村,都能收到广播,而且广播的内容不受收听者文化程度的影响。

它的缺点为:

①有声无形。广播只有声音,没有视觉形象,缺乏直观性,听众看不见商品的实形,对商品的印象不深刻。

②稍纵即逝,无法保存。

③与电视一样选择性差。

5)邮寄广告

邮寄广告也称直销广告、信函广告(Direct Mail),简称DM。美国于1775年制定了邮政法,开始有了DM广告。很长时间里,美国利用广告媒体的情形是:DM广告一直居第三位,仅在报纸与电视之后。一般认为,凡是以传达商业信息为目的,通过邮寄的广告品,都是DM广告,即Direct Mail Advertising。

它的优势:

①选择性、针对性特强。一般来说,在DM广告邮寄之前,其邮寄对象往往是经过选择的,所以针对性极强,不会产生广种薄收的缺点。因而,对于DM广告而言,正确地选择合适的对象显得尤为重要,它是决定DM广告活动成功与否的重要因素。

②从邮寄广告内容来看,DM广告相对不受篇幅限制,可以较为详尽地表达产品的信息内容;同时在设计制作上也没有过多的限制,能表现多姿多彩的创意。

③传递快,反馈也快。DM广告采用直邮的方式,直接与可能购买的消费者者见面,减少了中间环节,广告主还可以直接附上反馈表,甚至直接邮寄订购单。

④广告费用相对低廉、集中,不会造成太大浪费。20世纪90年代初,美国苹果计算机公司从大众媒体广告费中撤出一部分直接用于DM广告。结果,媒介花费下降了32%,而广告效果反而略有上升。

⑤避免与竞争对手直接交锋、兵刃相见。对于一些企业的某些不想引起竞争对手注意的广告内容,就较适合采用DM这一广告媒体形式。

它的缺点:

①寻找可能购买者的姓名、地址很不容易。商场常常用发放贵宾卡的方式获得相对固定的消费目标群,而有些企业则通过填写客户资料来了解自己的消费群。

②DM 的可信度相对报纸电视等媒体来说要低得多。大众媒体的“喉舌”作用提高了广告的可信度，这方面 DM 则明显具有劣势。

③如果设计、制作不佳，DM 传达到消费者手中可能会起相反的作用，消费者容易产生这样的联想——这种产品如同广告一样缺少水准。

DM 广告的形式主要有以下几种：

①推销性信函(Sales Letter)：这是最具推销力的 DM 之一，一般将销售内容写在信纸上，装进信封，看上去更像属于个人的信函，容易产生亲切感。这种推销性信函的形式也相当多，可以有插图。纸张的形式、印刷的色彩上也有多种选择。对邮寄广告函件来说，推销信便是推销员的口。信的开首第一段便应指出读者可获得的利益，或引起读者的好奇心。邮寄广告是把塑造产品形象和推销工作一同进行，故需要用较长的篇幅去说服产品对象即时订购。

②推销性信函附属品(Letter Gadget)：即用金属、塑料或纸、布等材料做的小道具附着在印刷品上一起寄出。这些小道具一般规格很小，形式不拘，但应尽量与特定的销售重点相配合。

③明信片(Mailing Card)：在明信片中印一些有助于促销的广告文、图，也可当作折扣券使用。设计时因为其面积较小，内容不能过于详尽。

④产品彩页。产品彩页的功能是展示产品，利用彩页详细地把产品的颜色、大小、体积、内部结构、质料等呈现在读者面前，以此来增加读者对产品的兴趣，继而订购。创制产品彩页有两大原则：一要善用图片；二要注意设计。

⑤小册子：一般是一些较为昂贵而复杂的商品会使用，可作资料保存。

⑥目录(Catalog)：也是多种商品的参考书。

6)POP 广告

POP 即 Point Of Purchase Advertising 的缩写，意即商品购买场所之广告，包括购物场所内外，比如零售点、超级市场、百货公司、商场等所做的广告总称。

POP 广告是 20 世纪 30 年代随着美国超级市场自助式贩卖的兴隆而轰轰烈烈兴起的，可分为室内 POP 和室外 POP。顾名思义，室外 POP 广告是指购物场所门前和周围的一切广告形式。比如设在那些地方的密切配合购物场所内商品销售的广告牌、霓虹灯、灯箱等，也包括招贴画以及橱窗布置、陈列等。

从整体上看，制作精美的室外 POP 广告是整个城市的组成部分，能给城市增添生机和繁荣，也能成为美化销售场所、吸引消费者的一种手段。比如现代的橱窗设计追求主题突出、格调高雅，富于立体感和艺术感染力。室外 POP 广告的主要功能是引导和诱发消费者对商店差别化的认识，也就是说，消费者能从 POP 广告的风格来判断一个商场的格调。

室内 POP 广告是设立在商店内部的各种广告,比如柜台广告、圆柱广告、货架陈列广告以及商店内部四周墙面上的广告、室内模特儿广告及室内灯箱、电子广告等。室内 POP 的特点是:突出商品特点和好处,利用各种广告手段,缩短商品和消费者之间的距离。在超市,如果有 POP 广告存在,即便没有营业员,消费者也可以在各个广告的示意下,找到所需物品。

POP 广告的功能和优点主要是:

①引导和诱发消费者对商品差别化的认识,能帮助消费者作出最初的判断。

②有利于提醒消费者购买早有印象的商品。一般而言,消费者对商品是有选择的,有些商品的牌子早已列入了消费者的购物清单。POP 广告的目的就是提醒消费者购买。

③有益于美化店面环境、吸引顾客,尤其是那些装潢精美、设计独特新颖的室外 POP,能给路人和购物者留下深刻印象。

④POP 广告属于长效媒体,它的有效期一般比报纸、电视要长,能在一段时间内达到对消费者反复诉求的目的,无论消费者的文化程度如何,都能一目了然,并且随时随地都能印入消费者的记忆。

⑤具有无声推销的效力。消费者到购物场所去购买商品,一部分人属于指名购买,但他们的决定有时也受 POP 广告的影响;另一部分则没有预先的打算,这时 POP 广告则就会起到不可忽视的作用。

POP 广告可能出现的问题为:

①在一些并不宽敞的购物场所,POP 广告太多会造成十分拥挤的现象,不仅不能取得应有的广告效果,反而影响购物环境,从而影响商品销售。

②POP 广告如若不注意整洁,易沾满灰尘,其广告功效将大为减色,尤其是一些本以色彩和光亮吸引人的商品广告,其结果是不但起不到吸引作用,反而使人感觉其商品也是毫无光泽。

③POP 广告设计以精致美观为前提,如果设计粗陋、毫无新意,也极其容易使消费者失去兴趣。

7)户外广告

户外媒体是所有广告媒体中历史最为悠久的媒体之一,从庞贝古城的墙壁告示到随商业而出现的各种店面招牌、灯笼与旗帜等,都是户外媒体的原始形式。户外媒体作为继电波媒体、平面媒体以外的第三大媒体,实现了广告信息到达范围的最大化和暴露频次的最高化。与此相对应的是,中国户外广告发展迅猛,增长速度远远高于电波和平面媒体。随着中国加入 WTO,媒体整合理念也日趋完善并且被广泛应用,户外媒体也已经成为中国 21 世纪广告界的新宠。

户外广告的范围非常广泛,它指的是设置在露天里的各种广告,如路牌广告、招贴广告以及海报等,另外,交通广告媒体具有传播优势,与四大媒体相比成本最低。公交车是市民最主要的交通工具。城市公交车线路覆盖面广,四通八达。车身广告覆盖率高,接触面广,接近售点并起到售点提示作用。受众在闲暇时接受广告信息能产生较深的广告印象;同时,消费者在乘坐交通工具时通常远离四大媒体,交通广告可弥补四大媒体的空白;能使广告信息的到达率和暴露频次都达到较高的水准。例如,北京地铁作为城市地下交通的大动脉,从清晨 5:00 至晚 23:00 为全市居民服务,每天运送乘客 140 万人次,一般乘客平均在月台的等候时间为 5 分钟,平均每日在车厢内的停留时间为 30 分钟,每周乘坐超过 6 次的占 65%。

路牌广告也越来越被重视,甚至被看做一个国家文化水准的体现,也成为现代建筑的一部分。路牌广告一般都是选择在最成熟最密集的区域,如上海的路牌广告可以用简单的"234"来概括,即"2 座机场(浦东国际机场和虹桥机场)、3 个热点(徐家汇、人民广场和外滩)、4 条道路(中山高架、延安高架、南京路步行街和淮海路)"。

户外媒体的作用:

①树立品牌形象。户外媒体往往能够依靠相关的周边环境、巨大的表现空间、杰出的创意设计,传达给受众过目不忘的震撼力。应该说,合适的户外媒体本身就与产品品牌形象有积极的正相关性。

②能对消费者产生购买提示并达成产品购买。对于低卷入度(involvement)的产品,通过接近通路终端的媒体与顾客保持高频率的接触将有可能引起顾客的购买冲动,对顾客的品牌选择起到提示和导向作用。户外媒体在这方面的作用是无可替代的。

户外媒体在选择和制作方面应注意的有宏观因素(主要来自环境、政策以及广告整体运动等的影响)和微观因素两大类。

宏观因素包括:

①政策法规。预选投放城市和区域时务必仔细研究该城市甚至该区域有关户外广告发布的规定,最好能了解审批部门对以往类似案例的处理方法。由于户外广告带来的不仅仅是商业效应,更多的可能是影响整个城市甚至更广范围的公众,因此有关部门的态度往往相当重要,对于有创意的没有先例的非常

规户外广告更是如此。一般而言,烟草、药品户外广告的发布对此更需要引起特别的注意。

②广告环境。如同过多的电波广告已经对广告信息传播产生阻塞一样,过于密集的户外广告也会使受众在视觉与记忆上形成“广告盲区”。因此在选择投放区域前,不仅仅要根据商业及人口调查数据和照片作出决定,更要深入实地对广告环境进行认真考察。广告环境干扰有时表现为另一种形式:在一些区域,广告总体环境良好,但同一类别,特别是构成竞争关系的产品广告相对密集。广告主此时是否选择该区域投放户外广告,将取决于整体广告战略的需要。如果广告主采取积极的扩张型广告战略,那他可能会选择在该地区展开更大规模的户外广告攻势,从数量、规格、创意或制作上压倒对手;相反,如果广告主选择了较保守的广告战略,例如寻找其他市场空隙,避免正面竞争,那他完全可以放弃该区域,另觅良所。

③广告运动。户外广告是广告整体运动和媒体整体投放的一部分,如果广告运动的目的是为了树立或加强品牌形象,广告主往往选择人流众多、视野开阔、知名度高、影响力大的商业区域投放户外广告。由于这些区域媒体价格昂贵,因而通常不可能大量购买。购买的种类也以大型广告牌、霓虹灯或单立柱为主。在这种户外投放过程中,往往针对泛目标人群,追求的不是短期销售的提升,而是品牌内在价值的逐渐升值。如果广告运动目的仅在于追求短期内销售的提升,那么必须借助网络化的户外媒体,并且深入目标受众消费与生活的空间中去。公交车、候车亭、加油站、医院、药店、健身房,甚至定位准确的一系列餐饮场所等都具有这样的优势。它们的共同特点是:就单个媒体个体而言,通常易被忽视,广告辐射面小;但一旦形成网络,就将覆盖很广泛的区域,具有数量众多、定义明确的目标受众,具有产生良好的广告效果的基础。

微观因素包括:

①高度。户外媒体并非越高越好。高度的意义在于远距离的广告信息辐射。但距离增加带来的视觉面积减小将一定程度地减少这种辐射。事实上,最理想的户外媒体高度应保持与受众视线基本水平。由此向上或向下增加或减少若干高度都会对广告效果产生同等程度的削弱。

②面积。面积也非越大越好。面积越大虽然会越引人注目,但与之相伴的是高昂的价格。并且过大的面积往往会影响近距离的观看效果,有时甚至会对受众产生压迫感,使之产生自然的排斥。因此合适的面积应该是预算允许情况下,在目标辐射范围内保证清晰可视效果的面积。了解这个因素影响的最好方式莫过于进行一次全方位的实地考察和感受。

③视距、角度与遮挡。千万不要只是相信照片和有关媒体的文字介绍。除了实地考察,几乎没有可能得出这三个方面的正确结论。以所选媒体为圆心,以目标辐射范围(通常 100 ~400 m)为半径,在周边各主要道路和场所对媒体进行观察。除了步行观察外,如果目标受众也包含车流,那么在主要经过的道路上乘车观察也必不可少。

④材料、安装、制作与维护是绝对不可忽视的内容。

⑤价格、预算与保险。媒体价格,这其中会包含很多内容。阵地费、保险费、制作费、安装费(初次或二次等)、材料费、税金等必须都作考虑。要特别强调的是第三方保险费用支付问题。户外保险不同于其他媒体,存在着对他人造成人身伤害的潜在危险,因此必须购买第三方保险。按照惯例这应该包含在媒体费用中,由媒体供应商支付。但有时有的供应商为了节约成本,会有意无意地在合同中略去这一部分。这样,一旦发生意外事故(这是完全可能的),纠纷将很难避免,甚至会在很大程度上损坏企业形象。

8)网络广告

因特网的迅速发展和普及,为广告业提供了全新的广告传播工具,使其成为继报纸、杂志、广播、电视四大广告媒体后的又一广告传播媒介。网络广告也因此应运而生。

网络广告又叫 Internet 广告(Internet Advertising),即通过 Internet 发布广告。如其他各类广告一样,网络广告的目的在于传播信息进而影响市场。戛纳广告节十分重视这一新的广告形式,将网络广告列为继平面、影视广告之后的第三类评奖形式,与平面、影视评奖平起平坐。组委会在网络广告评奖揭晓后举行了新闻发布会,向全球广告界推崇网络广告,这充分显示了世界广告业与先进科技同步发展的时代动向。

6.2.3 中国特色的媒体格局

媒体是品牌传播的必经之路,媒体是企业的战略性资源。如果这一资源运用得当,就能够让企业的品牌快速成长,甚至行业整体扩容。中国特色的媒体格局是品牌传播的关键所在。

1)电视媒体一家独大,各级媒体主次分明

中国目前电视媒体在全媒体时代依然稳坐第一媒体的交椅。CTR 中国城市居民受众调查数据显示,10 年来,传统媒体的日到达率、接触时长、注意力份额等指标表现相对稳定,虽有小幅波动,但地位变化不明显。其中,电视媒体表现最为稳定,始终保持着90%以上的日到达率,同时电视的接触时长、注意力份额也是最大的,见图6.1。

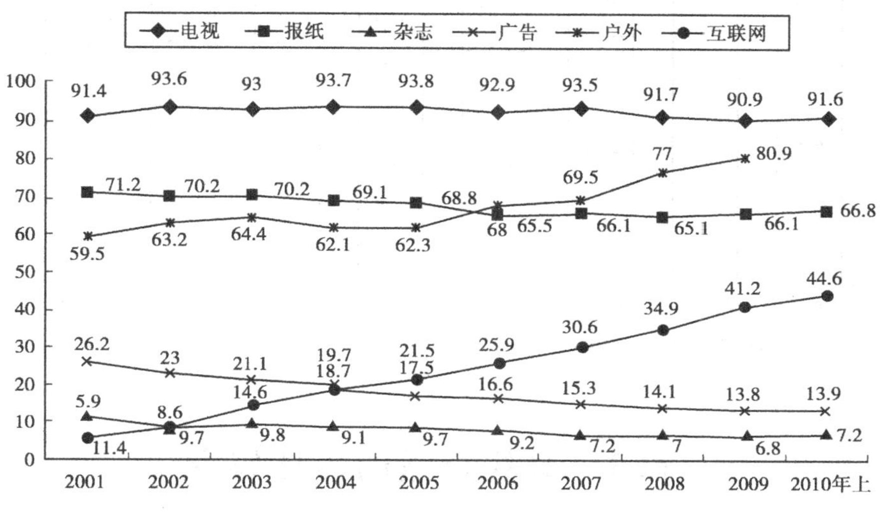

图6.1　2001—2010年媒体接触趋势(%)

当前中国的电视媒体呈现出“金字塔”结构:第一层是中央电视台;第二层是全国31个省级卫视台;第三层是众多的地方频道。从收视份额来看,中央电视台、省级卫视、地方频道基本上是三分天下。中央电视台目前处于金字塔的塔尖:要想让传播效果占领一个省就去卫视,占领全国则要到中央电视台。

2)媒体融合发展是未来的趋势

近年来,网络媒体快速发展,但新媒体的兴起,并不意味着传统媒体就要退出历史舞台,双方在内容与传播手段上优劣互补,形成融合或者成为伙伴是未来发展的趋势。电视观众与网民的融合趋势越来越明显,重叠受众所占比例从2003年的13.4%上升到2010年上半年的39.9%,复合受众与日俱增,见图6.2。

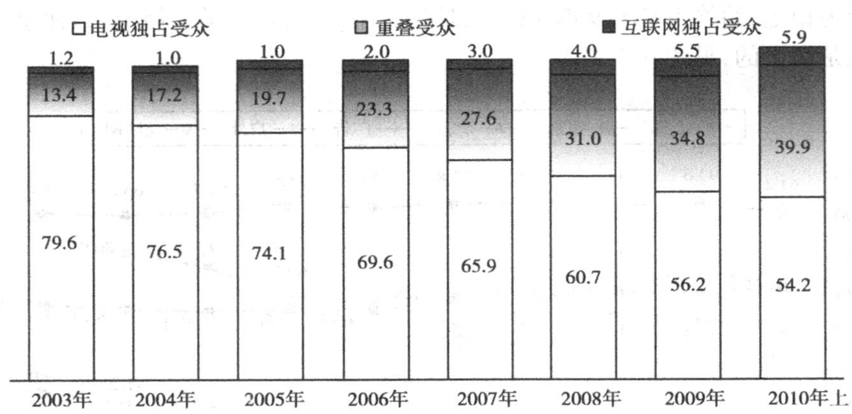

图6.2 2003—2010年电视和网络独占/重叠受众占比(%)变化。[①]

6.3 只找合适的传播媒介

在众多的媒介中选择适合自己品牌的传播渠道，不是一个简单的战术问题，而应当视为一个战略性课题。一个品牌，有着自己的品牌系统；在媒介生态圈里，媒介自身也构成着系统。有效的传播策略，一定是品牌系统与媒介系统的有效对接，目的是实现品牌价值的最大化。

在品牌推广过程中，我们该选择什么样的媒介？

对于一个品牌来说，选择适合的媒介比用很多钱进行盲目轰炸，其效果不一定会差到哪里。最主要的是你在什么地方可以找到适合品牌传播的媒介。

6.3.1 调查媒介偏好

在当今的媒介世界里，可供选择的传媒形式很多，媒介策划者面临最大的挑战在于决定哪一种特定的传媒形式不仅可以很好地接触目标受众，而且对潜在的客户也有说服效果。

在进行品牌推广前，我们有必要对当地所有的媒介进行全面的调查。

比如说你所想要说服的对象，他们经常在哪里出现？他们喜欢阅读哪些平

① http://www.effiechina.org/a/aifeihuoban/aifeimingrentang/20110416/294.html

面媒体,他们经常参加哪些活动,他们经常会关心哪些话题?

在东南车盟推广过程中,我们曾经做过一个媒介调查。媒介调查主要为了发现福州车友平时都接触哪些媒介,他们对媒介的内容有什么样的偏好。

2008 年 11 月我们调查了将近 1 000 位车友。

1)年龄在 25 ~ 30 岁的车主,他们接触的媒介一般有以下的习惯

都市报——90% 在上班的时候会进行阅读;

网络——100% 在上班期间一般都有作过浏览;

车载广播——33% 选择上下班途中收听;

电视——只有 25% 的人选择晚上在家看电视,但周末有 80% 的人看电视;

停车场广告牌——81% 的人说每天都要接触;

DM——100% 的人认为不会去看;

杂志——20% 的人会翻阅,但没有留下什么印象;

手机——100% 人使用手机;

QQ 群——100% 的车主使用。

2)年龄在 30 ~ 40 岁的车主,他们接触媒介一般有以下的习惯

都市报——95% 在上班的时候会进行阅读;

网络——70% 在上班期间一般都有作过浏览;

车载广播——60% 选择上下班途中收听;

电视——只有 60% 的人选择晚上在家看电视,但周末有 20% 的人看电视;

停车场广告牌——81% 的人说每天都要接触;

DM——100% 的人认为不会去看;

杂志——10% 的人会翻阅,但没有留下什么印象;

手机——100% 人使用手机;

QQ 群——100% 的车主使用。

3)年龄在 40 ~ 50 岁的车主,他们接触媒介一般有以下的习惯

都市报——98% 在上班的时候会进行阅读;

网络——20% 在上班期间一般都有作过浏览;

车载广播——60% 选择上下班途中收听;

电视——只有 80% 的人选择晚上在家看电视,周末有 90% 的人看电视;

停车场广告牌——100% 的人说每天都要接触;

DM——100% 的人认为不会去看;

杂志——100% 的人表示很少翻阅;

手机——100%人使用手机；

QQ群——100%的车主使用。

这个实验对三个年龄段的人士进行调查，找出他们的媒介偏好。受众的媒介偏好，实际上就是品牌的媒介偏好。

东南车盟主要定位在25~50岁的车主，我们对这些媒介进行了全面的筛选，所以在制订媒介策略的时候我们往往会作这样的考虑：

①首先选择一份都市报作为自己的主投媒介；

②将网络广告作为重要的补充；

③手机短信作为传播的辅助工具；

④建立QQ群或者利用QQ群发布品牌信息。

6.3.2 选择适当的媒介

品牌传播策划者必须通过思考分析，确定了其目标受众所偏好的媒介之后，就要挑选能够实现品牌营销、广告和媒介宣传目标的最佳类型和媒介载体。

影响媒体选择的主要要素为：

1）广告预算

因为广告预算是无限的，所以应在较短的时间内做强度更大的广告。那么决定广告预算问题的关键又是什么呢？——以地区为单位的消费者的购买力。我们说购买力是有差别的，对于差别的掌握，是依照媒体与它的受众的分布关系加以运作的。比如上海地区的个人平均购买力，就比贵州的个人平均购买力强。因而在购买力强的地区，广告预算的投入就相应的要多。另外还要考虑的一个因素是销售网络的畅通与否。

2）目标对象

一般说来，目标对象指的是商品的需求群体。此外还有一种理解是商品的目标市场的人群构成。[①] 无论是哪一种目标对象，总体看来，他们是一个群体，其中依照性别、年龄、职业、收入、信仰、地域等又可以分为许多类型。媒体形式的选择一定要适应对象的特点，否则事倍功半，甚至功败垂成。另外，还应契合公众的心理。比如街头散发的广告宣传形式并非不可，但是，若是不分男女老幼等具体消费群体地乱发，"治斑秃"发给长发小姐，会令人啼笑皆非。

---

① 纪华强.广告媒体策划[M].上海：复旦大学出版社，2007.

3)媒体特性

各大媒体特性在前面章节中已有详细叙述,在这里我们要重点介绍如何依据特性来选择媒体。

(1)感性诉求和理性诉求

广告确定了以理性诉求为主还是以感性诉求为主就基本上已经确定了选择什么样的媒体。自古以来,报纸、杂志等印刷媒体是偏向理性的,广告主可以在印刷媒体上放入复杂的、详细的、大量的信息。因此,印刷媒体比电波媒体或户外媒体更容易传递信息。而广播电视等电波媒体是偏向感性的,电视用动感的视觉形象来调动人们的触觉,甚至是味觉,是通过声音画面色彩和所有这些构成的感觉来对受众形成影响的,电视特别擅长通过画面和声音刻画复杂人物,因而是传递情感最理想的媒体。

(2)权威性与影响力

权威性是衡量广告媒体本身带给广告的影响力大小的指标。媒体的权威性指标为广告带来的影响举足轻重,不可忽视。媒体的权威性与影响力,难以从数量上进行分析,只能做定性研究。同时权威性也是相对的,对某一类广告来说,某媒体的权威性高,但对另一类广告来说,这一媒体的权威性可能并不高。因为不同的媒体都有自身的特性和影响力,广告受众自身是有一定的衡量标准的。

(3)覆盖面与触及率

覆盖面是指广告媒体在传播信息时主要到达并发挥影响的地域范围。在选择广告媒体时,首先应考虑的就是这个媒体的覆盖区域有多大和在什么位置。触及率是指一则广告借助某一媒体推出后,可能只会让部分受众接收到,媒体的触及率就是用来衡量这一比率的。触及率体现的是一则广告推出一段时间后,接收到的人数占覆盖区域内总人数的百分比。覆盖率一般用触及率来比较。触及率这一指标有两个特点:一是初级人数不可重复计算,某人虽多次接受同一广告,但也只能算是一个接触者;二是触及率是对覆盖面中的所有人而言,因而这一指标也不代表所有受众群体。触及率是选择广告媒体的重要指标。

(4)接触频率

广告媒体接触频率指接触过该广告的人平均接触的次数,这一指标的意义在于了解在多次发布广告后,接触者对广告印象的加深程度。计算方法:如第一次触及率为25%,第二次为30%,其中重复触及率为5%,那么30/25的结果为1.2次,这就是二次广告的接触频率。一般来说,两次或多次广告中,重叠多则纯有效范围小,重叠小则纯有效范围大。在制订媒体计划和选择时,必须按照广告目的的要求,弄清究竟是重视广告的有效范围,还是重视广告频率,然后再作出决策。

(5)连续性

广告媒体的连续性是指同一则广告多次在一个媒体上推出多产生的效果的相互联系和影响。连续指标也可以运用于在不同媒体上推出同一则广告,或同一媒体不同时期的广告活动之间的联系和影响。广告的媒体不同,对连续推出广告的效果影响是不同的。例如一般杂志是月刊,如果为配合某项时效性强的营销计划而在杂志上刊出连续性广告,这显然是不合适的,但是如果是配合长期销售计划或针对性较强的产品,杂志广告的连续性是比较好的。因此,在研究连续性指标时,应对广告活动作综合分析,才能作出正确的判断。

(6)针对性

广告媒体针对性是表征媒体的主要受众群体的构成情况的指标。媒体的覆盖面和其受众的多少并不是广告主所考虑的唯一指标,一个媒体的受众可能很多,但如果其中只有一部分是广告主的目标消费者,这个媒体对特定的广告主来说,也不是理想的媒体。针对性指标通常包括两项内容:一项是媒体受众的组成情况;另一项是媒体受众的消费水平与购买力情况。

(7)成本效益

广告媒体的成本效益是指衡量采用某一媒体可以得到的利益同所投入的经费之间关系的指标,是对媒体经济效益的度量。广告主在做广告前不仅要考虑“广告能够向市场上百分之几的人传播几次”,同时还必须考虑平均每人用多少成本。成本效益不能单纯看媒体费用的绝对值大小,而是要看支出的费用、覆盖面与视听者数量之间的比例关系。广告策划人员按照比例成本原则选择媒体,最常用的简捷方法是“千人成本法”,也称 CPM 法,即媒体平均每接触1 000人所花费的广告费,其公式是:CPM = 广告费/接触人数 ×1 000。

6.4 整合是最好的手段

品牌传播的媒介战略,一定是以“整合传播”为价值取向的战略。在这个战略中,要按照特定方向对传播活动进行分析、规划、组织、实施和检测。“整合”的规划,需要符合企业整体的战略和品牌的战略;“整合”的实施,则需要调动企业内部与外部的传播工具,分析和了解不同工具的作用、任务及相互关系,同时,实现传播过程的品牌价值统一。“整合”的实施,更包括发挥协同作用,从而更有效果、更有效率地利用传播预算。“整合”的最终结果,是实现品牌的高度对象化和价值最大化。①

6.4.1 媒介整合的必要性

“碎片化接触”是中国消费者媒介接触状况上的趋势。它是指消费者接触媒体的时间会被不同的媒体形态分割,随着时代的推进,参与分割的媒体形态越来越多。一种媒介只能触达到一部分受众,或者说对一部分受众发挥最大的效用。同样的,一个消费者也很难在一个媒体或者一种媒介上获得他所需要的全部信息。但在互联网时代当中,每一个碎片都不是完全孤立的。它们被数字化地连接在一起,形成一个有机的整体。用一个典型的例子,来演示一下消费者接触各种媒体形态的流程。

进入2009年后的第一个月里,美国人奥巴马在当地时间1月20日上午11点30分宣誓就职,正式成为美国新一任总统。作为美国历史上第一位黑人总统,奥巴马在参加竞选的时候,就获得了来自全世界的关注。远在北京的王先生也是奥巴马的“粉丝”之一。在奥巴马的就职典礼之后的一天里,王先生通过不同的媒介渠道了解了就职典礼的报道和更多的背景资料。就媒介渠道来说,有电视、报纸、手机电台、移动电视和互联网。就信息传播的方向来说,有单方面的接收媒体的信息,也有通过书写博客,自己创作并发布内容,成为又一个内容制造者和信息传播者。

“同日本相比,中国的媒体环境实在是太复杂了。”电通传媒革新部策划总监小岛哲郎很感慨地说道。在东京一个节目只有一个电视频道播出,但是在北京起码有三十几个电视频道播出,还会有报纸、杂志、广播等同时播出。在北京有报纸、杂志近9 000种,而在日本全国性的报纸只有五份。针对中国复杂的媒体环境,北京电通开发了适合中国复杂的媒介市场的软件。比如Valcon(媒体接触点分析软件),它能有效地接触数据库,根据不同类的行业,不同类的目标受众,不同类的沟通方式,来选择最有效、最合适的媒体。北京电通还开发了DCCR(Dentsu Campaign Case Research),这个数据库积累了1 500个产品案例,通过DCCR能够监测到某些产品的关注率、喜好度、理解度等,进而可以制订出更为适合的媒介计划,达到更好的宣传效果。

---

① 刘明洋.认识媒介:品牌传播的战略起点[J].青年记者,2011.

一些国际性的大品牌在做媒介选择时,会有很大的不同。以数码相机为例,在中国和日本做数码相机的媒介计划,地域战略和网络媒体计划两个方面上会有所不同。首先是地域战略的不同。在日本,东京是日本最大的城市,所以主要分析东京消费者的媒体接触习惯,做媒体预算分配,然后做全国平均的媒体分配预算,这就足够了。但是在中国,需要设定一个"重点"城市,在重点城市划分媒体预算,因为中国有三百多个城市,各地消费者的媒体接触习惯几乎都不同。在二级三级城市,还要考虑更多的因素来做地域策略。其次是网络媒体计划的差异。中国的门户网站纷繁复杂,比如论坛网站。在中国关于论坛的网站有很多,比如猫扑、天涯等,但是在日本只有一个论坛网站,就是二频道,这个二频道代表所有的论坛。因此在日本做媒体计划,只需考虑如何投放通栏广告即可;在中国则截然不同,要更多地考虑如何应用硬广告和公关,甚至是网络合作。副媒体也是中国网站的一个很大特征,在日本比较流行的媒体广告就是通栏广告,但是在中国有越来越多的网络视频,副媒体不断产生,所以在中国做网络媒介计划和日本是完全不同的。

6.4.2 广告媒体组合的原则

媒体组合,也就是将经过选择的广告媒体进行合理时间、版面的配置,以提高广告的传播和诉求效果。媒体组合可以增强媒体效果,补充单一媒体的缺陷可以通过媒体的交叉作用,提高媒体在一定时期内的作用,以达到最佳的影响效果;同时扩大影响范围,使更多潜在消费群认知,提高产品品牌的普及率,保证在相对较短的时间内更快速、更直接地影响目标消费群,以期占得更有利的市场机会。

一般而言,广告媒体的组合要遵循以下原则:

1)互补性原则

进行媒体组合的目的在于通过不同媒体间的优化互补,实现媒体运用的"加乘效应"。具体表现在:

①点面效应互补。以两种媒体覆盖面的大小为互补条件的组合方法,以提高信息的重复暴露度。当选定某一媒体做一个或数个目标市场覆盖时,还可以选择一种或多种局部区域覆盖的媒体与之组合,以使信息传达全面、完整。

②媒体传播特性的互补。每一种媒体都有其不同的个性和诉求特点,利用这个不同的个性,进行互补组合,可以使信息传达全面、完整。

③时效差异互补。以媒介时效长短结合的组合方法,扩大信息与消费者的

接触时空,提高信息扩散度。

④时间交替互补组合。这种方法是利用在时间上的交替形式实行媒体组合。当个别主要媒体得到最佳到达率后,另一种较便宜的媒体与之交替的作用,提高重复暴露率,使信息送达主要媒体未达到的受众。

2)有效性原则

有效性原则,即所选择的广告媒体及其组合,能有效地显示企业产品的优势,能有效地传递企业的各种有关信息,不失真,少干扰,有说服力和感染力,同时能以适当的覆盖面和影响力有效地建立企业及其产品的良好形象。

3)可行性原则

可行性原则,即选择广告媒体还应当充分考虑各种现实可能性。如自身是否具有经营的经济实力,能否获得期望的发布时间;目标受众能否接触你所选择的媒体,理解这些媒体所传递的信息;当地的政治、法律、文化、自然、交通等条件能否保证所选的媒体有效地传播企业的广告信息。

4)目的性原则

目的性原则,即在选择广告媒体时,应当遵循企业的经营目标,适应企业的市场目标,并充分考虑广告所要达到的具体目标,选择那些最有利于实现目标的广告媒体。

6.4.3　广告媒体组合的方法

1)步骤

首先是准确选择并确定几种媒介。这里包含两层意思:一是从广告内容出发,看哪些媒介能反映出广告的最佳内容;二是从广告费用出发,在有限的资金情况下,看哪些媒介能最佳地反映出广告的内容。

其次是确定媒介使用的重点。其重点可以是一种,也可以是两种或更多种。面向一般消费者的商品,在一般情况下,应当以大众传播媒介为主,如电视、报纸、广播、杂志等,而户外广告、交通广告、POP 广告、直邮广告则是辅助性的媒介。特殊的商品,应当根据商品的特点来选择媒介。

第三是科学合理地进行组合。这是媒介组合成功的关键。要根据媒介的特点和媒介的重点,确定广告投放的时间,确定投放时间的长短;另外,还要确定是同步出击还是层层递进,亦或是交叉进行。

采用媒介组合策略还应注意在使用媒介组合策略之前,应当对媒介组合的使用有一个通盘和整体的认识,包括对媒介的评价,媒介的确定,媒介组合的确定,重点媒介的确定。这是广告活动的基础,也是广告获得成功的最基本的保证。另外,由于各个地区风土人情的不同,生活习惯的不同,广告媒介的组合和诉求点不一定非得统一,也就是说,媒介组合应当从不同地区的实际出发。比如,在电视较少的地区,如果仍然把电视作为重点媒介,就会出现广告费的浪费,而且达不到预期的广告效果,那么就应把广播作为媒介的重点。

总之,媒介选择时,应综合考虑各种因素,总原则是广告效益的最大化。

2)常用的媒介组合策略方式

①视觉媒介与听觉媒介的组合。视觉媒介指借助于视觉要素表现的媒介,如报纸、杂志、户外广告、招贴、公共汽车广告等。听觉媒介主要借用听觉要素表现的媒介如广播、音响广告,电视可说是视听完美结合的媒介。视觉媒介更直观,给人以一种真实感,听觉媒介更抽象,可以给人丰富的想象。

②瞬间媒介与长效媒介的组合。瞬间媒介指广告信息瞬时消失的媒介,如广播电视等电波电子媒介,由于广告一闪而过,信息不易保留,因而要与能长期保留信息、可供反复查阅的长效媒介配合使用。长效媒介一般是指那些可以较长时间传播同一广告的印刷品、路牌、霓虹灯、公共汽车等媒介。

③大众媒介与促销媒介的组合。大众媒介指报纸、电视、广播、杂志等传播面广、声势大的广告媒介,其传播优势在于“面”。但这些媒介与销售现场相脱离,只能起到间接促销作用。促销媒介主要指邮寄、招贴、展销、户外广告等传播面小、传播范围固定、具有直接促销作用的广告,它的优势在于“点”,若在采用大众媒介的同时又配合使用促销媒介,能使点面结合,就起到直接促销的效果。

思考题:

1. 品牌传播媒介有哪些种类?
2. 请说说常见的几种媒介的优缺点。
3. 中国媒介有哪些特色呢?
4. 品牌传播为什么要寻找合适的媒介?
5. 什么叫媒介整合?媒介整合能给品牌传播带来什么?

品牌传播实验室:

你认为应该如何使用传播媒介为东南车盟品牌推广服务呢?

提供材料如下:

推广区域:福州

推广品牌:东南车盟

使用媒介:待选

车盟简介:

东南车盟是由中国强势媒体《东南快报》发起成立的汽车服务组织,她一直坚持“惠聚八方”的理念,诚心为会员打造一个省心、省力、省钱的车生活平台。

成为东南车盟会员除了可以在所有汽车美容联盟商家获得限量的洗车、内饰清洗等服务外,还可以获得加油优惠、购买车险优惠等服务;此外还可以获得无偿救援、拖车、泵电、换胎、免费办理违章手续、汽车年检以及车主生活联盟商家的打折优惠服务。

目前,东南车盟已经拥有一支专业联盟推广团队、成熟的联盟推广管理机制和多年的联盟操作经验,现已拥有上百家的汽车经销商、驾训机构、汽车服务、休闲商业机构、媒体等加盟单位,为会员提供紧急汽车救援、特惠汽车保险、汽车修理、汽车养护、汽车租赁、汽车信息咨询,车辆年检、保险到期提醒与代办,车辆违章提醒与处理,以及超低折扣的酒店、机票、鲜花预订、餐饮、娱乐、旅游、购物、健身、洗衣、家政、体检等各种优惠、优质服务,帮会员省钱、省时、省心。东南车盟还将举办各种自驾游、品牌车友会、优惠团购等特色活动,让会员享受快乐车生活。

车盟媒介支持平台:

《东南快报》——福建省发行量最大的都市报之一,日均发行量已经达到了50万份,已经成为都市白领阶层最喜爱的报纸。

《东南车盟网》——《东南快报》主办的一家服务车友的网络媒体,也是车友沟通的一个非常重要的互动网络平台,目前居中国同类网络媒体前列。

《车生活指南》——每年一本的《车生活指南》是《东南快报》、东南车盟发起制作发行的车友工具书,是城市车主真正的行车、用车、养车、出行、娱乐读本。

东南车盟卡——已经成为东南车盟与车友的良好的沟通平台,它分成行车卡、玉兔金卡、金卡和白金卡四类。

第7章　寻找最合适的传播媒介(下)

在新媒体时代,品牌传播变得更加复杂。

我们单独开辟一个章节来专门阐述新媒体,以及新媒体时代中,我们该如何使品牌传播更加有效。

美国总统为什么能够在众多的竞争对手中脱颖而出,这个问题被人们不断地用来验证竞选也是一次品牌的战争,而这个品牌战争中,又不止一次展现了新媒体的魅力。

如何在传统媒体整合的基础上,加上新媒体的元素,让品牌传播凸显更强大的效果呢?

通过本章学习,我们相信会找到答案。

本章主要通过对新媒体的特点分析,了解它们在传播中的作用以及给品牌传播带来了新的希望,并在此基础上寻找最好的媒介整合。

7.1　何谓新媒体

7.1.1　新媒体概念

何谓新媒体,业界并没有一个定论。

有些人把数字电视、移动电视、手机媒体、IPTV、博客、播客、微博等也列入新媒体专栏。那么,到底什么是新媒体?

美国《连线》杂志对新媒体的定义:"所有人对所有人的传播。"

清华大学新闻与传播学院熊澄宇教授:“在计算机信息处理技术基础之上出现和影响的媒体形态。”

新传媒产业联盟秘书长王斌:“新媒体是以数字信息技术为基础,以互动传播为特点,具有创新形态的媒体。”

也有专家提出:“只有媒体构成的基本要素有别于传统媒体,才能称得上是新媒体。否则,最多也就是在原来的基础上的变形或改进提高。”“目前的新媒体应该定义为在电信网络基础上出现的媒体形态——包括使用有线和无线通道的方式。”

还有学者把新媒体定义为“互动式数字化复合媒体”。

我们认为,新媒体是新的技术支撑体系下出现的媒体形态,如数字杂志、数字报纸、数字广播、手机短信、移动电视、网络、桌面视窗、数字电视、数字电影、触摸媒体等。相对于报刊、户外、广播、电视四大传统意义上的媒体,新媒体被形象地称为“第五媒体”。

所谓新媒体是相对于传统媒体而言的,清华大学的熊澄宇教授认为,新媒体是一个不断变化的概念。“在今天网络基础上又有延伸,无线移动的问题,还有出现其他新的媒体形态,跟计算机相关的。这都可以说是新媒体”。

7.1.2 新媒体特点

新媒体是一种不断发展但尚未成熟的媒体形态。它是基于大众传播多年发展的基础上,依托数字技术不断创新逐渐形成的一种新的传播方式。它并不是大众传播在数字传播平台上的简单延伸,同时也不是目前在现阶段所看到的网络呈现出的各种传播特征。网络传播不等于新媒体传播。新媒体是对大众传播的超越,是人类所进入的一个新的传播阶段。那么,这种新媒体的传播到底具有什么特点?

1)复合型的传播

从传播形态上看,新的传播技术导致的最大变化,就是能够在新的平台上把传统大众媒体的各种类型综合起来。在现有的大众媒体环境中,媒体按照传播形态可以划分为电视、报纸、杂志、广播等。而在新的媒体环境中,网络和数字技术所能提供的可能性是,在主要的传播载体中,比如网络、数字电视、手机等,所有的媒体都既能进行文字的传播,同时又能进行视频和声音的传播,并且还能把文字、视频、声音存储下来,供受众在自己方便的时间浏览。新媒体是多种传播形式复合的媒体。在新媒体的平台上,如果作为一个媒体出现,既可以是电视、广播，同时也可以是报纸和杂志。大众媒体界限分明的媒体类型区分，在新媒体阶段将不再具有意义。

2）全员性的传播

新媒体所带来的第二个变化，就是所有的人都可以成为传播的主体。从传播的接受者的角度，当然大众传播的领域极大地扩大了，但从传播者的角度，传播的主导权还是控制在文化和传媒精英的手中。虽然在传播的过程中，传播的内容越来越多地考虑受众的需求，但这种传播还是需要通过把关人的审核。大众传播是传播者和接受者之间一种博弈的结果，而受众在其中始终处于被控制的被动位置。也就是说，大众传播归根到底是一种对大众的传播。新媒体提供的一种可能是，任何网络的使用者都可以在网络平台上发布信息、言论等各种内容并进行交流。

由于网络平台对所有的网民都是开放的，其中一些网民所发布的内容由于其价值会得到广泛传播，并逐渐形成稳定的读者群。这就意味着，由于技术和社会的原因，大众传播时代文化与传播精英对传播主体的把控被彻底打破了。2002 年底，美国硅谷最著名的 IT 专栏作家丹·吉尔默把这种变化概括为"we media"，中文翻译为自媒体。自媒体目前的主要形态是博客，同时播客近来也发展迅猛。博客主要是网民文字和图片形态的个人写作，而播客是网民使用音频和视频的方式在网络上的内容发布。虽然并不是所有的自媒体都能形成有影响力的媒体形态的传播，但在众多海量的个人性内容中，必然会出现大批广泛吸引公众的博客或者播客，它们以完全个人化的方式形成强势传播。

3）无边界的传播

从传播范围来看，新媒体的特点是无边界的传播。传统的大众媒体由于技术的限制，基本上是区域性的传播。比如平面媒体需要运输，而电波媒体需要落地。随着新媒体传播技术的发展，除非人为的限制，在新媒体的平台上，所发布的每个内容理论上都是可以面对全球所有的网络使用者的。在新媒体的平台上，全球确实正逐渐成为一个传播的整体。

4）综合性的传播

从传播形式上，很多人强调新媒体传播的互动性。实际上，新媒体传播方式的突出特点是高度的综合性。人们所强调的新媒体的互动性，是同传统的大众媒体相比较而言的。在新媒体的平台上，人类的各种传播形态都可以得到实现。在某种意义上新媒体传播是对人类真实的传播生活的还原。现实传播中的互动性的人际传播、单向性的大众传播以及介于二者之间的组织传播，在新媒体传播中都可以得到体现。新媒体传播实际上融合了过去所有传播形式的特点,但同时,它也是对人际传播和大众传播的摈弃。新媒体当然还是一种媒介,但这种媒介成功地把自己虚拟化了,所以在新媒体中人仿佛可以无屏障地同他人和现实世界直接交流。

5)多元化的传播

从内容上看,新媒体多元化的传播,首先是传播内容的丰富。由于个人可以成为传播的主体,新媒体的内容所涉及的人类生活的广度、对各类问题所讨论的深度以及形式的多样性都是前所未有的。实际上,新媒体涉及了和全面展现了人类现有的所有文化形态。新媒体多元化传播的第二个方面,是新媒体为一直被文化与传播精英压制的平民文化或草根文化提供了释放的空间。可以说,在新媒体的传播中,平民或草根的声音第一次全方位地得以呈现。一个结果是,文化或传播精英继续在新媒体传播中发挥着影响;但同时,平民或草根的文化意识在新媒体的平台逐渐汇聚,形成合力。这种文化不仅与精英文化相对抗,甚至在某些时候对精英文化形成压制。这种文化的博弈使得新媒体的传播内容具有高度的多元性,而在通过传播不断扩散的过程中,这种现象正在彻底改变整个文化的特质,并在冲突和交融中酝酿产生一种数字时代的全新文化。

6)时间固化的传播

在新媒体的平台上,信息的组织方式超越了原有大众传播的时间性媒体和空间性媒体的对立,而使所有的信息被固化。

在电波媒体中,信息是以时间性分布的形式存在的。也就是说,在同一个时间点上,受众只能接受某一媒体所发布的单一的特定信息,受众并没有太多的选择权利,控制权更多的是在媒体手中。比如观众看电视总是在特定的时间,选择某一个频道,只看在这个时间段所播出的内容。

如果观众想看的内容不在这个时候播出,那么他获得信息的需要就无法满足。而平面媒体的信息是以空间性分布的形式出现的。也就是说,在同一个时间点上,受众拥有某一媒体所发布的所有信息,但可以在其中选择自己所需要的信息。比如当读者购买一份报纸的时候,在读者认为方便的时间,他可以任意选择这份报纸中自己感兴趣的内容。

但实际上这种信息空间性分布的媒体形式,还是具有时间性的特点,即当读者在读一份报纸的时候,这位读者还是在读某个特定时间段的报纸,无论是日报、晚报,还是周报。报纸只是把特定时间段的信息内容空间化。如果读者想了解与某一信息相关的去年某一时间的内容,这份报纸并不能提供。而新媒体从理论上消除了大众传播中信息组织方式的时间性，所有的信息都被固化在新媒体的平台上。受众如果想要了解有关某一信息的所有内容，都可以在新媒体中检索、阅读或观看。新媒体是对大众传播时间性媒体和空间性媒体的扬弃。

7.2 新媒体分类及其优势

新媒体既拥有人际媒体和大众媒体的优点：完全个性化的信息可以同时送达几乎无数的人；每个参与者，不论是出版者、传播者，还是消费者，对内容拥有对等的和相互的控制。同时它又克服了人际媒体和大众媒体的缺点：当传播者想向每个接受者个性化地交流独特的信息时，不再受一次只能针对一人的限制；当传播者想向大众同时交流时，不再不能针对每个接受者提供个性化内容。同时新媒体完全依赖于技术，不是人类先天自然拥有的技能。没有数字化等技术，新媒体完全不可能。

7.2.1 新媒体分类

1）手机媒体，开创媒体新时代

杨春兰在她的文章指出："如今的手机已不再单单是通信工具，它还担当起了'第五媒体'的重任。"

对手机广播的研究不外乎"政策支持"和"运营模式"的探索，有学者就此分析了其典型的运行模式，并且提出在手机媒体产业链中，"内容提供商、移动网络运营商和终端设备制造商之间，如何相互合作发展是非常关键的。"

还有研究者则着重在手机媒体与传统媒体之间的广告互动上进行了一些探讨，认为无论从技术上还是政策上来看，手机媒体成为新广告媒介具有一定的可能性，并分析了手机媒体与传统媒体广告之间的互动形式和广告互动中存在的不足。

对于手机电视的发展趋势，有学者却认为，尽管新技术的狂热崇拜者及追随者们坚信手机电视是新技术催生下的又一颗金蛋，但手机电视受到受众心理、内容和媒介繁荣的制约，因此"手机电视是辅助媒介的主流想象"，"技术的指挥棒为人类指向的下一站，有可能是'技术的高地'，也有可能是'技术的漩涡'"。

有学者认为,“现在也许还没有人认为手机报纸的用户会赶上或超过报纸网络版或印刷版的读者数量。但是,手机报纸确实是用一种21世纪的方式向渴望得到新闻又忙于行路的公众提供了一种快乐阅读的享受。”

2)IPTV,传受互动进行时

IPTV即交互网络电视,一般是指通过互联网络,特别是宽带互联网络传播视频节目的服务形式。

互动性是IPTV的重要特征之一。有人指出,“IPTV用户不再是被动的信息接受者,可以根据需要有选择地收视节目内容。”

网络电视迅速发展的同时也暴露出了一些制度上的弊端。业界人士提出,“网络电视不仅是电信运营商的一场盛宴,对节目制作商而言,也是一个巨大的市场机会。”然而,“在新媒体产业领域,广播电视已不再享有原先的政策保护和市场垄断优势,与市场接轨的企业制度安排至关重要。”

数字交互电视是集合了电视传输影视节目的传统优势和网络交互传播优势的新型电视媒体,它的发展给电视传播方式带来了革新。有学者指出,数字交互电视“颠覆了电视观众的‘受众’定位与电视传媒的‘传者’定位”,“数字交互电视的互动传播,使传播者与接收者之间的位置不再是固定的或先前规定的,而是不断在互相共享的、移动的。”数字交互电视的发展还使得“大众传播研究的重心”转移到了“信息使用者”身上。

3)数字电视,产业链有望增长

作为新媒体之一的数字电视同样在吸引着人们的眼球,广电总局正式将2004年定为“数字电视年”,并计划2005年完成3 000万用户的目标。2005年对数字电视的研究依然集中呼吁加快完善广电政策的制定,以有利于数字电视产业链的增长。有人指出,“可以预见,快速增长的数字电视用户将推动传媒产业价值链的快速发展,虽然要实现市场意义上的盈利仍需要一段时间的培育,但作为政府作用的体现,传媒产业政策的放开、数字电视产业政策的推进为传媒企业指明了发展道路,提供了新的发展平台。”

还有文章从实证调查入手,对数字电视进行了深入的分析。浙江传媒学院课题组通过市场调查数据说明:“数字电视潜在用户的经济承受能力是影响数字电视发展前景的决定性因素。”

另外,还有学者提出了数字付费推广的USP(Unique Selling Proposition)发展模式,即认为数字电视应该有独特的销售主张,因为数字电视是“技术层面”和“内容层面”两者合一的综合体,而且必须以后者为核心,否则就失去了存在的意义。

老年人收视群体日渐受到人们的重视。有专家提出,老年受众是付费数字电视的潜在用户之一。因此付费数字电视要兼顾老年人,启动老年市场。

4)移动电视,强制收视的是与非

作为一种新兴媒体,移动电视的发展之迅速是人们所始料未及的,它具有覆盖广、反应迅速、移动性强的特点,除了传统媒体的宣传和欣赏功能外,还具备城市应急信息发布的功能。

对于公交移动电视来说,"强迫收视"是其最大的特点。有学者认为:"公交移动电视的强制性传播使得受众身在公交车上,没有选择电视频道的余地。这种受众被动接收状态,无疑会降低公交移动电视的收视率,然而目前尚无良策改变这种状态。"

但也有人持相反的看法,他们提出:"传播内容的强制性有利于拓展'无聊经济'巨大利润空间","移动电视正是抓住了受众在乘车、等候电梯等短暂的无聊空间进行强制性传播,使得消费者在别无选择时被它俘获,这对于某些预设好的内容(比如广告)来说,传播效果更佳。"

还有学者从另一个角度提出了这种强制收视的缺陷:"公交移动电视虽然为乘客提供了电视节目,但也必须保护乘客的公共利益。"

5)博客,颠覆传统的传播方式

从2002年博客正式在中国兴起以来,学界对它的研究就没有中断过。2005年对博客的研究依然方兴未艾,较之于以前的研究更加深入,而且考量的角度更加多样化。博客的发展使得有的研究者对其充满了信心,"信息爆炸的互联网也的确需要具备信息收集、阐释、整理能力,同时提供个人想法的信息收集者,无论是否走向商业道路,无论是否代表个人或机构或政府组织,博客们有望成为公众的网络信息代言人。"

还有学者对博客传播中的传者进行分析,认为博客实现了多重的传播效果,"即横跨人内传播、人际传播和大众传播3种类型。"同时,还指出博客传者的传播动机与"外部环境的挤压、内心需求和经济利益的驱动"等几方面的因素有关。

从传播学角度对博客的研究中,有学者总结了博客的传播模式及传播性质,认为"博客突破传统的网络传播,实现了个人性和公共性的结合"。

对于博客的自由问题,有学者认为,博客的即时性、自主性、开放性和互动性为人们提供了一定程度的话语自由,这种自由颠覆了"把关人"的概念,但事实上,博客世界里的自由同时也带了很多负面的东西,需要网民有自律意识。

6)播客,新一代的广播

“播客”是2005年新闻传播学术期刊上的又一个让人们耳目一新的词汇。“同21世纪初低调诞生的博客相比,播客似乎一问世就受到了人们的特别关注。”“通常指把那些自我录制广播节目并通过网络发布的人称为播客。”

2005年8月,上海还举办了中国首届播客大赛。对于“播客”的研究始终避免不了与“博客”的对比。有人认为,“如果说博客是新一代的报纸,那么播客就是新一代的广播。”

朱红梅撰文主要从传播学的角度对“播客”现象进行了深入的分析。她认为,播客实现了从文字传播向音频、视频传播转化,增加了娱乐成分。播客还满足了人们自我表达、张扬个性的需求,同时还加强了媒介汇流与互动。并且,播客将来会从业余走向专业,从免费走向收费,免费与收费播客共存。

7)微博,即微博客(Micro Blog)的简称

它是一个基于用户关系的信息分享、传播以及获取平台,用户可以通过WEB、WAP以及各种客户端组件个人社区,以140字左右的文字更新信息,并实现即时分享。最早,也是最著名的微博是美国的twitter,根据相关公开数据,截至2010年1月份,该产品在全球已经拥有7 500万注册用户。2009年8月份,中国最大的门户网站新浪网推出“新浪微博”内测版,成为门户网站中第一家提供微博服务的网站,微博正式进入用中文上网的主流人群的视野。

除了以上几类以外,我们经常看到的新媒体还有触屏媒体、数字电影、3D电影、数字杂志、数字广播等。

7.2.2 部分新媒体优势

1)微博

(1)微博在品牌传播中的优势

①传播草根性。微博草根性更强,且广泛分布在桌面、浏览器、移动终端等多个平台上,有多种商业模式并存,或形成多个垂直细分领域的可能,但无论哪种商业模式,都离不开用户体验的特性和基本功能。通过这种平台可以和终端进行全面接触,并形成良好的效果。

②传播更趋平民化。在微博上,140字的限制将平民和莎士比亚拉到了同一水平线上,这一点导致各种微博网站大量原创内容爆发性地被生产出来。微博的便捷性,让品牌传播不受传播主体地位限制。

③一点对多点。微博和博客不同的一点是,博客是点对点,微博可以一点对多点,也可以是点对点传播。这种传播方式是发散式、多层次的,传播速度更快,为品牌迅速传播提供了很好的渠道。

④黏着性更强。微博可使用移动终端,为使用者提供便利和多媒体化,同时也使得微博用户体验的黏性越来越强,这为品牌在微博上营销提供了强大的忠实的客户群体。

⑤更快更便捷。微博网站现在的即时通讯功能非常强大,通过 QQ 和 MSN 直接书写,在没有网络的地方,只要有手机也可即时更新自己的内容。其实时性、现场感以及快捷性,甚至超过所有媒体。品牌信息可以通过这样的渠道获得及时的传播。

(2)微博在品牌传播中的应用

每一个人都可以在新浪、网易等注册一个微博,然后利用自己更新的微型博客、每天更新的内容就可以跟粉丝沟通,这样就可以达到营销的目的,这种方式被称作微博营销。

微博营销价值在于简练、草根的特点,可以用最快的速度直接面向最普通的大众。从目前应用情况分析,微博对于品牌传播至少可以分为 4 种:

①活动营销。通过活动在微博上营销,直接获得粉丝,并通过他们进行转发,迅速扩大品牌信息的影响力。

②植入式广告。在微博中发送相关信息,可以在短文中植入广告的关键词,或者在传播中直接进行品牌信息的传播。

③客户服务的新平台。微博具有即时性的功能,让博主可以收集客户对品牌所提出的意见,而博主也可以通过同样的方式进行解答与疏导,维护了品牌美誉度。

④品牌宣传。由于微博用户对微博上信息的信任度高,对微博上的商业信息、商业活动也都有较高的信任度,并且对关注的人或粉丝推荐的产品更是具有好感,因此微博具有较大的潜在品牌营销价值。

2)富媒体

富媒体(Rich Media),是由英文翻译而来。Rich Media 并不是一种具体的互联网媒体形式,而是指具有动画、声音、视频和/或交互性的信息传播方法,包含下列常见的形式之一或者几种的组合:流媒体、声音、Flash 以及 Java、Javascript、DHTML 等程序设计语言。富媒体可应用于各种网络服务中,如网站设计、电子邮件、BANNER、BUTTON、弹出式广告、插播式广告等。

(1)富媒体在品牌推广中优势

①传播成本低。通过富媒体进行品牌传播,其费用远低于传统媒体的费用,这样可以缩减不必要的品牌传播成本。

②立体传播。通过富媒体可以进行图、文、声、视合而为一地传播,可以为消费者带来全景式的体验和深度展示品牌的优势。

③针对性强。可以通过数据分析,锁定目标客户群体,让品牌在推广过程中有的放矢,保证了品牌宣传的效果。

④互动营销。可以吸引消费者参与互动,获得消费者对品牌的反馈信息,从而可以测评品牌传播效果,让品牌传播主体可以重新制订品牌推广策略。

⑤消费引导。通过富媒体的先进的行为分析系统预知消费者购买趋势,主动策划品牌传播方式和内容。

⑥无地域限制。网络的全球性传播,可以让品牌传播在更大的范围内进行。

(2)富媒体在品牌传播中的应用

网络已经成为大家生活中不可缺少的一部分,富媒体因为其拥传统媒体不可比拟的优点,而成为品牌推广共同选择的渠道。

在品牌推广应用中,富媒体可以分为以下两种方式:

①数据库推广。通过运行在上网计算机上的客户端,经过交互分析整理出强大海量数据库,挖掘、分析用户群的上网习惯,追踪用户兴趣和关注,以此为依据向上网网民直接进行相关的品牌传播。这种方式能改变现有互联网广告侵略受众的模式,运用目标锁定技术保证广告准确地被送达到真正感兴趣的消费者面前,让品牌传播收到最佳的效果。

②定向推广。用户访问网络页面时,IE 地址栏、搜索框、或者页面当中包含与广告相匹配的内容,桌面的右下角会出现广告主投放的广告窗口。这个广告窗口就是富媒体定向推送广告,最有效提升用户注意力的广告形式。

3)手机媒体

(1)手机媒体品牌传播中的优势

手机媒体是一种以手机为载体的媒体,是继报纸、广播、电视、网络四大媒体之后出现的,有人称之为“第五媒体”。手机媒体作为新时代高科技的产物,是在电信网与计算机网融合的基础上发展起来的。它是最新移动增值业务与传统媒体的结晶。换言之,就是将报刊、电视等传统媒体的内容,通过无线技术平台发送到用户的彩信手机上,使用户随时随地第一时间通过手机阅读到当天报纸的内容或观看电视正在播出的节目,与不同的传统媒体结合形成不同的手机媒体类型,如手机报纸和手机电视等。与报纸、广播、电视、网络四大媒体相比,手机媒体在传播方面有很多优势。

①受众资源极其丰富。到目前为止,全球已有超过21亿的手机用户,在中国有12亿手机用户,拥有手机的人数是所有报纸读者的两倍多。同时,使用手机短信的人已远远超过使用e-mail的人。手机已经不再仅仅是一个简单的通信工具,它的快速发展改变着人们的日常生活方式,成为传播、整合信息的设备,甚至是个人数字娱乐中心。

随着3G时代的来临,随着技术的完善、用户认知的不断提高和运营模式的逐渐形成,手机将可以更快更好地承载目前各种媒体的传播方式和内容。

②信息传播极其方便。2004年保罗·莱文森最新出版的《手机》一书,对手机发展作了最乐观的分析。莱文森认为,人类有两种基本的交流方式:说话和走路。可惜,自人类诞生之日起,这两个功能就开始分割,直到手机横空出世,将这两种相对的功能整合起来。从此,人就从机器跟前和禁闭的室内解放出来。同时,无线移动的无限双向交流潜力,使手机成为信息传播最方便的媒介。

③传播功能极其全面。手机的短信、彩信、IVR、WAP、定位技术、摄像可拍照等多媒体功能,都为手机媒体化在不同程度上的运用打下了很好的基础。在这个基础上,像文字、图片、音频、视频、WEB页、电子邮件、实时语音、实时影像等功能均可以实现,而这些传统、新鲜的功能结合在一起,所能带来的不仅是集中发力的冲击,而且同时更能为不同需求、不用终端的用户提供不同的内容,满足他们的不同需求,也可通过多种形式形成一定的互补和替代,确保同一类内容在手机媒体中以不同的形式实现最广泛的传播。

④传播速度极快,范围极广。从传播的角度看,手机短信的交流手段更加方便、交流速度不断加快,实际上也带来了交流频率的增加和交流内容的扩大。手机短信、彩信的这一特点使它在新闻信息的传播方面有着不可比较的优点。新闻信息一般都短小精悍,更新快,要求传播速度快和范围广,这正是手机短信的优势所在。据龙虎网报道,美伊战争爆发后的4个小时内,包括新浪、搜狐、TOM、网易等商业网站浏览量比平时暴增5~10倍,用户短信订阅量超出平时4倍以上。很多人在第一时间收到了网站发来的新闻短信,感受了短信业务的方便快捷。也有很多人利用手机的群发功能,将这些信息再转发给更多的人充当了所谓"N极传播"中的一环。

⑤互动极其广泛,极其迅速。手机媒体在"交互性"方面也有着传统媒体无法比较的优势。我们知道,传统大众传媒的重要特点之一就是传播的单向性很

强。这一特点导致受众对媒介信息的反馈大部分是事后的、延时的、缺乏即时性和直接性,而这些缺点在手机短信传播中也被克服了。

(2)手机媒体在品牌传播中的应用

手机是比国内发行量最大的报纸、杂志、客流量最大的车站、地铁等场所的户外媒体更具人缘的媒体,更有可能成为与央视的收视率、门户网站的流量相媲美的超普及媒体。而且与电视、门户相比,手机媒体更容易"控制",因为,国内所有的手机用户只分为移动、联通,再加上小灵通,就这么几家运营商,这是极为容易控制和集中传播信息与资讯的媒体。在商业价值之外,在政府的支持和干预下,手机媒体更可以成为一个潜在价值巨大的品牌传播平台。

①针对性发送。通过手机短信针对某一个群体直接发送品牌信息,因为容易控制其手机终端,可以节省品牌推广费用,并提升品牌信息推广的传播效果。

②植入手机报。把广告直接植入手机报进行推广,也是手机媒体在品牌推广中的重要的应用,这种推广可以有比较明确的指向性。

7.3 整合新旧媒体

7.3.1 新媒体环境对品牌传播的影响

1)品牌传播效果更难把控

在传统的环境中,传播的模式较为单纯。大众媒体即使竞争再激烈,但还是可以控制。而在新媒体的环境中,传播的门槛降低,传播主体无限地增多,传播的内容海量化,受众的注意力高度分散。对品牌传播来说,首先是传播的效果很难像以前那样易于把控,要产生预期的效果,即使花费比以前更多的媒体投放费用,也不一定能够达到效果。

同时,由于多元化的传播,品牌传播主体极其容易受到舆论攻击。因为任何企业在经营中都会出现各种问题,虽然有些是无意的,但经过新媒体的舆论放大,将会对企业造成很大的损害。

2)品牌内部信息更加透明化

由于新媒体传播的时间固化的特点,企业在过去任何时间点的承诺,其业绩和问题,都会在新媒体上记录下来,成为受众和消费者讨论企业现在问题的背景。

所以,在新媒体的环境中,品牌传播主体同以往相比,在品牌信息方面更多地裸露于受众和消费者面前,品牌所有的信息都更加透明了。品牌必须面对新传播环境的挑战,尽可能地把自己的内部事务处理好,并解决好历史遗留问题,建立一套适应新媒体环境的信息传播和应对机制。

3)品牌传播效果在同质化中分散

在新的媒体环境中,由于信息的海量化和同质化,品牌传播的效果也因之分散和下降。品牌要达到最好的传播效果,一个重要的手段,就是在使用常规的广告等营销手段的同时,使自己的传播成为媒体的内容。所以内容创意已经成为创意的最高境界。

在新媒体环境中,除运用活动营销手段,使品牌传播活动成为受众关注和讨论的话题,进而引起大众媒体的报道外,还要使用病毒式营销等方式,即通过创意,使自己的传播内容让受众在新媒体的平台上主动复制和传播。

新媒体在迅速发展的同时,正在不断创造着各种新的传播形式。品牌传播主体应认真研究这些新出现的形式,并加以利用。

在这些形式中,网络广告使用较多。富媒体等新的技术的发展使得网络广告的表现越来越丰富多彩,在一定程度上提升了网络广告的效果。

7.3.2 新媒体时代的"新""旧"媒体资源整合

新媒体的出现为信息传播的个性化、分众化、定制化提供了基础,所以新媒体更多地体现在个性化信息传播方面。中国传媒大学广告学院教授黄升民指出:目前的群体受众正在从大众转向分众和个人,营销策略也从教化转向服务和娱乐,在这样的趋势下,如何有效地覆盖小众市场,如何提供多样性的个性服务,如何追随移动的生活节奏,成为新旧媒体的分水岭。

但传统媒体现在地位依然无法忽略,它们因其各自的优越性,在品牌传播中依然占据不可或缺的地位。

浙江华盟文化的研究也表明,新媒体和传统媒体不是相互排斥,而是互补的,传统媒体不会消失殆尽。他们认为,随着技术的发展,传统媒体与新媒体之间,融合的趋势越来越强。所以在品牌传播中通过运用IMC(整合传播)理论,对"空中部队"(电视、电台等)、"陆军军团"(杂志、报纸等)、"导弹部队"(网络、手机、分众等新媒体)进行"多兵团"联合作战,最终达到沟通传播效果的最大化。所以说媒体的价值不是告诉我们最好的印刷手段,也不是带给我们最鲜艳的色彩图像,带给我们的是最近的文明和文化。在新媒体时代不仅是指技术革新和传播手段发生变化,更重要的是品牌战略思维的转变,是媒体、实体、群体三位一体的结合。

以2005年商业大片《无极》为例,《无极》不仅与空中网推出了中国首个电影wap官方网站,而且也落实在电影宣传的配合上。除了向手机用户发送电影海报、片花等直接的广告宣传外,还有更具互动性的方法,如答题赠电影票、抽奖等方式,来吸引手机用户进入电影院观看电影。"这避免了让观众反感的生硬的广告形式。"空中网广告中心高级经理唐荔介绍说。《无极》充分利用作为一种新兴广告载体的手机媒体,最大的特点就是采用了整合、交互的营销沟通模式。

以2006年的世界杯为例,由于央视占有独家资源,以及观众对此的强大注意力,许多厂商都想搭上这趟快车,所以,在广告的推广上,一方面是电视上的广告播出;另一方面,在网络上,可以进行最喜爱的球星、世界杯博客、世界杯中国故事等评选,实现电视与网络资源的整合。这样的开发,增加了网络的互动元素,也增强了电视的视频优势,同时也避免了生硬的广告形式,更易为受众和广告主所接受。

发挥"新""旧"媒体各自的优势,以新兴媒体的"无限沟通"与传统媒体的"彩色推广"相结合,构成了一种全新的"融合营销"模式,它将对人们的生活方式和消费模式产生深远影响。

思考题:

1. 什么叫新媒体?
2. 新闻媒体有哪些优势?
3. 如何发挥新旧媒体的优势,共同为品牌传播服务?

品牌传播实验室:

你认为应该如何使用新媒体为东南车盟品牌推广服务?

提供材料如下:

推广区域:福州

推广品牌:东南车盟

使用媒介:新媒体和旧媒体的整合

车盟简介:(见第六章)

第8章　传播环境:品牌传播的外在动力

我们认为品牌传播活动必然要以某种形式处于一定的环境之中,而一定的环境因素也必然要以某种方式影响、规定、制约着品牌传播活动。品牌传播者每时每刻都在根据自己的需要改造着环境,而环境也按着它所固有的形象、准则和文化塑造着每一个品牌。因此,我们不仅要正确认识和理解环境的特征、形貌以及对品牌传播活动的作用,而且要知道创造环境和营造怎样的环境才有利于提高品牌传播效果。

通过本章学习,可以为你回答以下几个问题:为什么品牌广告更愿意选择在星期二到星期五在媒体上出现?为什么媒体到了节假日前夕广告都特别的多?为什么王老吉在2009年5·12汶川地震央视的赈灾晚会捐款1个亿后,进行推广的效果居然会那么好?为什么同样的品牌,同样的广告在北方宣传和南方宣传的效果完全不同?为什么同样的品牌推广方法在不同人群中效果也不相同?

8.1　品牌传播环境

8.1.1　品牌传播环境概念及特征

品牌传播环境是品牌传播活动赖以进行的多种条件和状况的总和,它是一张无形地制控品牌传播效果的网络。

它有以下几个特征:

1）广泛性

品牌传播环境不仅指品牌传播的外在地理环境和物理环境，也包括品牌消费者内在心理环境；不仅指现时品牌传播者编码、传播的多种情况和条件，也包括万里之外受传者接受信息的环境状况。总之，品牌传播环境具有很强的广泛性。

2）层次性

品牌在传播过程中，传播环境呈现比较强烈的层次性。分为对品牌传播影响最大的环境因素，影响比较大的环境因素，影响较小的环境因素。在不同的时间和空间中，这些层次将会发生变化。若干研究表明，品牌传播环境对传播活动的影响程度，同它们之间的相关程度成正比，即它们之间的关系愈密切，环境的影响力愈大；其关系愈松散，环境的影响力愈小。

3）差异性

在研究品牌传播环境的时候，我们会发现一些貌似相同的传播环境，但实际上它们之间仍然存在着许多差异。即使两家媒体刊登同样的品牌信息，但媒介本身的文化环境和文化内涵不同，仍将赋予传播信息的差异。

4）渗透性

各种传播环境总是相互渗透、相互重合的。当传播者试图"划定"一块空间作为自己的活动环境时，说不定它正是另一更大环境的一部分；而这一更大环境，又可能被另一还要大的环境所包含。

5）影响性

"环境对人类的传播行为的影响带有多方面的性质。这种多面性是由环境的宽广性、传播行为本身的复杂性以及两者的互感、互动所引起的。"因此，环境对品牌传播活动的影响可能与传播目的一致；它对传播者和受众的影响可能是积极的、正面的，也可能是消极的、负面的；它对媒介产品的生产与行销可能是有利的，也可能是不利的。总之，对环境的影响性一定要十分重视，并予以科学优化和合理控制。

8.1.2 品牌传播环境的类型

根据不同的标准，我们可以把品牌传播环境划分为不同的类型：

1）大环境、小环境

这是依据环境的伸展面所作出的分类。所谓大环境，是指同传播活动有关的各种状况和条件分布在较大的空间或领域。小环境则是指紧贴传播活动周围的那些关系密切的因素和条件。

从空间上看,大环境包容、笼罩着小环境,小环境融合、渗透进大环境。其内容既相互交叉、重合,又相互区别、分离。它们像大小不等的同心圆,品牌传播活动位于圆心,小环境离圆心最近,大环境离圆心较远。它们又像一种圈层结构,小环境与大环境是一圈套一圈地分布在传播活动的四周的,而传播正是在这种层层叠叠的环境氛围中进行的。

从环境因素看,虽然大环境和小环境中包含着众多的政治、经济、文化、科技和自然条件等因素,但小环境较多地强调物理环境(如书房环境、办公环境、制播环境)和媒介环境(如媒介声誉、集体精神、干群关系),大环境较多地强调社会环境(如社会稳定、经济繁荣)和文化环境(如国民素质高,文化气息浓)。品牌传播者往往首先要求有好的小环境,接下来则希望有好的大环境。如果大环境不佳但小环境好,他仍会安心工作;相反,大环境好而小环境恶劣,他就会产生离异之心。所以,媒介领导者一定要花力气建好小环境。

从作用方式看,这两种环境对传播活动都会产生重要影响,但其作用方式不同,影响力大小不等。通常,小环境对传播活动的作用是直接的显性的,释放出来的能量较大;而大环境对活动主体的作用则是间接的隐性的,影响力不是很大。但是,如果大环境中的某些因素与小环境中的某些因素产生共振,引起共鸣,那么它也会转化为显性的直接的影响力;而某些普遍性的小环境因素,天长日久也会转化为隐性的间接的影响因素。

总之,不论是小环境还是大环境,它们都是影响传播活动的重要因素,都应引起媒介领导者或传播者、受传者的高度重视。

2)硬环境和软环境

硬环境和软环境,是依据传播活动参加者的感受所作出的分类。

所谓硬环境,是指由传播活动所需要的那些物质条件、有形条件之和构筑而成的环境。所谓软环境,是指由传播活动所需要的那些非物质条件、无形条件之和构筑而成的环境。就存在形式来说,硬环境是一种物质环境,软环境是一种精神环境。作为物质环境,它被限定或固定在一定的地理位置上(如湖畔的出版大厦,山顶的发射塔)和人为的具体的物质空间之中(如大礼堂、会议室、演播厅)。它独立于人们的意识、体验之外,具有静态的和硬性的特征。作为精神环境,它反映了社会风气、媒介管理、群体风貌、生活状况、信息交流等情况。它是一个被人体验和意识的世界,具有动态的和软性的特征。

就条件准备来看，由于硬环境是存放、容留传播活动的，由有形物质条件构成的空间和场所，其重要性、紧迫性容易立即呈现出来，因而引人注目、容易得到重视；而软环境是围绕、弥漫在传播活动四周的由无形的精神因素构成的境况和气氛，其重要性、影响力是缓慢呈现的，因而容易被人忽视。另外，硬环境的需求比较具体、明确，一旦满足即可看到成效；而软环境的需求往往比较模糊，难以量化，即使付出代价也难立即看到效果。这也是人们忽视软环境建设的一个原因。正是在这些情况下，我们希望人们在重视硬环境建设的同时，千万不要忽视软环境的建设。否则，不仅传播活动在硬环境中获得的良好效果会消失在软环境之中，而且还会由于能量内耗而导致两种环境都产生负面效应。

3）行为环境、心理环境

依据传播活动中人类皮肤内外界限来划分，环境可以分为行为环境和心理环境。

行为环境是指由人类自身皮肤之外的种种行为或活动所组合而成的影响传播的情况和条件。心理环境是指由人类自身皮肤之内的种种心理活动所构成的情感状态。

行为环境还可分为宏观行为环境和微观行为环境两种。宏观行为环境反映了较大区域（如国家、省辖区域、民族集中居住区、城市等）内价值观念、文化习俗、宗教信仰、人口素质、人群关系、生活水准等社会状况。它能决定大众传播媒介的规模、形态和媒介产品的内容、形式，因而对传播活动具有规范、控制、调节的功能。所谓微观行为环境，是指在相互接近的一群人（如报社、新闻部）之间共同形成的有一定约束力和规范性的行为准则、纪律制度以及相互信赖、和睦共处的气氛等综合情况。这些综合情况表现在传播活动中，不仅能决定传播者说什么、怎样说，而且能决定受传者听什么、怎样听和怎样做。今天，随着信息社会的来临和大众传播对生活的全面渗透，人类已经无法摆脱行为环境的影响和制约。

心理环境与行为环境之间的关系，既十分密切，又有区别。心理环境是在行为环境中形成的，是某种行为环境的内化；而某种行为环境的出现（如揭露某些社会腐败现象），可能又是某些心理环境的集中反映。这样，喜悦、愤怒、悲哀、痛苦、怜悯、欢乐等情感因素构成的心理环境，就必然要对信息传播及其成效产生一定的影响。

在传播过程中，不论是传播者还是受传者，总是力求保持内心的平衡、和谐和愉快，竭力抑制、摆脱那种倾斜的、矛盾的和悲苦的心境。传播心理学的研究表明:传播活动中的任何一种与该活动有关的愉快的情绪体验,都能使这种活动强化,产生良好的效果;而不愉快的情绪只会抑制这种传播活动。古人云:"忧者见之而忧,喜者见之而喜。"传播活动的参与者一旦形成愉快的心理环境,他不仅会给媒介及其产品一个高于实际的主观评价,而且会给行为环境也抹上一层瑰丽的主观色彩,进而对自己所参与的传播、接受活动进一步强化。相反,如果他们出现不愉快的心境,那么他们就会给本来不错的外在环境主观地涂上灰色,对该活动给予较低的评价,进而抑制或削弱参与的积极性。

但是,一个人心理环境中特殊能量的释放、辐射,并不是有目的的和有针对性的,而是遭遇性、碰撞性和弥散性的;不是必然的,而是偶然的。营造和构筑良好的心理环境,对于优化品牌传播活动、提高接受效果,都是至关重要的,千万不要因小而失大。

下面,我们联系实际对具体的地理环境、物理环境和媒介环境、社会环境作重点分析,以便人们正确地认识它、了解它,进而更科学地利用它。

8.2 品牌传播与环境的关系

品牌传播对环境依赖成为许多策划人共同关注的一个话题。

"感时花溅泪,恨别鸟惊心"说的就是触景生情。在品牌传播领域同样也存在类似的问题。所以几乎所有的品牌传播策划人,都善于应用环境的因素为品牌传播推波助澜。

我们该如何解构品牌传播与环境之间的关系?辩证地说,品牌传播对环境是有很强的依赖性的,良好的传播环境对品牌的传播将起到促进作用,而品牌内质也将促进品牌传播环境的改良。下面我们主要针对某些比较特殊的传播环境进行描述。

8.2.1 品牌传播环境的作用

1)媒介环境的作用

2008 年 8 月,我们就东南车盟的知信任度对东南快报的读者做了一次抽样调查。

接受抽样调查的读者有 500 人。

收到的读者问卷有400份，其中对于“东南车盟是一个什么组织”的回答，85%的读者对其属性进行了这样的描述：东南车盟是属于东南快报的车友组织。对于“为什么信任东南车盟”的回答，90%的读者认为，因为是东南车盟是《东南快报》的，所以我们对他们并不担心。

从调查数据中，我们可以这样分析：东南车盟作为品牌，很大程度上依赖东南快报的品牌传播环境，这实际上是一种搭便车的行为。大家因为对《东南快报》的主体品牌传播环境的信任，所以选择了对东南车盟品牌的信任。

事实上，品牌在选择媒介环境的时候尤为重要，比如说一家经常刊登虚假广告媒介，一个品牌选择了它作为自己的传播载体，很有可能会对该品牌带来不良的传播效果。当看到这个媒体一直宣传该品牌的时候，大部分读者将持有怀疑的心态。

2）地理环境的作用

在品牌传播过程中，除了对媒介环境依赖外，对其他的环境也是如此。比如地理环境。

地理环境在品牌传播过程中起到什么样的作用呢？

在东南车盟卡销售过程当中，我们一直在探讨什么地方进行车盟卡的传播最容易让车友获得好感。

第一个办法是上门推销，但效果不佳。

第二个办法是电话销售，但效果也不好。

第三个办法是活动营销，效果比较理想。针对活动营销的地点我们作了如下评估：

①加油站办卡；②卖场办卡；③代理店办卡；④报社办公室办卡。

对于以上不同地点的车盟卡销售，在同样的时间里，不同的地点，利用同样的报纸广告内容，各个点所获得的销售业绩有很大的不同。

第一个在加油站办卡，这是当时评估值最高的一个地方，但在一个星期内只销售了50张车盟卡。

第二个在大卖场设点卖卡，效果也不大理想，一个星期内也只销售了100张卡。

第三个在代办点，效果更是糟糕。

而在东南快报社车盟办公室办卡人数却多得惊人，一个星期内销售出了500张。

此后，我们对各销售团队的地理环境进行了评估：加油站、卖场、代办点办卡很方便;在报社办卡很不方便,连停车位都难找。

我们也对各个客户做了回访,发现他们之所以肯在停车很困难的情况下依然选择报社作为自己的办卡点,理由是:到报社办卡很踏实。

这是地理环境引起的人们对品牌传播的认知上的差异。

3)文化环境的作用

我们在《东南快报》上对东南车盟进行推广的时候,曾经对福州城市文化进行全面的解剖。大家普遍认为,福州市民对产品的优惠特别敏感。所以在给品牌定位的时候我们就下了如下定义:

东南车盟是福州车友"惠"生活平台。

对"惠"生活的追求可以说是人类的共性。

但车盟在发展过程中,我们否定了这个观念。因为高端车的车友对优惠相当地排斥,他们认为优惠是对他们身份的玷污,所以他们宁可选择非常昂贵的汽车保养会所,也不会选择车盟卡作为自己的消费平台。

针对高端车的车主,车盟开发了一种保姆式的车盟卡,价格为 2 800 元的车盟金卡。与设想的一样,我们提供全面的保姆式的服务,尽管价格上没有太多优势,但从心理和地位上保证了车友对该品种的信任。

品牌传播总是在各个环境中产生,环境是品牌传播活动的基础和条件。环境作为品牌传播活动的"场所"和"容器",传播活动既在它里面"表演",也在它里面存放和发展,环境对传播起着维护和保证的作用。

事实上,某个品牌作用的环境往往不是单一的,而是几种环境综合的作用,是几种环境在互相作用的基础上共同发挥作用力。

8.2.2 良好的品牌内质改良传播环境

品牌在传播过程当中,需要坚持发出自己的声音,并用声音来吸引消费者。但消费者的每次消费行为对品牌的传播都是一种考验。

东南车盟在前期运作过程中,曾经为会员做以下的承诺:如果你成为东南车盟的会员,就可以获得由中石油提供的比挂牌价每升便宜 0.2 元的加油卡,一次加油 40 升就可以优惠 8 元。

这个承诺在油价高涨的时期是相当有诱惑力的。

东南车盟为了推广这个诉求点,在会员手册和报纸广告中进行重复诉求。这成为 2010 年福州车友最兴奋的诉求点。但好景不长——中石油的优惠从 0.2 元的优惠变为 2% 的优惠。

尽管东南车盟做了大量的解释工作，但是还是形成了很糟糕的影响。据统计：2011 年 3 月份，东南车盟卡每月的办卡量从日常的 1 000 张，下降为 500 张。2011 年 4 月份降为 300 张。

事实上，我们可以这么认为，优惠的变化导致了车盟品牌内质下降，内质的下降直接恶化了传播环境。当传播环境恶化后就直接影响了品牌产品的销量。

此后，东南车盟用了三个月的时间在修复和改良传播环境。

第一，就是广告宣传和电话回访来获得所有的客户的谅解。

第二，就是通过寻找新的诉求点来获得客户对车盟卡价值的重新评估。

这个过程实际上就是重塑品牌内质，以期在客户的谅解中重新获得良好的品牌传播环境。直到 2011 年 6 月份，车盟卡的销售才与 2011 年 3 月份持平。

我们认为品牌不稳定的质量对于传播环境的破坏性是相当巨大的。

有句话是这样说的：好事不出门，坏事传千里。在今天媒介环境相当复杂的情况下，要想获得良好的传播环境，必须获得所有的客户的良好口碑，并通过口碑进行多级传播，以迅速获得好的传播环境。

不过，我们必须指出，品牌传播环境虽然在品牌传播活动中起着某种决定性的作用，但并不意味着它可以机械地决定品牌传播活动的成败和效果。不论是品牌传播者还是消费者，他们都不是简单消极地、被动地接受外在品牌传播环境的影响，而总是积极、主动地对品牌传播环境的影响加以鉴别、选择、转化，甚至抵制。因此，尽管不同的环境对传播有不同的影响，但相同的环境对传播的影响却不一定相同。环境不会自觉地、主动地、有目的地释放自己的能量，但会在复杂的互动中产生影响。

8.3　打造良好的传播环境

许多都市报的广告经营中心，一般来说星期四的晚上是最忙的。因为那天的广告将是最多的。

与此相类似的是，许多日报节假日广告特别多，比如，十一国庆前夕，都市报版面特别的多，广告也特别的多。

为什么他们特别喜欢星期五的广告版面，特别喜欢节假日前一天的广告版面呢？实际上，这和我们的品牌传播环境有关。

8.3.1 选择最佳时间节点

在品牌传播中，大家都喜欢选择每周五作为品牌传播的时间，这与中国人周末休息的习惯有关。上班族喜欢在周末的时候选择休息或出游的方式度过，他们在周六周日一般没有看新闻的习惯。

而媒介在这方面的认识也强化了受众的接受信息的习惯。媒介在周六或者周天的时候，提供的信息相对比较少。

所以每周的周五被称为广告传播的重要的一天。而受众也会集中在这一天寻找他们周末出游或者办事的信息。

所以我们认为，每周的周五在时间上为传播环境提供了最佳节点。

同理可证，黄金周的前一天为什么能够成为最受欢迎的时间节点。

8.3.2 选择良好的媒介环境

在品牌传播活动中，良好的媒介环境就是适合品牌更好地传播的舆论氛围，良好的媒介环境的形成和多种因素有关。

(1)和品牌自身的赢效因素有关

品牌自身的赢效因素就是指品牌的核心价值，这是营造品牌传播环境不可忽视的一个重要环节。比如说，人们了解到某一进口家俱品牌，实际是由国内一家很不起眼的家具厂代工，那么该家具品牌的媒介环境就被破坏，消费者将在这样的媒介环境中对该家具产生质疑。

(2)和传播媒介有关

品牌传播需要一定的媒介载体，选择什么样的媒介载体也会影响消费者对品牌的选择。这也是在早几年前，为什么有些品牌喜欢做央视广告标王的原因，因为经过重要媒体关健时段的传播，能营造很好的媒介环境。而相反，如果一个品牌选择品牌比较差的媒介，即该品牌的媒介环境将会受到一定程度的影响。

(3)和品牌传播主体有关

我们认为，品牌传播主体是由品牌拥有者、管理者和员工等几个部分的人群组成，他们其实都在营造一种媒介环境。我们通常这样认为：品牌传播主体的言行通过市场传播后，会极大地影响消费者的选择。比如说，海尔张瑞敏先生怒砸冰箱的故事就一直成为海尔品牌质量保证最有力的佐证，但同时在这样的故事传播中也营造了一个良好的媒介环境。我们认为，品牌传播主体的言行和品德都会成为影响品牌传播的媒介环境的主要因素。

8.3.3 选择良好的地理环境

从信息接受的角度分析，优美的地理环境可以提高人们的学习兴趣和学习效果。早晨或傍晚，大学生们在小溪边、树林中、草地上、长廊里读书温习，不仅空气新鲜，景色宜人，有益于身体健康，而且也有助于理解和记忆。心理学的研究表明，当人们生活在肮脏零乱、嘈杂不宁的地理环境之中时，就容易变得焦躁不安、情绪不稳，不利于专心致志地从事工作和学习；而当人们起居于风景秀丽、清静幽雅、和谐统一的地理环境之中时，就容易变得精神舒畅、欢快和悦，有利于全身心地从事智力活动。

西方环境心理学家曾对办公室的空间影响力进行过一系列研究。研究表明，媒介员工不喜欢一个个"单门独户"的很小的办公室。这种办公室有点像监狱里的"牢房"，不利于员工之间的交流与沟通，影响集体智慧的发挥。他们也不喜欢有足球场那么大的可以容纳上百人在一起工作的场所。这里桌子整齐划一，排列成行，行与行之间只有狭窄的过道。他们称之为"牛栏""生产车间"。这里人声嘈杂，人影晃动，互相干扰，难以集中精神工作。但是，他们比较喜欢园林化办公室。园林化办公室是一种环境设计革命。它用低矮的屏障（不超过4英尺（约1.22米）高，由隔板、书橱和各种纱、帘、幕、屏风以及各种花木盆景组成）隔成一个个办公室，不仅造价低廉、便于清扫、组合自由，而且使人感觉宽敞、景色别致，便于交流和发展友谊，没有等级和心理隔阂，工作效率高。

当然，这也不是绝对的。因为人是有主观能动性的，能战胜环境，不受恶劣环境的左右。人们常常见到：许多著名专家、学者、记者、编辑，他们是来自边远山区的贫困家庭。这告诉人们一个道理：贪图安逸享乐的人，美好的环境只能助长他的惰性；而执着追求理想的人，即使面临十分恶劣的环境，也会力排干扰，奋力前行。

总之，正如法国著名学者莫里斯·迪韦尔热所说："地理既是历史的母亲，又是历史的儿女。"在人类的历史长河中，地理环境既存放、呵护着传播，又制约、影响着传播，但作为传播活动主体的人总是可以发挥积极、能动的作用。

8.3.4 选择良好的社会环境

传播是在特定的社会环境下进行的，因此社会环境中的各种因素（政治、经济、文化、信息）直接或间接地对传播活动起着制约和控制作用。

这包括国家的政治制度、经济制度、文化教育制度等对传播机构及其活动的控制和影响，还有各种利益群体和经济势力对传播媒介的控制，以及广大受众的社会监督控制三个方面。国家和政府的政治控制规定了传播媒介的所有制形式及其运行的相关法律、法规和制度，并对传播事业的发展制定总体规划或实施国家援助；与此同时，在一定的社会制度和传播制度的范围内，各利益团体和经济势力为维护自身利益，传播自己的主张和观点，参与国家的政治、经济、文化和社会生活，作为能动的主体在大众传播事业中起着重要作用；此外，处于市场运作中的新闻媒介，受众的社会监督所具有的控制作用是任何一个媒体都无法忽视的，受众可以通过相应信息反馈，以影响媒体发行量和收视率等方式达到其控制目的。

悠久的历史与丰富多彩的民族文化要靠传播来延续，传播也要从中吸取养分来促进发展。顺应历史和现实的社会环境，传播才会产生期望的效果。

例：社会环境中的文化历史等大背景有助于传播内容的社会认知。言语作为文化的载体，只有置于一定的文化背景下，言语表达的文化含义才能被解读完整。比如说，一位在美国留学的中国学生在搭乘美国朋友的车时关切地说："开车小心点，注意安全。"这话让这位美国朋友大为不快。之所以造成这样的话语效果，是因为中美文化的差异。这样的话在中国是表示关切，而在美国则是表示对别人的不信任。

例：日本历届当政者参拜靖国神社，日本右翼势力篡改日本历史教科书之所以屡屡遭到亚洲人民的反对，是因为它涉及包括中国在内的亚洲各受害国人民的感情，也直接关系到日本对过去那段侵略历史的态度和立场。这一切都源于那场日本对亚洲的侵略战争，这是一段不能回避的、不能颠倒的历史。

借助于相关背景环境，有时可以使传播产生巨大效果。

例：为大家熟悉的"邦迪"创可贴的一则利用政治事件所作的广告就非常有效果：2000 年夏季，朝韩峰会这个震动了世界的话题引起全球关注，半个世纪的对峙终于握手言和。邦迪广告《朝韩峰会篇》敏感地抓住这个时机，把人们对和平的期盼，把"愈合伤口"的概念倾注给品牌。在朝韩领导人金正日与金大中进行历史性会谈时，邦迪创可贴在"两金"碰杯的经典画面旁边发表自己的见解："邦迪坚信，世界上没有愈合不了的伤口！"这在消费者心中引起共鸣。

文案：

一、邦迪相信，没有愈合不了的伤口

"话说天下大势，合久必分，分久必合……"

2000 年朝韩峰会，朝鲜、韩国兄弟反目数十年后再聚首！由举枪对抗转变为举杯，这一历史性的时刻，自然是世界瞩目的焦点。邦迪抓住了这一国际性的事件，毫不犹豫地“贴”了上去！

邦迪与新闻亲密接触：

新疆雪莲维药有限公司（以下简称雪莲维药）是一家从事新疆少数民族医药——维吾尔药的研究与生产的企业。企业生产的产品虽然获得政府相关部门及医药权威部门的认可，但由于是新企业、新品牌、新产品，市场的接受度还比较低，所以如何在一定时间内提升产品的知名度，增加消费者对新产品的尝试性购买就成了公司负责人近一段时期内较为头痛的事情。

2005 年 4 月 26 日至 5 月 3 日，中国台湾国民党主席连战访问大陆；5 月 5 日至 5 月 13 日，中国台湾亲民党主席宋楚瑜访问大陆。这意味着在 5 月的很长一段时间内，大陆各地会掀起关于台湾、关于两岸和平统一的“旋风”。作为任何一个中国人都能够体会到这两次历史性的来访，将会对中国的和平统一起到怎样积极的促进作用。所以此时的雪莲维药总经理顾海首先想到的是面对这样的历史时刻，作为华夏子孙能不能做些什么；当然作为商人的他又在想，能不能借助这样的事件提升品牌的知名度。

这个建议也很快得到新疆同事们的认同，并且迅速与当地广告公司取得联系，几乎在一夜之间迅速完成了一个整版的公益广告——象征性地在台湾海峡中间贴上一块雪莲维药的膏药，祝福和祈祷海峡之痛能够早日“愈合”。雪莲维药的同仁们希望通过这样一个具有一定震撼力的广告，一方面引起消费者、经销商的关注，另一方面也希望通过媒体或是网民对此公益广告的讨论，带来另外一个层面上的关注与传播。

考虑到雪莲维药的拳头产品“贴贴舒”主要的功能是缓解与解除患者的痛苦，而海峡之间几十年的隔阂也是一种民族的痛，所以一个简洁但又直接的创意产生了，渴望“不痛”既是患者的呼声，也是我们对消除两岸多年隔阂的一种期盼。表现形式用一种交通法规中通用的“不可、不能”来表达。见原文：

二、海峡之痛

作者：雪莲维药

那是一湾忧伤的海峡，像是一处刀伤，让龙的传人痛苦地流血，而大海的那份盐涩又让伤口痛得无法忍受……

那是一湾苦楚的海峡，像是严重的风湿，每当清明细雨洒落窗前，隐隐的伤痛让人记起昔日的创伤。

哪里才有最好的创伤膏？哪里才有最好的风湿贴？是去神秘的雪域还是神奇的天山？半个世纪的追问我们都未能治愈这硝烟后的苦难。

我多希望借助苍天的神力，能够赐给我一块超大的膏药，贴在这湾让中华儿女辛酸的海峡之间，早日使这民族之痛顿消。

终于来了！您乘着希望之风来了！终于来了，您揣着和平梦想来了！终于来了，您的一小步是海峡之间的一大步。

让海峡之痛成为历史，实现民族的伟大复兴，这个新的梦想正在这湾美丽的海峡间升腾……

思考题：

1. 什么叫品牌传播环境？
2. 品牌传播环境有哪些类型？
3. 说说品牌传播与环境的关系。
4. 如何打造一个良好的品牌传播环境？

品牌传播实验室：

为东南车盟策划一个良好的品牌传播环境。

提供材料（见第六章）

第9章 品牌传播效果:所有传播环节的指向

品牌传播效果是品牌传播的最终的追求。

在你通过投放大量的广告、各种公关活动等办法,希望自己的鞋厂获得最佳的销售成绩时,你已经有意识地在关注你的品牌传播效果了。

当我们在经营东南车盟的时候,我们通过各种方式打通了车盟品牌宣传,并通过各种活动获得良好的互动,在各种传播活动中,我们还赢得了良好的口碑。

政府部门对我们是满意的,因为它的确给当地的车友带来极大的方便,为很多车友省下了养车的费用,并承担了部分政府的监督功能。

我们都把这些称为品牌传播效果。

其实,我们在研究所有传播环节的时候,都指向传播效果。在单个环节中,我们期望获得品牌传播下效果的最大化,但每个环节都规划到位不一定能使品牌传播的整体效果最大化。要想让传播的整体效果最大化,就必须在对每个环节精细管理的基础上,对传播中的所有程序进行有机的配合。

通过本章学习,我们从中可以获得这样的知识,品牌传播效果是什么?在传播中每个环节如何有机配合?这些效果又是如何进行评估的呢?

9.1 品牌传播效果概念

9.1.1 品牌传播效果的概念和含义

1)什么是品牌传播效果

我们知道,所谓效果,是指人的行为产生的有效结果。

根据传播学的理论，我们可以把品牌传播效果定义为：传播活动对消费者行为产生的有效结果。这里的"有效结果"一词，狭义上指的是品牌传播主体的某种传播行为实现其意图或目标的程度；广义上则是指这一行为所引起的客观结果，包括对他人和周围社会实际发生作用的一切影响和后果。

在传播学研究领域，传播效果这个概念也具有下述双重含义：

第一，它指带有说服动机的传播行为在受传者身上引起的心理、态度和行为的变化。说服性传播，指的是通过劝说或宣传来使受传者接受某种观点或从事某种行为的传播活动，这里的传播效果，通常意味着传播活动在多大程度上实现了传播者的意图或目的。

第二，它指传播活动对受传者和社会所产生的一切影响和结果的总体，不管这些影响是有意的还是无意的、直接的还是间接的、显现的还是潜在的。

第一重含义是容易理解的。比如我们告诉所有车友说，养车其实是很省钱的。至于怎么省钱，车盟卡就可以做到。车友相信了，也采取行动了，我们的传播效果就出来了。

第二重含义就相对复杂一些。它要强调的是，不管传播者有没有主观意图，他们所从事的传播活动总会伴随着各种各样的结果。比如说，你劝告大家购买你家的皮鞋，因为同样的价格你家生产的皮鞋比较耐穿，款式也更新颖。你的传播引起了当地其他同行的关注，他们也生产了和你一样的质量和款式的鞋子，甚至过了一段时间，他们生产出更好的质量，设计出更新颖的款式，而价格并不比你家的鞋子更贵。而这个结果是你当时做广告的时候没有想到的，但却发生了。我们在研究品牌传播效果的时候，我们没有办法忽略掉这一点。

品牌传播效果概念的上述双重含义，构成了这项研究既相互联系又相互区别的两个重要方面，一是对效果产生的微观过程分析，二是对它的综合、宏观过程的考察。前者主要研究品牌具体传播过程的具体效果，后者主要研究综合的品牌传播过程所带来的综合效果。

2)品牌传播效果的三个层面

传播效果又可以分为不同层面。根据学者们大体一致的看法，传播效果依其发生的逻辑顺序或表现阶段可以分为三个层面：外部信息作用于人们的知觉和记忆系统，引起人们知识量的增加和知识构成的变化，属于认知层面上的效果；作用于人们的观念或价值体系而引起情绪或感情的变化，属于心理和态度层面上的效果；这些变化通过人们的言行表现出来，即成为行动层面上的效果。从认知到态度再到行动，是一个效果的累积、深化和扩大的过程。

上述三个层面既体现在具体的、微观的传播过程中，也体现在综合的、宏观的社会传播过程中。

品牌传播效果也是从三个层面体现出来：

(1)环境认知效果

我们在传递品牌信息的过程中，从不同的角度影响消费者对周边环境的认识。比如我们告诉别人说使用车盟卡，可能让洗车更加便宜。原来每次洗车都要15元，现在只要10元。经过长期的品牌信息的传递，给所有的车友带来了10元就能洗车的认知。

(2)价值形成与维护效果

品牌传播也是一种价值判断，它带给消费者的是身份与地位的识别，也会影响其对美和丑的判断标准，品牌传播的倡导有可能会影响社会的价值观体系的形成。比如说，由著名导演张艺谋执导、新加坡百帝广告(中国)有限公司为世界电讯业巨头爱立信制作的企业形象广告："沟通就是理解""沟通就是关怀""沟通就是爱"，它既像微型电影纪录片，又像公益广告，给人以一种清新、独特的感觉。这组广告通过纪录一系列发生在真实生活环境中的故事，通过抓取日常生活中典型的戏曲性片断，表现了人所特有的生存状态和情绪，十分富有人情味，表达了诸如家庭、工作、健康、爱情、代沟、价值观等最基本的社会特性。这使观众领略到，电讯沟通不仅改善了人们的生活，而且的确使人们更有人情味；沟通交流并不只是打电话、人与人之间的基本信息传递、谈论聆听，而且是分担、友谊、关怀、尊敬、忠诚、信赖、理解，更是探讨、挖掘、思考，是人类真正的需要。

(3)社会行为示范效果

品牌传播的影响不仅仅表现在认知和价值取向的领域，它们还通过向社会提示具体的行为范例或行为模式来直接、间接地影响人们的行动。如"海尔"的广告词对公众承诺："真诚到永远"，体现在行动上，如农民消费者反映洗衣机下水管经常堵塞(因为他们不仅用洗衣机洗衣服，还用来洗地瓜、洗青菜)，真诚的"海尔"人得知这一情况后，立即加大下水管直径，以适应农民消费者的特殊需要。言行一致的"真诚到永远"，提倡的正是全心全意为顾客服务的经营和与公众真诚相待的行为准则。同样，"长虹以产业报国为己任"倡导的是振兴民族工业、自立自强的精神以及为国家强盛尽力的抱负和责任感。诺基亚"我们的移动电话力求完善，科技以人为本"传达的是一种不懈追求和重视人才的经营思想。

9.1.2 品牌传播效果的类型

和所有的传播效果分类一样，品牌传播效果的分类也是多种多样的。

从时间上考虑，可以分为短期效果和长期效果。

从与品牌传播者意图的关联上，可以分为预期效果和非预期效果。

从品牌传播效果的性质上，可以分为积极（正）效果、消极（负）效果、逆反效果等，此外还有一些效果的中间形态。

英国学者 P. 戈尔丁关于传播效果的分类对我们有一定参考价值。他以时间和意图两个要素相组合，将传播的效果分为四种类型，这为我们研究品牌传播效果提供了一定的帮助。

1）短期的预期效果

这类效果通常作为消费者对品牌传播意图的集合反应来把握，比如说通过品牌广告的认知，立即产生购买行为等。

2）短期的非预期效果

这类效果往往不是在传播过程中可以把握的，或者在品牌传播之前无法预料的。比如说 2008 年春节期间，恒源祥推出以下的电视广告，其广告语如下：

恒—源—祥！北京奥运会赞助商！鼠·鼠·鼠
恒—源—祥！北京奥运会赞助商！牛·牛·牛
恒—源—祥！北京奥运会赞助商！虎·虎·虎
恒—源—祥！北京奥运会赞助商！兔·兔·兔
恒—源—祥！北京奥运会赞助商！龙·龙·龙
恒—源—祥！北京奥运会赞助商！蛇·蛇·蛇
恒—源—祥！北京奥运会赞助商！马·马·马
恒—源—祥！北京奥运会赞助商！羊·羊·羊
恒—源—祥！北京奥运会赞助商！猴·猴·猴
恒—源—祥！北京奥运会赞助商！鸡·鸡·鸡
恒—源—祥！北京奥运会赞助商！狗·狗·狗
恒—源—祥！北京奥运会赞助商！猪·猪·猪

这则广告原本是想让更多的人知道恒源祥是北京奥运会的赞助商，但它病毒式的广告形式引起了全社会的反感，给品牌带来了极其不好的影响。

3）长期的预期效果

这类效果是指就某一主题进行长期信息传播所产生的与传播者意图相符的累积效果。比如说，很多品牌就是借助露出频率，反复强调其功能和作用，这种广告的积淀实际上也是对品牌认识的积淀。

4）长期的非预期效果

这种类型指的是持久的品牌传播活动所产生的综合效果或客观结果，例如诺基亚的“科技以人为本”的理念，通过长期的传播，对各个行业的观念都产生了极大的影响，让所有人都认识到科技的人本元素。这种观念性的改变不是短期形成的，而是经过长期的积累才能完成的。

9.2 品牌传播效果的结构、形成及制约因素

9.2.1 品牌传播效果的结构

品牌传播效果位于品牌传播过程的最后阶段。它是诸种传播要素相互作用的集合效应，也是消费者受到品牌信息作用在某些方面发生的具体变化。这些变化，有的微不足道，有的引人注目；有的轰动一时，有的经久不衰；有的单显独现，有的交叉重叠……

1）品牌传播效果的特征

（1）内隐性

品牌传播效果产生于消费者注意信息、理解信息、记忆信息、接受知识、确立态度、采取行动等一系列内在操作机制的过程之中，它的核心部分以及形成结果的具体过程，都深藏于信息接受者的内心深处，人们看不见、听不到、摸不着，只能依据大量的日常经验或运用科学的测评方法，从当事人的言行及其他表现中作间接的推测和估量。

（2）累积性

品牌传播是通过多种媒介、运用多种符号长年累月、日夜不停进行的，而品牌传播效果的形成，也是在消费者对各种信息的耳濡目染和经常接触中逐步累加堆积起来的。那种立竿见影、一蹴而就的效应是不易产生的，产生了也是很难持久的。因此，品牌传播中传受两者之间含义的确立、延伸、替换和稳定的过程，也是品牌效果的滋生、累积、扩展和强化过程。

（3）恒常性

品牌传播效果是在传受两者之间复杂的相互作用中自动显现和逐步累积而成的，不是在外力的作用下被迫做出的，因此，它一旦形成就不易改变，并会

自行寻找理由予以捍卫,使其具有恒常性。恒常带有稳定、固态的特征,受众形成惯性会抗拒某些方面的干扰和改变。

(4)层次性

品牌传播通过不同媒介、符号传递品牌信息,可以对不同层面的消费者产生出层次不同的效果。从效果的呈现看,有短期和长期之分、显性与隐性之别;从对象的反应来看,有个人、家庭、团体、集群和社会等诸种效果;从效果的构成看,有感知的、情绪的、共享的、态度的和行为的等各种效果。把握这一特点,有助于人们正确地认识和解释传播效果。

(5)两面性

几乎所有的传播效果都具有两面性,即兼有积极和消极、正面和负面的效果,只是比例不同,主次有别。例如,广告效果,就既有正确引导消费、活跃市场的一面,又有引发超前消费、鼓吹享乐主义的一面。因此,测定、评估、分析传播效果,一定要充分认识它的两面性,以免陷入片面性。

2)品牌传播效果的构成

我们已经知道,品牌传播效果是指品牌信息传播使消费者在某些方面发生的各种变化。那么是指哪些变化呢?在很长时间里,人们大多理解为消费者在消费态度和消费行为上的转化和变动,但实际情况又比这些来得更加复杂。我们认为,从层次上看,品牌传播效果的构成应该包含五个方面的变化内容。

(1)知识

这里的知识是指在品牌传播者与消费者之间形成的分享含义、共享信息、传承知识、评价知识的效果层次。其演进的顺序是收到信息、知道事实、了解性质、得到方法、形成知识、掌握知识、评价知识和推断新知。

(2)智能

这里的智能是指品牌信息传播有助于人们正确地认识、理解事物,提高运用知识和经验解决问题的能力,智能只能在信息传播以及实践中形成。

(3)价值

这里的价值既是指品牌信息对消费者所具有的理智的、道德的、审美的价值,所具有的健康向上的积极作用,也是指品牌信息传播所引起的消费者价值体系的变化,世界观人生观的转变,伦理道德的规范,精神上的享受和愉悦,都是消费者价值体系变化的具体体现。

(4)态度

品牌传播活动能够引起受众在情感上的起伏变化(喜爱、厌恶、恐惧、愤怒、胆怯等），也能够强化人们的动机。这些态度的变化更多地表现为对固有态度的增强和发展，有时也表现为对固有态度的改变和抛弃。

（5）行为

综合运用大众传播和人际传播，并通过一定的传播手段和传播技巧，品牌传播者不仅可以改变消费者的购买行为习惯，还可以使其向品牌传播者所期望的方向发展。例如，接受广告信息之后去购买某种产品，听信竞选宣传去投了某候选人一票，听从某种公益广告改变了某种不良行为。

上述五种变化内容共同构成了作为整体的品牌传播效果本系，并且很难截然分开。

3）立体效果的三维结构

我们研究品牌传播效果，不能只关注构成品牌传播效果的几个要素和个人层面上的心理变化，而应当作多角度多层面的立体考虑和分析。

（1）效果研究必须联系整体关系进行分析

效果只是传播过程中若干传播要素的一个要素，离开了传播的整体研究即没有效果研究，只有联系整体，把效果因素结合、融汇到整体结构之中进行研究，才能全面和系统地认识和理解传播效果。

（2）效果研究必须联系互动关系进行分析

效果的形成、显现离不开各种传播要素之间的相互作用、相互影响和相互制约的互动关系，缺少其中任何一种要素，整个传播链条就将中断。所以，如果仅局限于个别问题的研究，并人为地割断它与其他要素的互动关系，就容易导致片面性。

（3）效果研究必须从不同维度和层面展开

以往的传播效果研究往往是平面的、一维的和单层的，不够全面、系统和完整，没有立体感。我们认为，对品牌传播效果可以从多个维度、多个层面加以研究。我们认为，所有的品牌传播效果之间是相辅相成、辩证统一的。总之，从多个维度对品牌传播效果进行立体观照、分析，可以使我们对品牌传播效果形成一个比较全面、系统、完整的科学认识。

9.2.2 品牌传播效果的形成

品牌传播效果到底是怎么形成的呢？

在品牌传播活动中，从品牌信息的采集、整理到编码、传递，从传播者到介质、受传者，从接触品牌信息到产生效果，这无疑是一个相当复杂的系统工程，其中肯定有许多因素会直接或间接地影响到传播效果的获取和形成。

1)人的因素

人是品牌传播的主体和受体,,因此,人的因素对品牌传播效果的形成具有举足轻重的影响。在品牌传播效果的形成过程中,有三类人分布在品牌传播渠道的各个关口,制约着效果的形成。

①品牌传播主体。品牌传播主体的美誉度和知名度,都与传播效果的发生和形成有着密切的联系。

②意见领袖。这类人是传播者与受传者之间的联系人,拉扎斯菲尔德(P. Lazarsfeld,1944)称之为竞选信息传播中的"意见领袖",格林伯格(B. Greenberg,1964)说它是新闻传播中位于全体受众之前的"主要受众"和"次要受众"。若干研究都证明意见领袖对传播效果的形成具有重要作用。

③消费者。消费者的预存立场、个人经历、智能结构、接受心理、兴趣爱好、性别年龄、个性特点、人格变数等因素通常是因人而异的,因而品牌传播效果的形成也是各不相同的。

2)信息与技巧因素

品牌的核心信息真实与否、新鲜与否?适用性和可试性如何?情节性和紧张性怎样?信息安排是两面都说还是一面之词,是诉诸感情还是诉诸理智,是清楚还是含糊,是疏密有致还是结构混乱,是精心设计还是信口开河?……这些都会对品牌传播效果的形成产生直接或间接的影响。

3)媒介因素

在品牌传播中,各种媒介具有不同的特点和优势,因而在形成品牌传播效果时也会有所不同。此外,传播媒介的权威性和恒久性怎样?可信性和美誉度如何?传播手段是否先进?实际操作是否科学?所有这些也都会对传播效果产生一定的影响。

4)环境因素

环境有经济环境、社会环境、政治环境、心理环境等,不同的环境中所接受的不同的信息效果也将不一样,所以在探讨品牌传播效果时,不能忽视环境所带来的影响。这种影响将贯穿于品牌传播活动始终。

9.3　品牌传播效果的评估

考察和研究品牌传播效果，不仅要搞清它的构成、特征、体系以及形成过程和形成因素，而且要知道如何评估和测定传播效果，以不断提高传播水平和质量。

9.3.1　品牌传播效果的评估原则

1）目的性原则

不论是品牌传播活动还是评估活动，都应有具体明确的目的。在评估中，评估目的应服从和服务于传播目的。如果品牌传播的目的是推出一项新产品，那么效果评估应针对传播活动所产生的具体成果（销售额、市场占有率）和效应（受欢迎的程度）；如果品牌传播的目的在于扩大企业的知名度和美誉度，则评定的着力点应放在公众对企业的认识和了解上；假如传播的目的是推行某种新观念，那么评估的重点应是公众的认识、态度和行为的转变。总之，评估必须目的明确，不可无的放矢。

2）方向性原则

品牌传播效果评估，一定要坚持经济效益和社会效益相结合的原则，不仅要对品牌传播所产生的销售效果做正确的评估，还应该对品牌传播所可能产生的社会效益进行评估。一定要坚持既有经济效益，又有社会效果的原则，充分考量品牌传播的效果。

3）针对性原则

品牌传播效果评估的内容、规范、标准、办法等，要从实际出发，要针对不同地区、不同媒介、不同消费者的特点区别对待，活用多种测评方法，广泛搜集意见，多方面综合考察，不照搬西方的模式，也不囿于一个模式。这样测评出来的结论，才可能是比较客观和公正的，因而用来指导实践也才可能是有效的和可靠的。

4）可测性原则

品牌传播的过程是各种主客体因素和内外在因素复杂互动的过程。因此，在综合测评时，就既要考虑影响效果形成的各方面因素，又要考虑这些因素是否具有可测性；既要注意选择那些主要的、简便易测的、可定量记分的内容和项目并进行定量测评，也要注意适当运用传统的定性评估方法，不可完全被现代定量方法束缚住手脚。但无论怎样，评估者所设置的因素项目都必须是可测的、可行的。

5)科学性原则

就是说，品牌传播效果的评估要能科学地客观地反映传播活动的实际状态，其评估结论不应当建立在歪曲的、失真的或不可靠的信息反馈基础上。这就要求评估的结果要以多数印证为准，评估的条件要大体一致。如果在相同条件下，多次评估的结果均相同无异，那么这种结果的可靠程度就高，基本符合客观实际。

6)引导性原则

品牌传播效果评估不是目的，而是引导媒介产业和传播者坚持正确方向和优化传播机制的手段。效果评估是一根无形的指挥棒。它虽没有强迫你要怎样和不要怎样，但它似乎也在建议你应该怎样和不应该怎样。因此，传播效果的评估过程，实质上也是对传播活动的引导过程。大众传播的领导者在进行决策时，一定要把评估的建议和结论充分地考虑进去，否则就会重蹈覆辙或犯新的错误。

9.3.2 品牌传播效果的评估途径

1)消费者接触媒介与媒介影响消费者

品牌传播的社会效果主要从两个方面显示出来：一是消费者接触品牌传播的效果；二是品牌传播后影响消费者的效果。

评估消费者接触品牌传播后效果的高低好坏，主要看消费者对品牌传播的信息的注意、兴趣、情趣、理解、记忆等心理活动的反应程度，主要在于评估消费者接触品牌信息的人数多寡，主要看消费者对品牌信息的接触频率和信赖程度。消费者的这些变化情况，对品牌传播主体十分重要。它不仅可以让人从变化中看到哪些品牌信息是消费者感兴趣的，哪些是要修改的、要调整的、要放弃的或要增设的，而且还可以让人从变化中得知进一步扩大品牌传播效果的正确途径和所需条件。

评估品牌传播信息影响消费者的效果大小和优劣，主要看品牌信息对消费者在购买习惯和消费观念上的影响。这些影响大小可以表明，由于受到品牌传播的影响，消费者的意识和行动中出现了某种新的东西。这种“新的东西”既表现为对已经有的东西的修正、补充和发展，又表现为对认识到是无用的东西的抛弃、反对和重新评价。

2）目标评估与需求评估

品牌传播过程就是品牌传播者与消费者之间的信息互动过程。那么两者进入互动过程的原动力是什么呢？——一个是为了目标的实现，一个是为了需求的满足。因此，在评估品牌传播效果的时候，就必须联系品牌传播者希望实现的目标和消费者希望满足的需求。

品牌传播目标是品牌传播者在品牌传播活动中经过努力所要达到的目的以及衡量这一目的是否达到了的具体指标，或者说，是品牌传播者在某个方面和某个范围内试图实现的特定职能或影响消费者的意识和行动倾向的具体目的。它有长期目标和短期目标、总体目标和个体目标之分。由于结果等于消费者意识和行动的最后状态减去其意识和行动的原来状态，因此，联系品牌传播目标来分析品牌传播效果就可以用下列式子来表示：

$$品牌传播效果=\frac{意识和行动的最后状态-意识和行动的原来状态}{目标}=结果目标$$

如果消费在接受品牌信息后形成的意识和行为的最后状态与其在此之前的意识和行动的原有状态之间存在着很大的距离值，而这距离值又与品牌传播者意欲实现的目标值愈接近，那么传播效果所达到的数值就愈大，效果就愈好；相反，品牌传播效果的数值就越小，效果就越差。可见，评估品牌传播效果，主要是看消费者在接受品牌信息后其意识和行动中出现了多少新的有意义的东西和排除了多少旧的东西，或者结果与目标的接近程度。

不过，这里必须指出，品牌传播目标不能随心所欲地确定，而应该根据品牌传播主体、客体、环境的实际状态和传播媒介的特定职能来确定和提出。否则，品牌传播结果若大大地超过品牌传播目标或距离传播目标太远，那么品牌传播计划与品牌传播目标的制订就会失去其应有的作用。因此，品牌传播目标选择得越合适，就越能准确反映品牌传播活动的实际效果。

消费者需求是客观确定传播活动目标的基础。满足需求是人类一切活动的原动力。马克思指出：“任何人如果不同时为了自己的某种需要和为了这种需要的器官而做事，他就什么也不能做。”需求表现了人们对物质、社会和精神方面的真正追求。在品牌传播活动中，消费者的需求基本上就是品牌信息需求，而这些需求必定和他们即将产生的各种消费行为有关，并不断满足他们的各种需要。

9.4 如何获得最佳的品牌传播效果

9.4.1 必须拥有系统与整体的意识

我们认为,品牌传播效果研究有着丰富的课题。首先,每一个具体的传播过程都是由传播者、传播内容、信息载体、媒介渠道、传播技巧、传播对象等要素和环节构成的,每一要素或环节都会对传播效果产生重要的影响,传播效果实际上是作为这些环节和要素相互作用的结果体现出来的。因此,考察具体过程的传播效果,首先必须关注以下几方面的问题:

①品牌传播主体与传播效果——考察品牌传播者的性质,他们的赢效因素将对传播效果产生极大的影响,特别是品牌传播主体的信誉度与权威性等。

②品牌传播内容与传播效果——考察品牌传播中的核心价值,他们对品牌传播效果产生的影响是最直观的,最容易获得判断的。

③品牌传播媒介与传播效果——通过什么媒介进行传播,也会影响传播效果,这不仅和载体的介质有关,还和传播的范围有关。

④品牌传播技巧与传播效果——品牌传播技巧指的是唤起消费者注目、引起他们的特定心理和行动的反应,从而实现说服或宣传之预期目的的策略方法,包括内容提示法、说理法、诉求法等,这些研究具有很强的实用性。

⑤品牌传播环境和传播效果——品牌传播环境有大环境,还有小环境,有外在环境也有内在的环境,有政治环境也有经济环境,这些环境实际上是给消费者接受品牌信息时提供的外在影响,但在品牌传播中无法忽视它的存在。

⑥品牌传播对象与传播效果——消费者并不是完全被动的信息接受者,相反,消费者的属性对传播效果起着重要的制约作用。消费者的属性既包括性格、兴趣、关注点等个人属性,也包括他们的人际传播网络、群体归属关系等社会属性。这些个人属性、心理属性和社会属性对传播效果具有重要影响。

9.4.2 品牌传播策划的理论观照

在前人的丰富的传播实践中,有很多已经获得良好的传播效果的方法是值得我们借鉴的。比如:社会说服论、认知一致论、认知失谐论、文化规范论、议程设置论等,都给我们品牌传播效果的获取带来了经验。下面我们就这些理论的应用进行探讨。

1）理论的描述

（1）社会说服论

对这一理论追根溯源，我们可以在亚里士多德的《修辞学》中找到源头。他认为，社会说服必须具有：①三个要素，即演讲者、内容和听众；②三个条件，即演讲者的品质，造成听众的某种态度，所论证的论点本身。显然，这仍局限于修辞学和演讲学的范畴。这一理论的创始人应是多温·卡特赖特和卡尔·霍夫兰。

卡特赖特（D. Cartwright）曾以一个参加者的身份对1941—1945年美国扎伊尔战争公债的宣传活动进行研究，后来写成《说服大众的一些原则》（1949）一文，对诸多的推销经验、劝服方法以及认购者的心态作了系统的归纳分析，提出有效说服的四项原则：①信息（情报、事实等）必须进入受传者的感官；②信息到达受传者的感官后，必须使之被接受，并成为其认识结构的一部分；③要想使受传者在接受说服后采取某一行动，必须让他感到这一行动就是实现其原先某一目标的途径；④告诉受传者采取行动的简便途径、具体时间以及行动紧迫性。施拉姆（1984）曾称赞卡特赖特的说服原则简单而实用。

霍夫兰（C. Hovland）在社会说服研究方面的著作最丰富，其中以其与他人合作的《传播与说服》（1953）、《说服的表达程序》（1957）较有代表性。霍夫兰对说服论的贡献表现在：①要想产生积极的说服效果，传播者应有高度的可靠性。可靠性的两个主要因素是专精（实际具有的知识）和值得信赖（具有良好的品质和动机）。②信息特性影响说服效果。比如表达一个有争议的问题，是用正面理由还是用正反两面理由，哪种较能说服人？提问诉诸哪种方式（恐惧、情感、理智）更具有说服力？问题的排列，重点放在前面还是放在后面，哪种更有说服力？结论是明示好还是暗示好？霍夫兰等人只是提出了思考的框架和一些具有启发意义的建议，并认为实际情况远比理论上的结论复杂。③受众个性因素影响说服效果。研究表明：进攻性强的人，不关心集体和不合群的人，对新鲜事物反应迟钝、想象力贫乏的人，一般不易被说服；性格外向、想象力丰富的人，对周围新事物较为敏感的人，自我评价低的人，较容易听从他人的劝说。这些对传播过程的中观性的研究结果，与其说是结论，毋宁说是一种假设。

后来，美国学者奥托·莱平格尔（O. Lerbinger）在《说服性传播设计》（1968）一书中总结前人成果，提出了关于说服的五种设计模式：刺激—反应设计，激发动机设计，认知性设计，社会性设计和性格性设计，从而在态度改变的有关说服理论与说服的实际问题之间,在传播的理论研究者与专业工作者之间架起了一座桥梁,使理论研究的成果应用于实际传播活动中成了可能。

(2)认知一致论

认知一致论创始于21世纪40年代中期。该理论认为,认知的一致性不仅广泛地存在于自然,而且也广泛地存在于人类的日常生活中,进而也存在于人的内心深处。人类在他们的认识中有一种寻求一致或追求和谐的倾向,并且这种倾向是传播中态度形成或改变的一个主要决定因素;而不一致会在人体内形成不舒服感受,产生一种内在压力,促使他努力把不一致性减小到最小程度,并努力达成认识一致。支撑认知一致论的三种具体的理论有海德的平衡论、纽科的均衡论和奥斯古德的和谐论。

弗得兹·海德(F. Heider,1946,1958)的平衡论是最早的一种认知一致论。海德认为,被看做是同类的事物具有相同的动力性质——它们要么都被喜欢,要么都不被喜欢;被喜欢的事物和不被喜欢的事物不会混在一起。传播学认为,海德描述了一种抗拒改变和态度改变的模式。平衡状态,作为稳定的状态,抗拒改变;不平衡状态,作为不稳定状态,是易于向平衡转化的,并且是可以用不同的方式解决的。

西奥多·纽科姆(T. Newcomb,1953,1959)十分重视人际间的传播和互动。他认为,当人们彼此有了了解,他们往往选择与自己相似的人做朋友,即相似的人往往相互喜欢,不相似的人成不了朋友,也就是所谓的"物以类聚,人以群分"。平衡论是讲一个人怎样看待别人,即怎样"趋向于认识平衡",而均衡论是讲一个人怎样靠拢别人,即怎样作"趋向均衡的努力"。

查尔斯·奥斯古德(C. Osgood,1955)的和谐论主要用于预言一个传播者的信息在受传者产生态度变化中的有效性,即可以对受传者态度改变的方向和程度作出某种预测。例如,只要政治家攻击一般公众反对的东西,或者赞扬一般公众拥护的东西,通常都能提高自己的声望。又如,贡特预言"新闻加上幽默,可增加收视效率"。

后来,认知一致论转向研究认知一致与传播行为的关系。洛罗夫和伯格的《社会认知与传播》(1984)一书的重点也就在于探究人际认知、印象、自我概念对传播的影响,为社会认知与传播行为"牵线搭桥",探讨认知一致的产生过程以及与传播行为的互动关系。

(3)认知失谐论

认知失谐论又叫认知不和谐论或认知失调论。这一理论由雷昂·费斯廷格(L. Festinger)在1957年出版的《认知失谐理论》一书中首先提出,在传播学研究中具有十分重要的影响和作用。费斯廷格认为，人总是无穷尽地追求认知协调或和谐，认知一致的需要是一种影响我们行为的强大动力因素。如果我们觉察到信念、态度或行为的不一致，我们就会有强烈的不安感（认知失谐），它会驱使我们改变所作所为，以恢复认知一致。

认知失谐论将认知的基本关系分为和谐 、失谐和无关三种：认知和谐是人人所追求和期望的，认知无关（即风马牛不相及的关系，如抽烟与月亮）是可以视而不见的，而认识失谐则必须设法解决。关于解决认识失谐的办法，费氏从积极的方面提出了两种：①主动寻找支持性的新情报；②积极争取社会或团体的支持。从消极方面也有人提出两种解决办法：①增加和谐因素对失谐因素的比率，如说吸烟可使人心旷神怡；②降低评价失谐因素时赋予它的重要性，如说吸烟致癌无科学根据。勃里姆与柯享（1962）指出受传者面对失谐信息时常用的办法有两种：①合理化解释，即试图为他们的某种不合理、不和谐的行为作出合理的和谐和性的解释；②回避性阅听，即有选取择地阅读，或极力回避听看对己不利的和容易引起自己心理不和谐的信息。

认知失谐论产生之后，很快成为最受传播学者重视并且应用最为广泛的基本理论之一，有很多学者为推动这一理论的发展作出了贡献。詹尼克（1970）的研究认为，要维持身心平衡状态，除了用追寻有利信息和逃避不利信息的办法之外，还提出了一个与传播学联系更为密切的理论——选择性接受。选择性接受又分为选择性注意、选择性理解和选择性记忆。西尔斯和佛里曼（1971）在研究中则提出了“功能性选择”的理论，认为人们在选择传播信息过程中，受当时的需求、精神状态、情绪等自我因素的影响。德诺霍和特布顿（1973）则将人们追求内心平衡、认知和谐和摆脱认知失谐的策略分为三个：信息追寻、信息逃避和信息选择，其中信息追寻最能给人以启发。

认知失谐论还发现，当个人作出的某个决定愈是重大，愈是困难，为此付出的代价愈是昂贵时，一旦引起不和谐，他试图改变失调、失谐状态的愿望也愈是强烈；相反，就可能无所谓。同时，研究还证明，如果引诱或胁迫（报酬的许诺或惩罚的威胁）一个人作出与他目前的态度相反的行为（如发表演说、撰写文章去赞扬他本来反对的事物），他的态度往往会向着与自己现今行为相一致的或与本来态度相违背的方向发展。就是说，当他的认知失谐发生后，他逐步开始相信自己在引力和压力作用之下所说的、写的和做的事情了。可见，失谐是不舒服的一个根源，它在决策和改变态度等方面确实可以发挥重要作用。

费斯廷格的认知失谐论经受住了广泛、严格的鉴定，无不证明它是传播学中一个十分有用的理论。

(4)"议程设定"论

"议程设定",最早由马克斯韦尔·麦库姆斯和唐纳德·肖(M. McCombs and D. Shaw)在《大众媒介的议程设定功能》(1972)一文中正式提出,并于1977年出版的专著《美国政治议题的出现:报界的议程设定功能》一书中再次研究,从而奠定了他俩在这一理论上的地位。

他们认为,大众媒介或许无法指示我们怎样去思想,但它却可以决定我们看些什么、想些什么,决定什么问题是最重要的。换言之,大众媒介对某些事件或问题的强调程度,同受众对其重视程度,构成了强烈的正比关系。这形成了一种因果关系:大众传播媒介愈是大量报道或重点突出某事件或问题,受众愈是热切地关注、谈论这些事件或问题 。如,在20世纪60年代,美国新的新闻媒介对国内的种族矛盾问题的大量报道,就曾使公众相信,种族歧视问题是一个值得重视的大问题。在朝鲜战争、越南战争之前,美国新闻媒介对此进行的大量报道,也使美国公众强烈关注事态发展,认为应立即着手解决这一问题。对此,朗·诺顿(L. Norton,1958)早就指出:"安排报纸所在地议事日程的最主要提议者,也就是他在决定大多数人将要谈论什么"以及"大多数人对问题的看法"和"想法"。

这一理论受到传播学界重视的原因是:①传播学者重新发现了媒体所蕴藏的能量,而此前却认为它效果甚微;②传播效果构成转向认知及其效应,而此前却集中在态度和行为的转变上;③这是传播学者"自己发现的"理论,不像其他理论是从"别人那里借来的"。缺点是:两位学者最终并未彻底弄清:究竟是媒介的议程决定了公众的议程,还是公众的突出议论决定了媒介的议论重点。我们认为,这种鸡生蛋、蛋生鸡的先后、因果关系,只能等待进一步探讨。

(5)沉默螺旋论

这是德国传播学者伊丽莎白·内尔-纽曼(E. Noelle-Neumann)在《沉默的螺旋:一种舆论理论》(1974)一文中推出的效果理论。她认为,大多数人都有被孤立的恐惧。因此,在舆论传播中,个人便通过观察以了解哪些观点占优势、受欢迎,哪些处于劣势、不受欢迎,然后采取相应对策。通常,如果自己的观点属于前者,他便会侃侃而谈;若属于后者,他便会沉默不语。"这样,一方讲话另一方沉默的倾向便开始了一个螺旋过程,这个过程不断把一种舆论确立为主要的意见。"结果,表面上强势的舆论显得更加强劲,表面上弱势的舆论则更加软弱。但是,个人的感受和判断大多不是来自对具体实际的直接观察,而是来自媒体所提供的信息。唯恐天下无事的大众传媒在日常运作中不仅会"本能地"去塑造一种强势的舆论,而且也有很强的力量能够把它做成功。因此,强势舆论和沉默螺旋的状态，便经常是由媒介塑造和推动，并由媒介和个体观念凑合而成的。

后来，内尔-纽曼（1980，1984）又进行了若干试验，先后在两篇论文中进一步探讨论证了这一理论。但是，学术界对它却褒贬不一。肯定的人认为：①它辨明了媒体与个人舆论形成中的各自功能；②它指出了媒体与个人混合互动的实际情况；③它有趣而又合乎实用。否定的人认为：①它所表达的思想并不新鲜，而且过时；②它并未证明沉默的螺旋状是一种普遍现象；③它似乎在教唆政治家利用媒体操纵民意。

2）理论应用

根据以上的理论分析，我们认为在品牌传播策划中，必须关注以下几个方面的元素并进行全面的规划与安排。

（1）策划品牌传播的主体

品牌传播的主体必须拥有高度的可靠性。可靠性的两个主要因素是专精（实际具有的知识）和值得信赖（具有良好的品质和动机）。所以在处理品牌传播策划之前，我们有必要打造一个良好品牌传播主体的形象，真正拥有品牌传播的赢效因素。

（2）策划品牌的传播内容

品牌在传播中对重要内容的要求是：信息到达受传者的感官后，必须使之被接受，并成为其认识结构的一部分。这就需要精心策划并使之成为消费者选择性关注和选择性记忆的内容。

（3）整合品牌传播媒介

信息（情报、事实等）必须进入受传者的感官。现在媒介多元化的时代，如何整合品牌传播媒介让品牌信息能够成为消费者接受的信息，以及如何让品牌信息通过媒介渠道接触到消费者，都成为大家关注的话题。

所以对于媒介的策划与整合实际上已经成为迫在眉睫的事情，不能忽略媒介的重要性，因为这是保证品牌信息到达率的一个最主要的因素，而媒介的策划也成为每个品牌传播的重点内容之一。

（4）传播技巧的策划

信息特性影响说服效果。比如表达一个有争议的问题，是用正面理由还是用正反两面理由，哪种较能说服人？提问诉诸哪种方式（恐惧、情感、理智）更具有说服力？问题的排列，重点放在前面还是放在后面，哪种更有说服力？结论是明示好还是暗示好？霍夫兰等人只是提出了思考的框架和一些具有启发意义的建议,并认为实际情况远比理论上的结论复杂。品牌核心信息在表达过程中采用什么样的技巧,是值得思考的问题,我们经常用创意性的表达来丰富我们的品牌传播技巧方面的研究,但仅仅是技巧还不够,我们还应该更多地去实践。

(5)传播环境的策划

马克斯韦尔·麦库姆斯和唐纳德·肖认为,大众媒介或许无法指示我们怎样去思想,但它却可以决定我们看些什么、想些什么,什么问题是最重要的。换言之,大众媒介对某些事件或问题的强调程度,同受众对其重视程度,构成了强烈的正比关系。这形成了一种因果关系:大众传播媒介愈是大量报道或重点突出某事件或问题,受众愈是热切地关注、谈论这些事件或问题 。

根据议程设置的理论,我们可以改造传播环境,提供一个有利于品牌传播的舆论氛围。这需要策划人提供一个良好的创意,这个创意可以保证消费者感兴趣,并通过在兴趣中表达品牌观点和品牌信息。

(6)品牌传播对象的策划

德国传播学者伊丽莎白·内尔-纽曼认为,大多数人都有被孤立的恐惧。因此,在舆论传播中,个人便通过观察以了解哪些观点占优势、受欢迎,哪些处于劣势、不受欢迎,然后采取相应对策。通常,如果自己的观点属于前者,他便会侃侃而谈;若属于后者,他便沉默不语。

费斯廷格认为,人总是无穷尽地追求认知协调或和谐,认知一致的需要是一种影响我们行为的强大动力因素。如果我们觉察到信念、态度或行为的不一致,我们就会有强烈的不安感(认知失谐),它会驱使我们改变所作所为,以恢复认知一致。

在品牌传播中,我们不可能去选择消费者,但能利用消费者的各种因素提高品牌传播的有效性。

思考题:

1. 什么叫品牌传播效果?
2. 品牌传播效果的结构、形式及其制约的因素有哪些?
3. 如何进行品牌传播效果的评估?
4. 如何获得最佳的品牌传播效果?

品牌传播实验室:

请为车盟卡推广做一个品牌传播策划方案。

提供材料如下:

1. 车盟卡介绍(见第六章)
2. 车盟卡服务内容(见第四章)
3. 车盟卡传播平台介绍如下：
①车盟网
②东快网
③《东南快报》
④车盟会员手册
⑤车生活指南
⑥车盟卡福州地区的35个代理点
⑦车盟拥有100多家的联盟商家
⑧《东南快报》每月一次的车展
⑨《东南快报》其他活动

第10章　反馈：品牌传播系统调节器

品牌传播是一个完整的系统，一个系统运转结束后，不等于品牌传播过程就结束了。要想让品牌传播产生更好的效果，必须从消费者反馈中获得有益的信息，并不断调整品牌传播各个环节的关系，优化传播流程。

反馈也是品牌传播策划中的一个关键环节，它是品牌传播系统的调节器，是策划者通过反馈信息调整传播环节，是优化传播流程的重要手段。

通过本章学习，我们将可以了解反馈在品牌传播中的作用，以及如何正确面对反馈问题，调整品牌传播系统。

10.1　反馈的界定与阐释

10.1.1　品牌传播中的反馈

"反馈"（Feedback，又译为回流、回报、回馈），是美国麻省理工学院的罗伯特·维纳（R. Wiener）在其《控制论》（1948）中首次提出的。反馈指的是"送出去的电波或信息的回流"。

品牌传播中的"反馈"是指从品牌传播客体或者消费者送回给品牌传播主体的意见信息。

在空间上，品牌信息的反馈与品牌信息的传播一样，都反映了信息循环往复的沟通过程，表现为品牌传播主体与品牌传播客体两个实体之间的信息双向往返关系。但是，这种双向往返关系并不意味着信息的简单重复和等量交换，也不能说明品牌传播主体和受传者就是一种对等的同位关系。因为受传者反馈的信息已不是品牌传播者输出的那种意义和数量的信息，而是对接收到的信息作出反应的、回送数量很少的意见信息；并且品牌传播主体总是处于一种主控、主导的地位，发挥调节器的作用，把持和控制着信息的质量、温度、流量和流向。

在时间上，品牌传播反馈表现为传播与接受两个行为之间的前一步和后一步的上下承接关系，传播的启动在前，接受的反应在后，没有前一步指向受众的信息传播，就没有后一步针对受传者的信息反馈。于是，前一步的因引发了后一步的果，后一步的果又导致了下一步的因，传播便在这往返承续的过程中进行。

10.1.2 品牌传播中反馈的作用

由于消费者反馈的意见性信息直接或间接地反映和显示了其自身的接受动机、需求和心态，表明和体现了他们对品牌传播者及其所传信息的态度和评价，提出了应如何调节、修正当前与未来的传播行为的建议与意见。因此，对于传播者来说，它具有积极的作用：

①反馈有助于品牌传播主体检验和证实传播效果。检验和衡量传播效果最直接、最真实、最权威的标尺和最可靠的依据是什么？是消费的反馈！离开反馈，奢谈传播的效果，极易孤芳自赏、自欺欺人，是有害无益的。

②反馈有助于品牌传播主体改进和优化下一步的传播内容、传播形式和传播行为。改进和优化传播，既是消费者反馈信息的目的，也是品牌传播主体寻求和接受反馈信息后理应采取的行动。消费者通过反馈向品牌传播主体表达自己的愿望、需求、态度和意见，并希望传播主体作出相应的调节和改变；而品牌传播主体一旦通过反馈了解到自己的传播特点与受众的希望之间的距离，通常也会对此后的信息输出作出更有针对性和投合性的改变。

10.1.3 品牌传播中反馈的特点

在品牌传播中，由于品牌传播关系复杂，这就使得消费者的信息反馈远不如人际传播中的反馈那么及时、直接、集中和显豁。

品牌传播中的反馈特点是：

1)间接性

在品牌传播中，受众很难有机会向传播者当面陈述自己的阅听感和意见，传播者大多是通过收视率和订阅量以及媒介组织的转达、民意组织的调查,间接获得受众的意见和评价。

2)迟延性

品牌传播主体获知受众的反馈信息,时间短的可能要几天、几星期,长的可能要几个月,甚至一年以上。

3)零散性

由于消费者具有众多、分散、杂乱、活动和隐匿的特点,品牌传播主体与消费者在时间与空间上存在一定的距离,因而品牌传播主体几乎没有可能从受众那里获得较为系统、集中的反馈,而只是拾取、收集到一些零碎的散乱的反馈。当然在理论上它也是有代表性的。

4)累积性

这是指在一段时间内,针对某个电视节目、某个报纸栏目或某个传播者,众多受传者所反映出来的大致相同的态度和行为的一种特性。此外,从各地、各阶层通过调查搜集来的反馈信息,也具有累积性。累积性的反馈信息代表了公众的意见,对传播者制订长期的传播计划和调控传播行为是十分有益的。

10.2 正确对待品牌传播的反馈

既然品牌受传者的信息反馈是一种无法回避的客观存在,并且肯定要对品牌传播主体的传播心理和行为产生影响,那么就不能对它视而不见、充耳不闻,而应该正确地对待。

10.2.1 注意吸纳多数消费者的反馈意见

消费者是品牌传播的前提和基础,也是品牌的真正的所有者。他们对品牌的反馈意见往往反映了一般消费者的接受意愿、心声、需求和标准。因此品牌传播主体对它不可小视,必须予以认真对待、充分尊重,将其作为自己调节、优化此后传播活动的重要依据。

10.2.2 注意听取、吸收、传播专家的反馈意见

这些专家经验丰富,见多知广,德高望重,善于甄别,见解稳定,不易为时髦

而浅薄的思想所蛊惑，也不易被某种“包装”和假象所迷惑，因此其反馈意见最具权威性、可信性和参考价值。

但这些权威人士的反馈意见也容易囿于成见，甚至墨守成规、执著于传统的传播标准，对新的传播手段、传播技巧表现出某种排斥性。这就要求传播者，既要充分尊重他们的反馈信息，也不要将他们的意见作为调节和修正下一步品牌信息传播的唯一依据。

10.2.3 注意征求同行、同业的反馈意见

不识庐山真面目，只缘身在此山中。

很多时候，局外人要比我们自己看得清楚。对于我们的广告做得如何，我们的品牌传播获得的效果又是如何，我们自己容易被现象蒙蔽，但我们的同行却比我们冷静，所以要多听听他们的意见和建议。因为他们专业，一语中的，让人茅塞顿开，因此他们的意见比外行、外业人的意见具有更高的参考价值。

10.2.4 注意疏导庸俗需求、引避不良倾向

品牌传播主体要刺激、适应并满足消费者的接受需求，要吸引、娱乐和讨好消费者，但又不能盲目地迎合部分受众低级庸俗的要求，而降低品牌传播的格调。对于品牌传播，我们坚持在满足中引导，在引导中挖掘消费者需求。避免在品牌传播过程中出现一味满足消费者的庸俗需要的这种现象。

思考题：

1. 什么叫品牌传播反馈，它的作用有哪些？
2. 如何正确对待品牌传播反馈？
3. 为什么说品牌传播反馈是品牌传播的调整器？

品牌传播实验室：

对福州车友做一个调查，看看他们对车盟卡有什么样的反馈意见。然后做一个车盟卡推广的修正方案。

第11章　品牌传播策划实战分析

从每个品牌成功的传播中，我们都会发现，品牌传播是一个具有生命的系统，我们需要精心策划并构建品牌传播中的每个细节，让它们的作用都发挥到极致。

因此，我们必须以一个系统思维来感知品牌的脉动，同时也用系统的思维来传递品牌的信息，告诉别人品牌是一个完美的世界，而不仅仅是通过一个灵感、一个主意就可以完成的事情。

在本章，我们将通过叶茂中策划机构所策划的《大红鹰品牌传播》的完整案例解剖品牌传播的各个环节，以破解品牌传播生命的“基因”。

本章所选择的案例为宁波卷烟厂所生产的大红鹰牌香烟。宁波卷烟厂用7年时间使大红鹰从默默无闻到家喻户晓，直至荣膺中国驰名商标，跻身中国名牌行列。

“大红鹰”是如何“腾飞”起来的，品牌传播策划人如何构建自己的赢效因素，传播者如何进行消费者洞察，传播者又是如何打造传播通道，同时，他们如何进行传播内容的组织，如何巧妙地传递各种信息？我们也希望通过这样的实战分析，能够不断提升各种读者的策划能力与策划水平。

11.1　大红鹰如何打造品牌赢效因素

品牌传播主体需要具备什么样的内在品质才能更容易获得消费者的关注？实践证明，传播主体的权威性、可信性、接近性、悦目性，都可以提升传播主体的传播效度。对这几方面的充分认知,将有助于我们对传播主体的策划和包装提供一定的理论基础。

在大红鹰品牌传播策划过程中,我们从下面的案例分析就可以看出,对于品牌传播策划人来说,赢效因素的提炼与包装非常重要。也可以这么说,赢效因素是所有品牌传播的最基本的元素,没有赢效因素的提炼与包装,就很难获得市场和消费者的认可。

在提炼赢效因素的过程中,叶茂中策划机构主要从两个方面把握,一个是品牌自身带来的赢效因素,另一个是品牌产品的赢效因素。

11.1.1　大红鹰品牌赢效因素分析

在进行品牌传播策划之前,策划者对大红鹰品牌赢效因素做了如下分析:

大红鹰是宁波卷烟厂的一个主打品牌。宁波卷烟厂始建于1925年,至今已有80多年生产卷烟的历史,是一家与"上青天"(上海、青岛、天津卷烟厂)同时诞生、为振兴民族工业作出贡献的历史悠久的企业。20世纪80年代,连续三年获烟草行业经济效益先进单位称号。其中1983年列居全行业第四,1985年列居全行业第三,1989年被国务院认定为"国家二级企业"。

经过几十年的发展,宁波卷烟厂的生产设备和生产技术已经跃上了新的台阶。目前已拥有国际上最先进的德国库伯公司的PROTOS-70卷烟机、意大利GD公司的GDX2包装机等众多国际最尖端的生产设备,掌握了国际先进的生产技术和管理技术,已成为我国卷烟行业大型骨干企业之一。宁波卷烟厂现有固定资产8亿元,职工1 800余名,厂区占地面积15万平方米。1995年全国经济综合评价500强,名列73位,全国烟草行业第10位。2000年卷烟销量达到46.2万箱,其中"大红鹰"系列突破9万箱,"五一"系列突破8万箱,"上游"系列突破7万箱,销售收入突破46亿元,税利突破31亿元。各项经济技术指标均创历史新高。宁波卷烟厂是"浙江省四星级企业",1999年荣获"全国五一劳动奖状"。

宁波卷烟厂生产的卷烟具有选料讲究,配方素以择各地名烟之长,工艺先进、技术精湛、吸味醇和等特点。1993年,宁波卷烟厂对大红鹰进行了脱胎换骨的改造,1994年一经推出,好评如潮,同年7月在上海国际名烟名酒博览会上荣获"金鹰奖",10月参加中国卷烟批发市场首次竞价,以最高价一锤定音,11月获中国食品及食品包装技术博览会"金奖",1998年荣获墨西哥国际贸易博览会"质量品质最高奖"和美国拉斯维加斯国际贸易博览会"最高质量奖",1995年被评为浙江省名牌产品,1997—1999年被列为全国名优烟。

宁波卷烟厂是全国烟草行业第六家、浙江省烟草行业第一家，于1996年一次性通过ISO 9002国际质量认证的企业。近几年来，宁波卷烟厂的产品在总公司、省公司的历次抽检中，产品质量监督抽检合格率均为100%。宁波卷烟厂实行"从严治厂"的方针，逐步形成了"严、细、实、快"的管理特色，要求员工"自己管理自己""拧紧每一个螺丝"。实行目标管理，使企业管理更加规范。企业管理、生产、销售和财务都实现了计算机全程管理。1999年获"国家设备管理二级企业"称号。

点评：通过诊断分析，策划团队已经找到了大红鹰最值得包装的一面，这是大红鹰的优势所在，也是最能吸引人的地方。

通过以上分析表明，大红鹰至少具有以下几个方面包装元素：

①企业的发展现状很好，大红鹰有着非常不错的底子。

②企业的产品、技术、营销都有着深厚的功底。

③更难能可贵的是，企业的领导班子也绝对是一流。

11.1.2 根据不同的人群打造不同的赢效因素

大红鹰的产品有红、银、新一代、精品、经典等系列，但品牌的系列化规划却并不明确。产品更多地从价格档次进行纵向延伸，较少考虑横向延伸。而且每个分产品缺乏个性，产品的技术实际利益点不够丰富，而且目标人群定位模糊。

针对以上情况，策划团队对大红鹰产品系列做了调整，根据不同的人群打造不同的赢效因素。

他们提出了以下观点：

鉴于大红鹰系列中银大和红大有老化趋势，因此需要采取措施，捍卫自己的地位，同时让品牌年轻化。大红鹰系列中精大，应进一步个性化，确立它在这一档次的绝对领导地位。而大红鹰系列中30元/包是战略储备品牌，现在需要开始起步。原因有两个方面：一个是礼品消费的换代与提升；二是竞争品牌中的高端品牌，比如中华，其价格可能上扬，从而在这一档次让出空间。大红鹰系列中的经典，可以定位于形象产品，需要加强作为形象产品的档次感、个性化，尤其是体现王者之气、尊者之态、智者之心，体现作为大红鹰品牌家族的"名义家长"。此外，还可以考虑推出软包大红鹰，以顺应软包/翻盖错位定价的趋势，同时阻击竞争品牌的成长。

在品牌规划中，我们有以下建议：①根据市场导向和竞争导向确定产品系列化发展计划，形成产品地图；②引入副品牌概念，形成大红鹰品牌家族；③根据目标消费人群定位，副品牌赋予更强的个性；④竞争形势严峻，要求我们根据产品规划，迅速开发新的副品牌，并推向市场。

大红鹰的品牌繁多。我们给大红鹰家族一个形象的比喻，比如说如果是一个君主立宪制的国家，那么各大红鹰品牌又代表什么样的角色呢？

大红鹰的品牌家族王国

女王——国家形象、没有实权、尊贵、典雅——经典大红鹰

王储——代表未来、王室血统——＊＊大红鹰

首相——实权人物、掌控国家、领导者——精品大红鹰

经济大臣——实力强、稳重、保守、后劲不足——红大红鹰

外交大臣——实力强、影响大、稳重、保守——银大红鹰

经济副大臣——辅助、年轻、稳重、喜庆——(软包)红大红鹰

外交副大臣——辅助、年轻、活力、时代感——(软包)银大红鹰

对几个重点品牌，比如说软银大、软红大等，可以考虑在适当的时候推出，甚至是同时推出。

软银大红鹰

产品概念：银色、软包、时尚

目标人群：年轻人、创新、时尚、软蓝利群的消费对象

营销策略：市场跟进；带动银大年轻化

价格设定：出厂价/批发价/零售价：110/165/180

产品口味：与大红鹰系列吸味风格一脉相承，并需要适当向软蓝利群口味靠拢；吸味要明显强于银大

推出时间：五一以前

首批选点：杭州、宁波、舟山、绍兴选其二

软红大红鹰

产品概念：红色、软包、激情、喜庆

目标人群：中小城市、乡镇、农村喜庆消费

营销策略：占领细分市场；带动红大喜庆化

价格设定：出厂价/批发价/零售价：90/145/160

产品口味：与大红鹰系列吸味风格一脉相承，并需要适当考虑农村市场和喜庆消费的口味需求；吸味要明显强于红大

推出时间：与软银大同步推出

首批选点：杭州、宁波、舟山、绍兴选其二

大红鹰

产品概念：银色、翻盖、时尚、国际化

目标人群:城市成功人士、高级商务、礼品消费

营销策略:副品牌个性,塑造格调与品位

价格设定:出厂价/批发价/零售价:170/220/300

产品口味:与大红鹰系列吸味风格一脉相承,并需要特别考虑醇和、香气质;可以设计为中低焦油;吸味要明显强于精大

推出时间:2002 年 5—9 月;

首批选点:杭州、宁波

点评:根据不同的人群打造不同的赢效因素是品牌传播的重要基础,也是品牌定位细分的重要原则。

11.1.3 打造良好的公众形象

1)开设专卖店

自 1995 年在宁波成立第一家专卖店以来,大红鹰陆续在浙江省内外开设了“大红鹰专卖店”,以统一装修、一致模式、联销经营、规范服务的新面目出现在广大消费者面前,并以此为窗口,形成辐射全国的立体交叉的宣传效果。

2)热衷公益事业

用了将近 8 年时间,宁波卷烟厂共投入 2.5 亿元用于各种公益事业。先后向宁波慈善基金会捐资 2 000 万元;投资 2 亿元建立“宁波大红鹰职业技术学院”;向中国青少年基金会捐资 1 000 万元,为西部地区千所希望小学建立“大红鹰希望图书馆”;向山西河曲地区捐资 200 万建立“大红鹰流动医院”;在南京大学、复旦大学等高校设立“大红鹰奖学金”“大红鹰奖教金”等。

3)打造顾客至上文化

大红鹰为市场接受,是经过烟草公司、零售户两股“推力”及消费者一股“拉力”三种力量综合作用的结果。宁波卷烟厂始终着力强化这三种力量的作用力。

——面向烟草公司:1996 年以来,宁波卷烟厂较好地与烟草公司进行了沟通,召开了“大红鹰卷烟评吸会”。一次性购车 95 辆,进行车体广告装修后赠送给各县分公司进行访销配送,宣传品牌。定期与各级烟草公司进行市场信息交流等。

——面向零售户:1998 年以来,宁波卷烟厂将服务工作从烟草公司进一步延伸到零售户。几年来,省内外共召开了 3 000 多次零售户座谈会,累计评出了 6 000 多人次的优秀零售户、194 个优秀网点,并评出一大批“大红鹰销售明星”等,强化了零售户对宁波卷烟厂的亲和力。

——面向消费者:设立客户服务中心,开展客户关怀。同时强化品牌附加值,通过不同形式的沟通与交流,巩固与强化消费者对品牌的忠诚度。不断完善营销体系,加强企业与品牌的售后服务。正在运作中的“大红鹰会员俱乐部”将会把品牌信息及服务真正做到每一个消费者身上,大红鹰品牌忠诚度将会真正落地生根。

11.2 破译消费者心智密码

大红鹰在推广过程中如何进行成功的消费者洞察呢?

成功的洞察来自于策划人员对市场的了解,很显然,大红鹰策划人员做了大量的调研工作,他们认真捕捉了市场的点滴变化,并提出了很好的解决方案。

大红鹰又是如何通过深度的市场调研,分析出消费者需要什么、为什么需要的呢?我们认为这是破译消费者密码的关键所在,也是做好品牌传播策划的重要通道。

11.2.1 市场调研

市场调研是获得消费者心智密码的最基本的通道,在此过程中,大红鹰策划团队总共在11个城市调查了2 750份的样本,获取消费者对大红鹰的最基本的认识。他们的调研方法和调研过程如下:

研究方法:定点拦截访问

研究区域:

北京、广州、成都、沈阳

郑州、上海、福州、宁波

杭州、温州、金华

样本量:主样本:2 750份

目标被访者:

每天抽烟在2支以上

年龄在18~60岁之间

在本市居住1年以上

半年之内没有接受过任何形式的调查

本人或家人、亲戚朋友没有在相关行业工作

11.2.2 对样本的描述

很显然，为了达到对消费者洞察的目的，大红鹰策划团队对样本进行了详尽的分析。他们没有放过任何可能给消费者洞察带来的蛛丝马迹，为了保证调查的精确度，他们对消费者的性别作了很好的控制，保证消费者洞察的科学性。

1）样本说明

在此次访问中，对男性样本年龄结构分4个年龄段进行配额控制，以保证每一年龄段都有足够的样本量，年龄段分别为：

18～24岁

25～34岁

35～44岁

45～60岁

本次调查对样本进行了性别配额控制，每个城市的女性样本量在30位左右。对女性消费者样本没有进行年龄段的配额控制。全体消费者样本中，男性烟民占88.1%；女性烟民占11.9%，见表11.1。

表11.1 各城市男女烟民比例

		性别		总计
		男	女	
城市	北京	86.9%	13.1%	100.0%
	广州	88.4%	11.6%	100.0%
	成都	87.6%	12.4%	100.0%
	沈阳	88.0%	12.0%	100.0%
	郑州	88.0%	12.0%	100.0%
	上海	89.2%	10.8%	100.0%
	福州	87.7%	12.3%	100.0%
	宁波	90.3%	9.7%	100.0%
	杭州	88.4%	11.6%	100.0%
	温州	86.2%	13.8%	100.0%
	金华	87.7%	12.3%	100.0%
总计		88.1%	11.9%	100.0%

2)年龄结构

全体消费者样本年龄以18～24岁比例最高,为23.7%;其次为25～29岁,比例为19.0%,见表11.2。

表11.2　年龄结构

	频　率	百分比	有效百分比	累积百分比
24岁以下	657	23.7	23.7	23.7
25～29岁	526	19.0	19.0	42.7
30～34岁	311	11.2	11.2	53.9
35～39岁	406	14.7	14.7	68.6
40～44岁	264	9.5	9.5	78.1
45～49岁	287	10.4	10.4	88.5
50～54岁	167	6.0	6.0	94.5
55～60岁	153	5.5	5.5	100.0
总计	2 771	100.0	100.0	

3)教育程度

教育程度往往也是消费者选择品牌的一个非常重要的元素,所以在选择样本的时候以高中、中专、技校为主要群体,见表11.3。

表11.3　教育程度

	频　率	百分比	有效百分比	累积百分比
没受教育	21	0.8	0.8	0.8
小学	127	4.6	4.6	5.3
初中	701	25.3	25.3	30.6
高中/中专/技校	1 098	39.6	39.6	70.3
大专	535	19.3	19.3	89.6
大学本科	264	9.5	9.5	99.1
研究生以上	25	0.9	0.9	100.0
总计	2 771	100.0	100.0	

4)婚姻状况

对于品牌的选择往往也会受到婚姻状况的影响,对于已婚和单身在实际人群中的比例,全体样本已婚比例最高,其次为单身,见表 11.4。

表 11.4 婚姻状况

	频 率	百 分 比	有效百分比	累积百分比
单身	1 159	41.8	41.8	41.8
已婚	1 570	56.7	56.7	98.5
离异	33	1.2	1.2	99.7
丧偶	9	0.3	0.3	100.0
总计	2 771	100.0	100.0	

5)收入结构

对于品牌的选择还和个人的收入有关,所以关注不同的收入人群同样也是至关重要的。全体消费者样本个人月总收入主要集中在 2 300 元以下,最集中的在 801 ~1 300 元之间,见表 11.5。

表 11.5 平均月收入

	频 率	百 分 比	有效百分比	累积百分比
800 元以下	573	20.7	20.7	20.7
801 ~1 300 元	967	34.9	34.9	55.6
1 301 ~1 800 元	514	18.5	18.5	74.1
1 801 ~2 300 元	284	10.2	10.2	84.4
2 301 ~2 800 元	133	4.8	4.8	89.2
2 801 ~3 300 元	109	3.9	3.9	93.1
3 301 ~3 800 元	48	1.7	1.7	94.8
3 801 ~4 300 元	24	0.9	0.9	95.7
4 301 ~5 300 元	46	1.7	1.7	97.4
5 301 ~6 300 元	13	0.5	0.5	97.8
6 300 元以上	60	2.2	2.2	100.0
总计	2 771	100.0	100.0	

6)职业结构

品牌选择与职业也有相当大的关系,大红鹰团队显然认识到了职业结构的意义。所以在选择样本时,他们主要选择了普通职员、工人和个体户,见表11.6。

表 11.6　烟民职业分布

	频　率	百分比	有效百分比	累积百分比
政府机关/国营集体企业级干部	10	0.4	0.4	0.4
中级干部	98	3.5	3.5	3.9
普通干部	156	5.6	5.6	9.5
职工/工人	346	12.5	12.5	22.0
外资/合资/私人企业经理、总监或以上	50	1.8	1.8	23.8
部门经理/总监	160	5.8	5.8	29.6
职员	410	14.8	14.8	44.4
工人	169	6.1	6.1	50.5
专业人员/技术人员/教师	216	7.8	7.8	58.3
军人	27	1.0	1.0	59.3
出租车司机	73	2.6	2.6	61.9
个体户	438	15.8	15.8	77.7
农户	26	0.9	0.9	78.6
离退休人员	47	1.7	1.7	80.3
待业人员	63	2.3	2.3	82.6
学生	205	7.4	7.4	90.0
家庭主妇	11	0.4	0.4	90.4
下岗	57	2.1	2.1	92.5
其他	209	7.5	7.5	100.0
总计	2 771	100.0	100.0	

11.2.3　调查分析

香烟的消费者是一个比较特殊的群体,每个人可能都对烟有一种不同的想法,20 岁的人和 30 岁的人,对吸烟的理解可能迥然不同。该如何找到大红鹰的消费者?

1)起始吸烟年龄分析

香烟消费者平均起始吸烟年龄为 21.3 岁。从图 11.1 中可以看出,消费者起始吸烟年龄主要集中在 14 ~26 岁之间。这个年龄段的消费者特征主要为尚处于初中、高中、大学或高中毕业、大学毕业刚工作阶段。

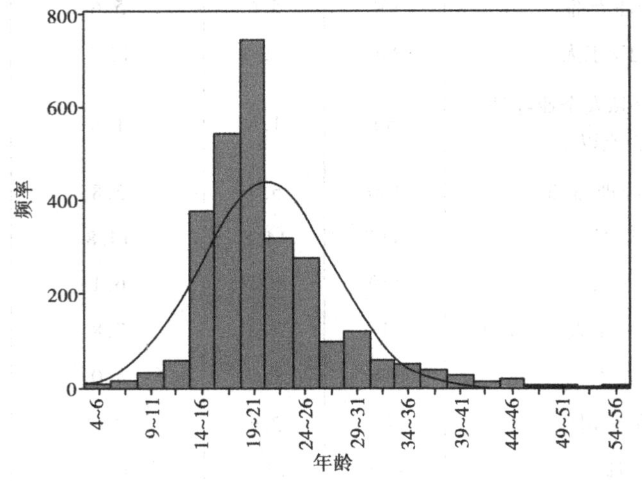

图 11.1　起始吸烟年龄

全体消费者样本的起始吸烟年龄平均为 21.3 岁,中位数为 20 岁,最小为 5 岁。

浙江省内市场比省外市场的起始吸烟年龄略高,省内市场的平均起始吸烟年龄为 21.6 岁,省外市场的平均起始吸烟年龄为 21.1 岁。省内市场的最低起始吸烟年龄为 7 岁,中位数均为 20 岁。(数据来源:叶茂中营销策划调研机构)

烟民起始吸烟时大多为 19 岁和 20 岁的小青年,起始吸烟年龄平均值成都最低,为 19.68 岁,中位数集中在 19 岁和 20 岁。从目前教育水平看,这个年龄段的消费者一般刚中专、职高、高中毕业踏入社会或走进象牙塔。对香烟品牌的认知几乎是一张白纸,可塑性极强,见图 11.2。

混合型香烟消费者的平均起始吸烟年龄低。烤烟型消费者的平均起始吸烟年龄为21.4岁，中位数为20岁；而混合型消费者的平均起始吸烟年龄为20.5岁，中位数为19岁。由于目前混合型香烟以外烟为主，我们推测，受消费心理的影响，更年轻的消费者在接触香烟时外烟的诱惑力会更大些。

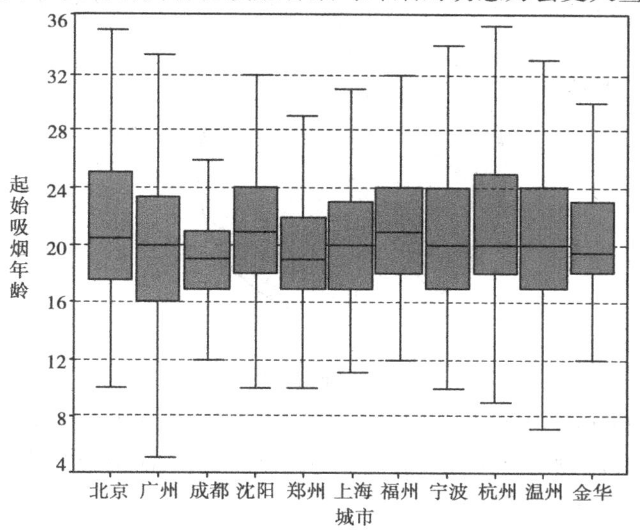

图11.2　各地平均起始吸烟年龄

起始吸烟越来越低龄化，而且受教育程度与起始吸烟年龄相关。消费者样本的起始吸烟年龄与其受教育程度没有表现出强烈的相关关系，基本上随着受教育程度的提高，起始吸烟年龄也越大。但随着我国高等教育的普及，这一关系有待进一步考证。

年龄越小越想抽烟。随着年龄的增长，2002年，抽烟量趋势逐步增加的比例开始减少，18～29岁年龄段的消费者样本最有可能增加吸烟量。30～34岁消费者样本最有可能戒烟。40岁往上的消费者样本最有可能保持吸烟量不变或者减少吸烟量。

烟龄越大日吸烟量整体呈上升趋势。日吸烟量与烟龄呈正相关关系。烟龄越大，日吸烟量越大，即抽烟时间越长，烟瘾越大。（数据来源：叶茂中营销策划调研机构）

从以上的分析中，我们可以发现消费者起始吸烟年龄集中在14～26岁，尤其以19岁和20岁最为集中。这个年龄段虽然消费能力不高，但最有可能增加吸烟量。他们崇尚个性和流行，对品牌的认知可以说是具有无限的可塑性，而且消费者起始吸烟年龄有降低趋势。

2)吸烟主动性分析

近一半消费者样本为主动吸烟者。49.8%的样本消费者是主动抽烟者。只有10.1%的消费者样本基本上是出于社交场合需要而被动吸烟,见图11.3。

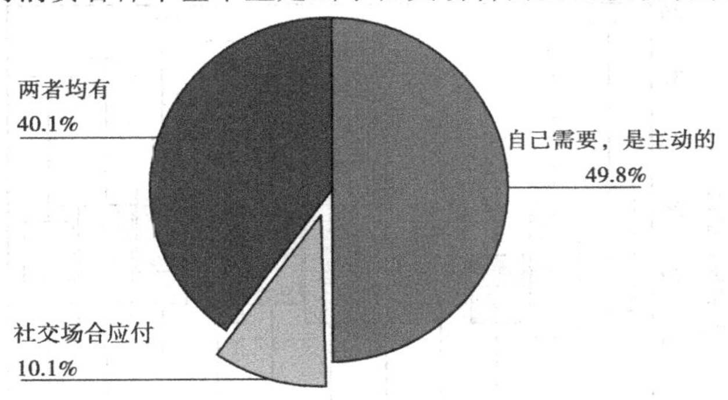

图11.3　抽烟动机分析

省内市场的吸烟主动性略强。有51.4%的省内消费者样本是自己主动吸烟,被动吸烟的比例为9.8%。省外消费者样本中,有48.9%是主动吸烟,有10.3%为被动吸烟。

各分城市的吸烟主动性比较。吸烟主动性的强弱顺序依次是北京、温州、沈阳、宁波,有超过一半的消费者样本主动吸烟。而广州、成都、郑州、上海、福州、金华则有更多的人介于两者之间,有时主动吸烟,有时出于社交需要。

混合型香烟消费者的吸烟主动性强。有52.4%的混合型消费者主动吸烟。

吸烟主动性强的是30岁以上的消费者。分年龄段比较,吸烟主动性强的是30岁以上的消费者。而30岁以下的消费者,被动型吸烟的情形较多。24岁以下消费者中,主动型吸烟者的比例大于“两者均有”的比例。随着高等教育的普及,这个年龄段的消费者更多地为在校学生,出于社交需要的考虑很小。25~29岁消费者“两者均有”的比例最高,在这个年龄段,吸烟往往是出于社交需要。

吸烟主动性增强,日均吸烟量加大。主动吸烟的消费者样本日均吸烟量最大,平均为20.3支,中位数为20支。(数据来源:叶茂中营销策划调研机构)

从以上的吸烟主动性中,我们可以分析出近一半(49.8%)消费者为主动吸烟。主动吸烟者一般吸烟量为一天一包(20支)。30岁往上的消费者吸烟主动性更强。

在全体样本日吸烟量中,全体消费者样本日均吸烟量平均为18.3支,中位数和众数为20.0支,最小值为3.0支,最大值为80.0支。

日均吸烟量主要集中在20支、10支及以内、15支和30支,40支以上的很少,见图11.4。

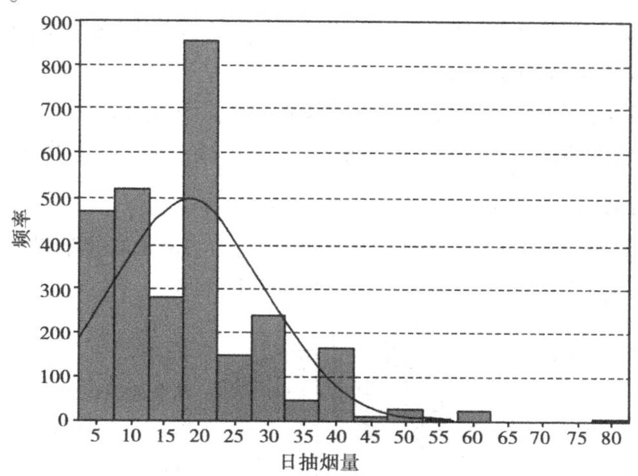

图11.4　日抽烟量

省内外市场日吸烟量中,省内消费者的日均吸烟量略高于省外消费者,平均值分别为18.5支与18.1支。省内消费者的日均吸烟量变化幅度较大,集中在40支以内,省外消费者的日均吸烟量集中在30支以内。(数据来源:叶茂中营销策划调研机构)

混合烟消费者日吸烟量较小,混合型消费者的日均吸烟量较低,平均为16.98支,中位数为17支;而烤烟型消费者的日均吸烟量平均为18.53支,中位数为20支,见表11.7。

表11.7　日抽烟量描述性分析

烟　型			数　据
日抽烟量	烤烟型	平均数	18.529 5
		中位数	20.000 0
		最大值	3.00
		最小值	80.00
	混合型	平均数	16.981 4
		中位数	17.000 0
		最大值	3.00
		最小值	80.00

婚姻状况与日吸烟量关系密切。从独巢时期过渡为双居时代,消费者的日均吸烟量迅速攀升,离异后的吸烟量比已婚时期也有明显的增加。

从以上吸烟量的分析中,我们可以看到消费者日均吸烟量主要集中在20支、5支、10支,平均为18.3支。

18~40岁年龄段消费者吸烟量随年龄的增长而逐步增加。

在人生的不同阶段,经历大的变化后,吸烟量往往有一定程度的增加。

3)香烟消费习惯分析

香烟品牌忠诚度很高。在全体消费者样本中,78.1%的消费者忠实于1~3个品牌,35.5%的消费者忠实于一个品牌,见图11.5。

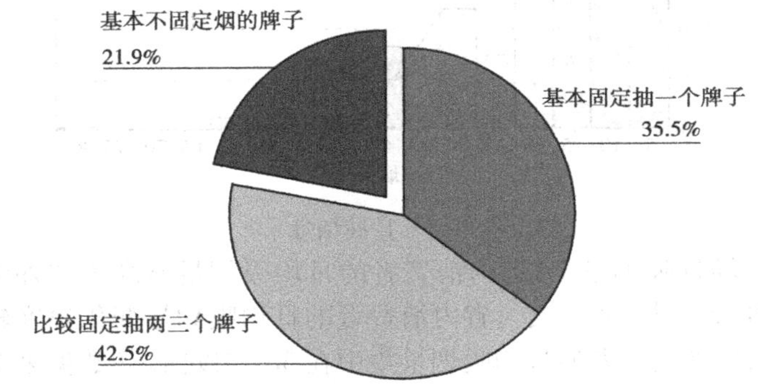

图11.5 品牌习惯

各城市样本香烟消费习惯差异明显。香烟品牌忠诚度比较高的城市有:广州、沈阳、宁波、福州。郑州消费者样本的品牌忠诚度最低,有34.0%的香烟消费者基本不固定品牌。不同香烟类型比较,发现混合型香烟消费者的品牌忠诚度高于烤烟型香烟消费者。吸烟主动性与香烟消费习惯:吸烟主动性越强,对香烟的品牌忠诚度越高。在主动吸烟的消费者样本中,30岁以下的消费者样本对香烟品牌忠诚度比较低,这个年龄段的消费者或者刚开始抽烟,或者还没有找到自己最喜欢的香烟品牌,喜欢换着牌子抽。(数据来源:叶茂中营销策划调研机构)

消费者的品牌消费忠诚度较高,往往有两三个品牌作为其备选品牌。更有1/3的消费者只忠实于一个品牌。主动抽烟的消费者对品牌的忠诚度会更高,尤其30岁以上,消费者吸烟主动性增强,日吸烟量在一包(20支)左右,并且对品牌的忠诚度也很高。

全体样本中超过一半的消费者不知道香烟类型;64.8%的消费者不知道自己所抽香烟是什么类型的;35.2%的消费者表示知道,但对具体类型的回答并不是百分百正确。

相比省外市场，省内消费者对香烟类型的关注程度比较低，只有25.1%知道香烟类型，见表11.8。

表11.8 烟丝类型知晓度

	现在抽的香烟：烟丝类型		总计
	不知道	知道	
省内市场	74.9%	25.1%	100.0%
省外市场	58.9%	41.1%	100.0%
总计	64.8%	35.2%	100.0%

而在11个城市的抽样调查中，我们发现上海、福州两城市消费者对香烟类型更为关注。对香烟类型最不关注的是杭州。

由于市场上混合型香烟品牌并不很多，所以混合型消费者对自己购买的香烟类型更为了解。55岁以下的消费者，年龄越大，对香烟类型的了解越多。55～60岁了解程度出现下降。

文化程度越高，对香烟类型的关注程度也就越高。这一信息提示：文化程度高的消费者接受新信息更快。对这样的消费者，可以用理性诉求来吸引。

消费者对香烟的烟气烟碱量更不关注，知道的比例仅为11.4%。如果加上错误的回答，实际知道的比例应该不足10%。省内消费者只有9.3%表示知道烟气烟碱量，而省外为12.7%。相比焦油含量，消费者对烟气烟碱量的关注程度更低。全体消费者样本中有4/5不知道香烟焦油含量。全体消费者样本中，19.0%表示知道香烟焦油含量，但问及具体数值时，能回答上来的并不多，更多的回答为"高焦油含量或低焦油含量"。实际上，只有更少的人知道焦油含量。省内消费者对香烟焦油含量的关注程度低于省外消费者。省外消费者对自身健康关注程度相对较高。（数据来源：叶茂中营销策划调研机构）

过去香烟品牌并没有对焦油含量进行宣传，消费者对其也不重视。随着"香烟危害健康"宣传力度的加大，消费者抽烟的矛盾心理也将越来越严重。一方面，离不开香烟；另一方面，又担心抽烟对身体不利。更低危害的产品，比如低焦油香烟，将具有特殊的魅力。随着健牌等国内外品牌对低焦油香烟的轮番炒作，消费者对低焦油香烟的关注程度正在不断提高，低焦油香烟的市场份额将会越来越大。

如何降低香烟焦油含量？如何全方位推广低焦新品？这是每个国内品牌都面临的课题。

4）对一次购买量的分析

全体样本一次购买香烟数量：全体样本一次购买香烟数量平均约为 4 盒，其中位数为 1 盒。从上面柱状图中可以看出，55.1%的消费者每次只购买一盒香烟，21.6%购买一条，13.9%购买 2 盒，见图 11.6。

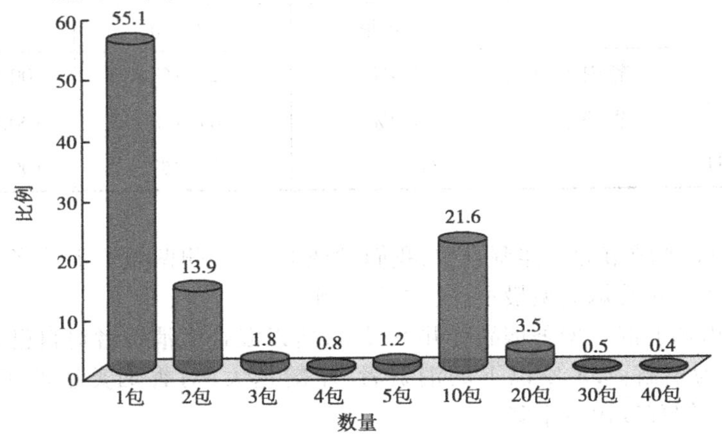

图 11.6　一次购买量统计

省内外样本一次购买香烟数量：省外市场一次购买香烟数量略高于省内市场，平均数分别为 5.06 盒和 3.51 盒。11 个城市中，消费者一次购买香烟数量最多的是北京，平均达到 6.9 盒；其次分别为广州、郑州和上海。大城市消费者一次购买香烟数量明显多于中小城市。

各城市样本一次购买香烟数量：成条购买香烟的消费者，北京比例最高，接近 50%；其次为上海和广州，比例也均超过 35%。大城市消费者成条购买香烟的比例大大高于中小城市。

不同烟型样本一次购买香烟数量：不同烟型的消费者一次购买香烟数量差别很小。可以认为，一次购买香烟的数量与烟型嗜好关系不大。混合型样本成条购买香烟的比例略高于烤烟型样本，多了 3.4 个百分点。烟型嗜好与一次购买量关联度很小。

而在各年龄段样本一次购买香烟数量调研中，各年龄组最近一次购买香烟数量对比表明，随着年龄的增大，一次购买 1 包的比例明显下降，而成条购买的比例明显增加——从 24 岁以下不足 9%到 45～60 岁的约 47%，呈现出清晰的上升趋势。购买数量和实足年龄两个参数的回归分析也证明了这一趋势的存在。

一般而言，年龄越大的消费者，其烟龄也越长，嗜好程度也越深。这可能是导致大龄烟民较多选择成条购买的主要原因。

另外,我们认为,年龄越小的消费者越可能尝试新品牌,他们对香烟的一次购买量就相应降低,对品牌的忠诚度也相应降低。

不同消费档次样本一次购买香烟数量:从消费档次看,消费水平在10元以下和20元以上的消费者,一次购买香烟数量均为接近5盒,而消费水平在10~20元之间的消费者,一次购买香烟的量约为4盒。换言之,低档烟和高档烟的消费人群,一次购买香烟的量平均要比中档烟多出1盒。

10元以下及20元以上的消费人群,成条购买香烟的比例最高,均达到28%,比10~20元的消费人群多出5~8个百分点。

抽烟主动性与一次购买香烟数量:主动型吸烟者一次购买香烟的数量略多于被动型吸烟者。主动型吸烟者成条购买香烟的比例比被动型高出约6个百分点。

大红鹰忠诚消费者一次购买香烟数量:大红鹰忠诚消费者一次购买香烟的数量略少于全体样本(3.96盒对4.49盒),其中位数也为1盒。大红鹰忠诚消费者成条购买香烟的比例明显低于非大红鹰忠诚消费者,大约低7%。我们猜测,这可能有两种原因:一是可能与大红鹰产品的价位有关;二是因为大红鹰的忠诚消费群主要集中在省内——在浙江当地,购买大红鹰产品非常方便。(数据来源:叶茂中营销策划调研机构)

从以上调研分析中,我们发现,消费者一次购买量集中为一包、一条和两包。省内消费者更以一包为主。年轻消费者一次购买量更以一包为主。主动吸烟消费者成条购买香烟的比例增大。

5)包装形态

全体样本选择的包装形态:就包装形态而言,翻盖84占据绝对位置,选择度达到79%;其次是软包84,比例为14.3%,见图11.7。

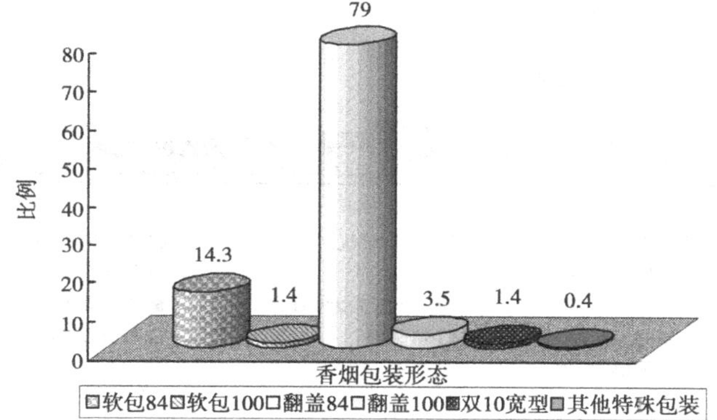

图11.7　包装形态统计

各城市样本选择的包装形态：从城市影响力角度看，软包84的选择度在三级城市只有9.0%，二级城市为12.5%，而在一级城市却达到22.9%。

各年龄段样本选择的包装形态：各年龄段对翻盖84的选择度都是最高的。软包84的选择度基本上与年龄段的提高成正比。也就是说，年龄越大的消费者，越喜欢软包84，而翻盖100的选择度则与年龄段的提高成反比。

不同烟型样本选择的包装形态：烟型偏好与包装形态的选择基本上没有关联。

消费者样本随身携带的包装形态：消费者随身携带的香烟中，翻盖84所占比例最高，达到79.7%；软包84占15.8%。其他包装形态所占比重均极小。这些数据与前面的包装选择完全吻合。（数据来源：叶茂中营销策划调研机构）

根据以上分析，我们认为：软包正在被更多的消费者所接受。

6）消费者的特点

消费者抽烟的感觉描述：消费者吸烟时的感觉主要有：消除疲劳/焕发精神/舒服（62.1%）、减压/解忧/开心（22.3%）、消磨时间/消遣（18.3%）、创造灵感/开阔思路（10.5%）和轻松（10.5%）等。消费者吸烟，主要是为了满足某种心理或心灵层面的需求。

用消费者的话说：“抽烟不能解渴，又吃不饱肚子，主要是累的时候抽一口，舒服。”

从各年龄段对比可以看出，年轻人更认为抽烟有男子汉气概/酷/勇敢和很爽。25～34岁年龄段的这一人群，认为抽烟可以减压/解忧的比例明显高于其他年龄段，见图11.8。

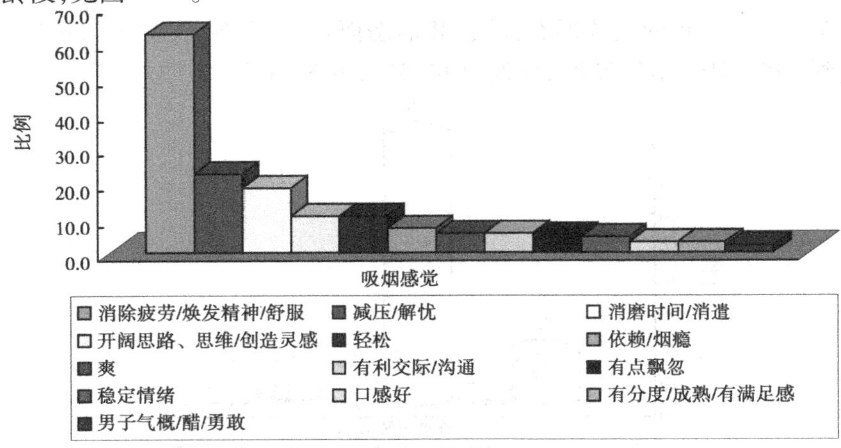

图11.8　消费者吸烟感觉分类

对焦油含量的态度和尼古丁的认知：81.0%的消费者样本同意焦油含量越高，对身体损害越大。对这一问题的看法，混合型香烟消费者和烤烟型香烟消费者基本没有区别。接近半数（45.9%）的消费者对尼古丁很在乎，持无所谓态度的占32.5%。

关于是否是某个俱乐部成员：只有6.8%的消费者目前是某个俱乐部的成员，绝大多数消费者没有加入某个俱乐部。混合型香烟消费者加入某个俱乐部的比例略高一点。消费者样本对加入某个香烟俱乐部具有一定的热情。

关于用餐和休闲场所：每周在外用餐一次以上的消费者为85.5%，可以说是相当普遍。

餐馆、饭店不仅是香烟的销售终端（555等品牌就经常在此类场所实施促销活动），而且这些场所也提供了很多的广告宣传机会。如：餐桌上的烟缸、桌位牌、菜单、座位衣服套等，均是价廉物美的广告媒体，具有非常高的利用价值。

消费者主要休闲场所：香烟消费者的主要休闲场所有：茶馆/茶楼、卡拉OK/录像厅、酒吧/酒廊、公园/游乐园、迪厅/夜总会。（数据来源：叶茂中营销策划调研机构）

11.2.4　消费者洞察：行为和态度决定一切

消费者为什么会抽这种烟？行为与态度决定了一切。尽管从吸烟量来看，消费人群基数的扩张，带动了香烟市场总量的增长。但消费者个体吸烟量有一定的惯性变化，并呈现出进一步下降的趋势，见图11.9。

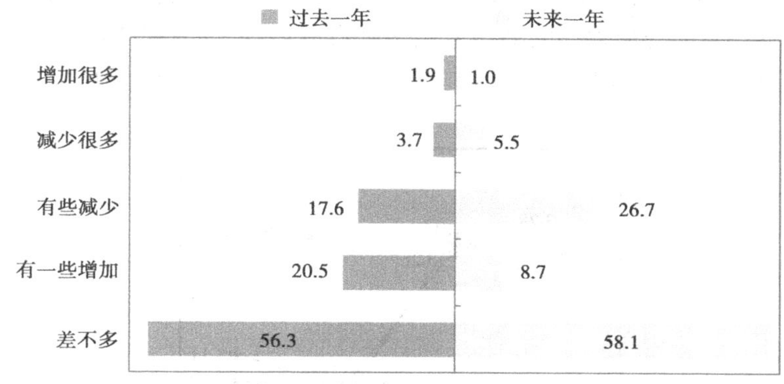

图11.9　吸烟量变化趋势

总体上，未来一年和过去一年相比，表示吸烟量减少的比例从21.3%增长到32.2%，但表示吸烟量增加的比例从22.4%下降到9.7%，见图11.10。

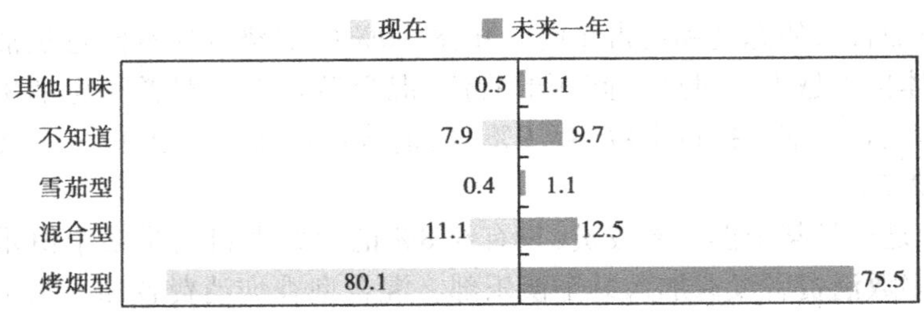

图 11.10　吸烟量变化趋势

同时，在过去一年吸烟量减少的消费者表示，在未来他们的吸烟量将会继续减少一些甚至更多。而在过去吸烟量增加很多的消费者中，未来吸烟量减少的比例（42.0%）也大于增加的比例（30.0%），见图 11.11。

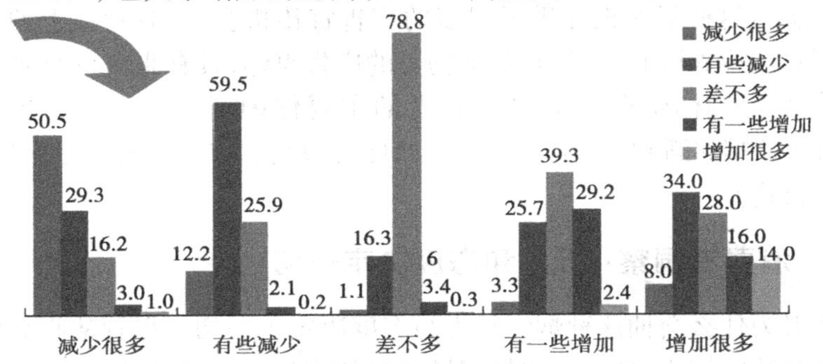

图 11.11　不同类型消费者吸烟量变化对比

在香烟类型方面，尽管烤烟型香烟的消费者比例仍然最高，但继续保持着降低的趋势，而混合型香烟的消费者比例则有所增加，尤其是 18 ~ 34 岁年龄段消费者，而 35 ~ 60 岁年龄段消费者在未来抽混合型香烟的比例则会下降，见图 11.12。

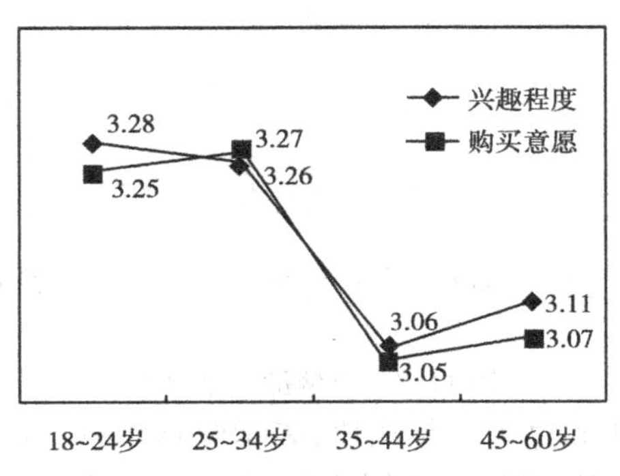

图 11.12　消费者购买意愿以及兴趣程度

如果大红鹰推出混合型香烟,那么结果会如何呢?总体上兴趣程度和购买意愿略高于平均水平(5 分最高,平均为 3 分)。而 18 ~ 34 岁消费者出现较高的偏爱倾向,这再次证明了混合型香烟对此年龄段的吸引力,见表 11.9。

表 11.9 不同年龄段消费者对不同类型香烟的兴趣程度

烟 型	18 ~ 24 岁		25 ~ 34 岁		35 ~ 44 岁		45 ~ 60 岁	
	现在	未来一年	现在	未来一年	现在	未来一年	现在	未来一年
烤烟型	79.6	73.1	83.3	75.3	80.8	78.7	76.6	74.4
混合型	11.9	14.0	10.1	12.3	11.3	10.7	11.3	9.9
雪茄型	0.4	2.6	0.7	1.2	—	0.4	0.6	0.7
不知道	7.5	8.9	5.4	10.4	7.6	9.3	11.1	13.8
其他口味	0.6	1.4	0.5	0.8	0.3	0.8	0.4	1.3

口味是消费者购买香烟时最为关注的因素。一方面:消费者在购买香烟时,考虑最多的是产品的口味,而且在这一点上,各年龄段消费者表现出强烈的一致性,见图 11.13 和表 11.10。

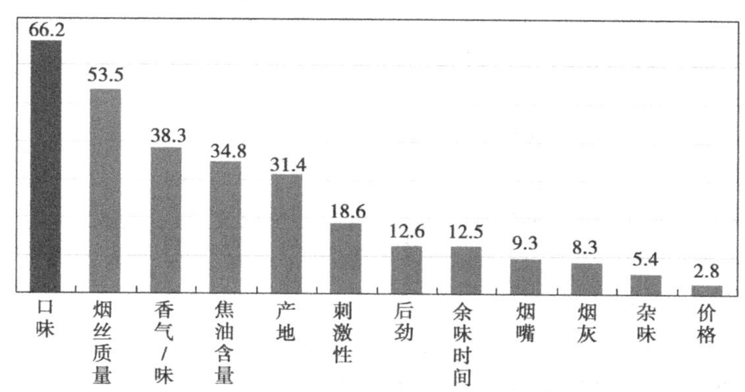

图 11.13 消费者购买香烟关注因素对比

表 11.10 消费者购买香烟关注因素对比

年龄段	关注因素百分比										
	口 味	烟丝质量	香气/味	焦油含量	产 地	刺激性	余味时间	后 劲	烟 嘴	烟 灰	杂 味
18 ~ 24 岁	60.1%	45.3%	44.9%	38.7%	25.3%	24.1%	16.2%	15.0%	14.4%	6.3%	4.5%
25 ~ 34 岁	66.2%	54.0%	37.9%	38.5%	31.3%	19.4%	10.8%	11.1%	11.5%	8.8%	4.6%
35 ~ 44 岁	67.1%	57.2%	33.8%	34.7%	34.5%	16.5%	11.9%	11.4%	6.8%	9.2%	5.9%
45 ~ 60 岁	69.7%	55.1%	38.6%	28.3%	32.8%	16.1%	12.4%	13.8%	6.2%	8.2%	6.3%

而另一方面:假如最常买的香烟买不到了,有38.0%的消费者仍然会以同一口味的其他产品代替,见图11.14。

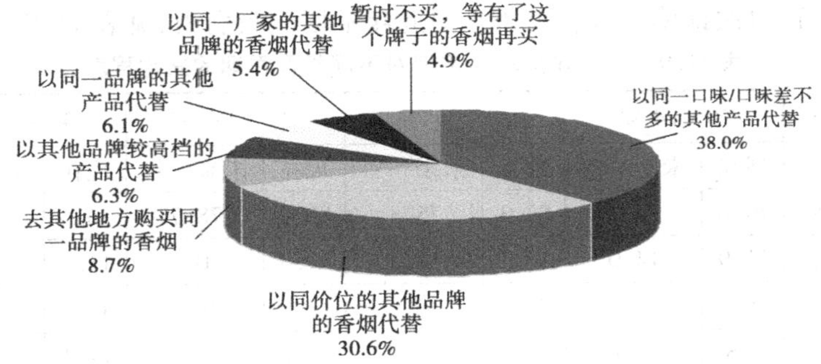

图11.14 消费者买不到常买香烟时的选择调查

同时,焦油含量得到了越来越多的关注,降焦已成为一种趋势。

第一,除口味、烟丝质量和香气外,焦油含量是消费者购买香烟时考虑的第四要素,见图11.15。

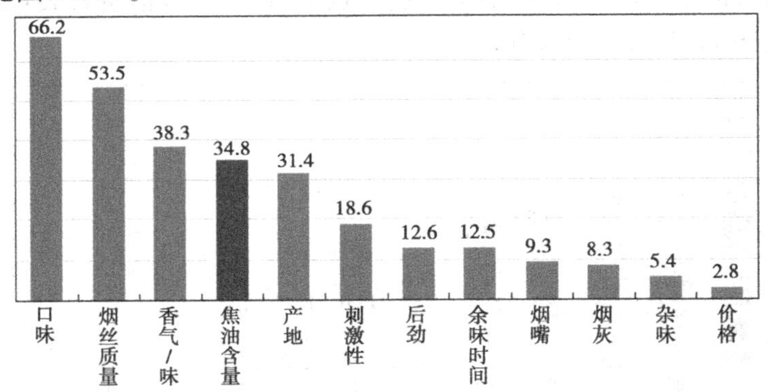

图11.15 消费者购买香烟关注因素对比

第二,年龄越低对焦油含量越重视,见图11.16。

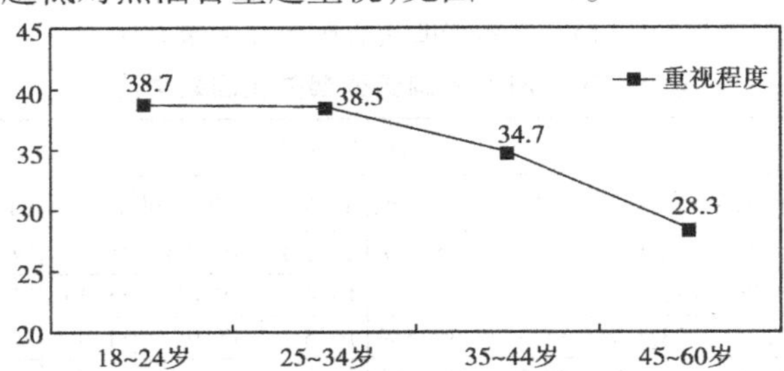

图11.16 不同年龄段消费者对焦油含量的重视程度

第三，消费者认为焦油含量越高，对身体损害越大，尤其是35～44岁年龄段消费者对此观点更为认同，见表11.11和表11.12。

表11.11　描述统计

	数　量	最小值	最大值	中位数	标准差
焦油含量越高，对身体损害越大	2 654	1	5	4.14	1.17
焦油含量实际上并不像宣传中说的那样严重	2 654	1	5	2.95	1.11
我喜欢焦油含量低的香烟	2 654	1	5	3.93	1.12
尽管焦油含量低了对身体比较好，可是会淡很多，我不是很喜欢	2 654	1	5	3.00	1.20
对焦油含量的高低，我不是很在意	2 654	1	5	2.78	1.27
有效数量	2 654				

表11.12　数据表

年龄段	中位数				
	焦油含量越高，对身体损害越大	焦油含量实际上并不像宣传中说的那样严重	我喜欢焦油含量低的香烟	尽管焦油含量低了对身体比较好，可是味道就会淡很多，我不是很喜欢	对焦油含量的高低，我不是很在意
18～24岁	4.04	2.83	3.94	3.03	2.81
25～34岁	4.11	2.81	3.99	2.94	2.73
35～44岁	4.19	3.01	3.90	3.02	2.79
45～60岁	4.18	3.12	3.89	3.00	2.79

第四，对目前市场上某些香烟将焦油含量降低到“5毫克焦油含量”或“8毫克焦油含量”的做法，60.4%的消费者表示喜欢，仅8.2%的消费者表示不喜欢，见图11.17。

第五，随着消费者对香烟危害的认知，越来越多的国家已经逐步降低香烟的焦油含量。香烟品牌要走向国际市场，必须要解决焦油含量过高的问题。

国际上对香烟焦油含量的标准规定为11.2毫克左右。在法国，所有在法国销售的香烟焦油含量从2004年1月1日起将不得超过10毫克；从2005年1月1日起，所有法国生产并出口到欧盟其他国家香烟的焦油含量也不得超过10毫克。我国也开始规定所有香烟焦油含量要低于15毫克。

从整个烟草行业现状看，除了地方保护主义和垄断等因素，短时间内降低香

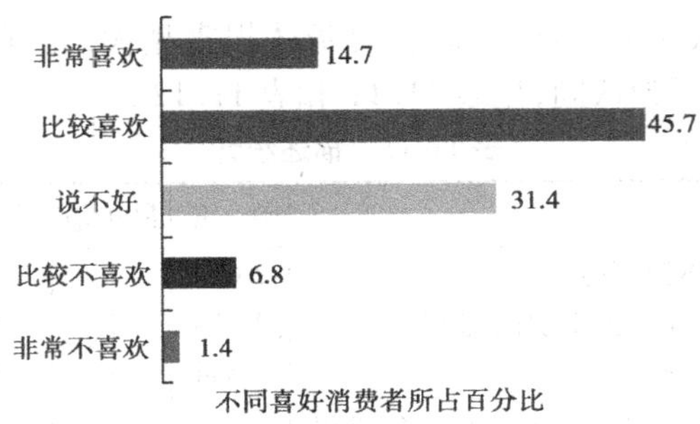

图 11.17　消费者对焦油低含量香烟的喜好程度

烟焦油含量迫在眉睫。尤其是国际上对吸烟有害人体健康的呼声日益高涨,烟民在选择香烟时亦有鱼和熊掌兼得的侥幸心理,低焦油含量的香烟自然占了上风。

如果大红鹰推出“5 毫克焦油含量”或“8 毫克焦油含量”的香烟,那购买情况将会如何?

总体上购买意愿高于平均水平,也高于对大红鹰混合型香烟的购买意愿。其中 25 ~ 34 岁的购买意愿最高,见图 11.18 和图 11.19。

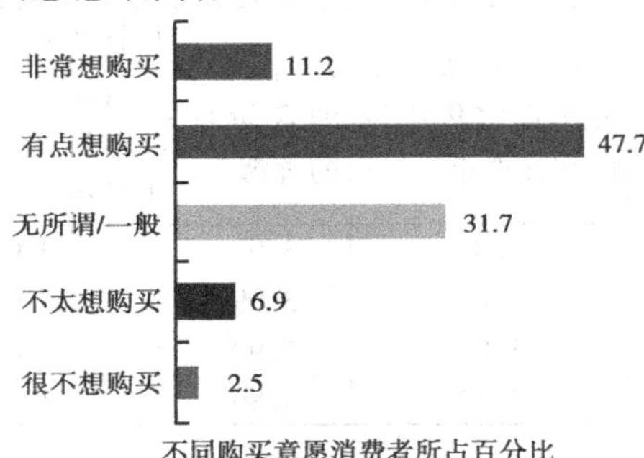

图 11.18　消费者对焦油低含量的大红鹰香烟的喜好程度

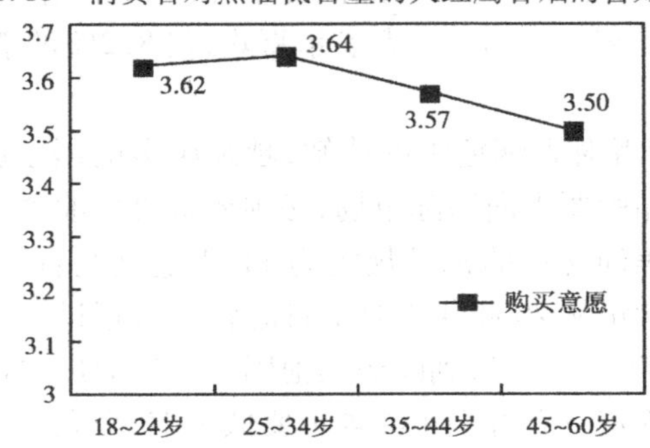

图 11.19　不同年龄段消费者对焦油低含量的大红鹰香烟购买意愿

首先是“低焦油”和“环保健康”成为目前香烟产品最敏感的诉求点。其次可以考虑的产品物质诉求点是“杂味小”或“刺激性小”，见图 11.20。

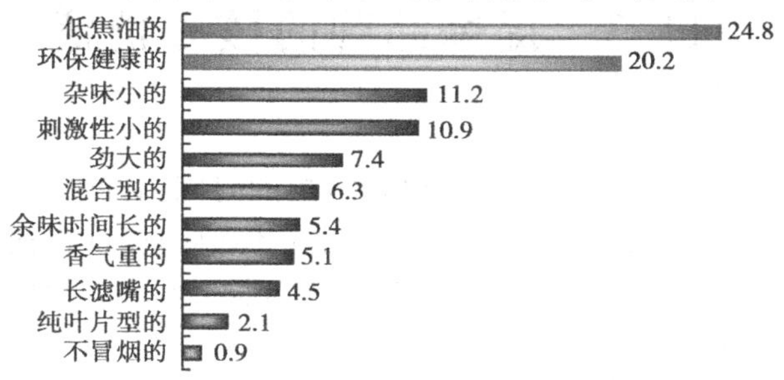

图 11.20　香烟产品敏感诉求点

相对于其他产品诉求点而言，“低焦油”产品和“环保健康”产品赢得了更多消费者的喜爱，而“杂味小”和“刺激性小”排在第二梯队。不同消费者对香烟的物质敏感点不同：45 ~ 60 岁喜欢劲大的香烟，抽起来过瘾；35 ~ 44 岁喜欢低焦油的、刺激性小的香烟；25 ~ 34 岁喜欢杂味小的，偏向喜欢香气重、余味时间长的香烟；18 ~ 24 岁喜欢的香烟特点不突出。而纯叶片型、长滤嘴、余味时间长、香气重、环保健康等可以围绕 18 ~ 34 岁年龄段消费者展开诉求，见图 11.21。

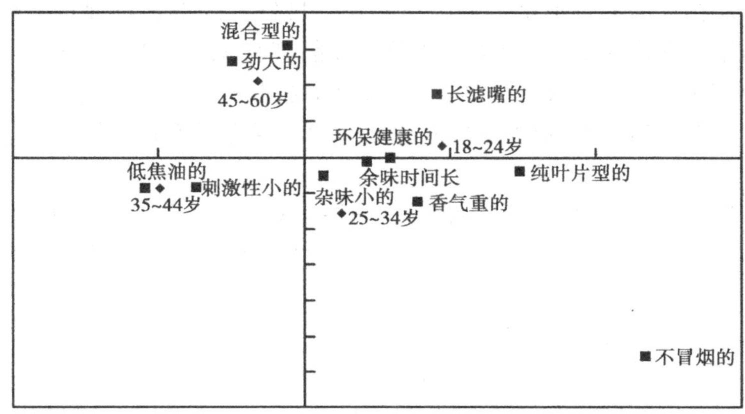

图 11.21　不同年龄段消费者对香烟敏感诉求点对比

11.3 提炼品牌的核心价值

我们在研究中发现,大红鹰之所以在最短的时间内蹿红,与大红鹰的品牌核心价值的提炼有很大的关系,也可以说,核心价值的提炼直接影响了品牌传播内容,通过大红鹰的品牌策划案,我们可以看到策划团队是如何改变、提炼并传播大红鹰的核心价值。

11.3.1 进行大红鹰品牌扫描

在产品品质方面,消费者颇为认同大红鹰品质优良。省外消费者还认为大红鹰产品性价比低。

在产品形象方面,大红鹰在浙江省内市场占绝对优势,在全国市场知名度高但认知度低。品牌形象较为模糊,并有老化的迹象。品牌亲和力不高,处于一般水平。品牌美誉度尚有较大提升空间。

消费者对大红鹰忠诚度较高,当大红鹰改版后,引来众多消费者的不满也折射出这一点。大红鹰的消费者往往具有较好经济基础或社会地位。

总体来看营销推力不足。省内通路关系良好。终端售点促进工作缺乏活力。卖场品牌支持混乱,缺少统一印象。在品牌视觉上,视觉元素曾经是非常现代的,但它的现代感正日见钝化;而且,消费者不认为其具有国际感。具体精神内涵缺少支持和呈现,缺少延伸的想象空间。视觉元素在传播中的运用非常混乱。

在商誉方面,通路服务不尽如人意,经销商对此颇有微词,特别是省外经销商。大红鹰改版事件在经销商中留下了一定的负面口碑,并对今后推出新品造成一定程度的困难。

从以上扫描中,我们发现:

大红鹰品牌概念略显模糊,必须清晰提炼!

品牌表达略显粗犷,必须细化和优化!

通路沟通略显被动,必须主动深入!

品牌格局略显无序,必须有机规划!

品牌识别略显混乱,必须统一规范!

11.3.2 对大红鹰品牌符号的思考

杰出的品牌都拥有一个特定的自治的意义。在品牌刚诞生时,它可能拥有许多意义,但过了一段时间后,品牌就失去了这种自由,慢慢固定在某一特定的意义上。这揭示了哪些产品或传播主题属于品牌的合理范畴,哪些则是不合理的。许多测试表明,某些产品和服务看起来好像和它的品牌并不相配。因而这就需要品牌经营者确定品牌的识别,以决定它的边界轮廓。

烟草品牌的符号化时代已经来临。

在烟草品牌遭遇广告限制政策的同时,其实就已经种下了烟草品牌符号化的种子。

因为烟草广告不能大声吆喝叫卖,不能理直气壮地诉求自己的USP(经济上独特的销售主张),但同时还得让人家明白这是某品牌烟草的广告,而不能理解为这是某经贸公司,那是某文化公司,等等。所以符号就成了烟草品牌广告表现中必不可少的一个“代言”元素。

比如白沙的飞翔手势,芙蓉王的策马扬鞭,红塔山的具象及抽象化的红塔,黄山象形化的“山”字。

当然,这个符号还必须有内涵,它要能够代表品牌说出自己的主张,表达自己的态度,昭示自己的精神。

万宝路自豪地说自己是狂野硬朗的真男人,555矜持地宣称自己是高科技的象征,箭牌轻松地告诉你这里是休闲世界,大卫杜夫则摆出一副贵族绅士的派头。

没有符号的烟草品牌传播是缺乏表现活力的,而没有内涵的符号则是没有生命能量的。那么内涵是谁赋予的呢?——品牌概念。品牌的符号能够与品牌概念很好地结合,并有力地传播,这个符号就不仅仅是一种视觉上的表达方式,而成为了品牌的“代言”元素。更高一层的要求是符号在表现上的延伸性。

再回到大红鹰品牌形象塑造工程,问题就变得更清晰了:

大红鹰的品牌符号有没有?是什么?

这个品牌符号有没有内涵?是什么?

这个品牌符号可不可以延伸?延伸的空间有多大?

11.3.3 强化品牌内涵:胜利之鹰

在品牌内涵的挖掘上,有核心识别和延伸识别。核心识别是指一个品牌的永恒的精髓、本性和价值。而延伸识别则是包括了许多品牌营销计划和品牌表现的细节要素,可以让核心识别表达得更加完整,也让经营者有更多可发挥的题材。每一个烟草品牌首先都要规定自己的核心识别。

大红鹰是什么样的鹰？它的核心识别又如何？

当仔细阅读大红鹰的鹰标时，会发现那是一只展着双翅欲待高飞的回头鹰。使劲地盯着那只回头鹰，渐渐地，那只鹰就动了起来，双翅一开一合地翻舞着。当鹰或近或远在眼前、在天空、在纸上、在影片里、在想象中盘旋的时候，人们看见了一个“V”的造型。

胜利之鹰！

大红鹰是一只胜利之鹰！

具象的鹰被广泛使用，大红鹰若想脱颖而出，就必须超越其他品牌对鹰的形象的使用。

胜利是一个认知度极高的概念，而且是一个尚未被烟草品牌占位的概念，具有很好的传播基础，同时又独一无二。

竞争日益激烈的现代社会，生存就是一场战争，胜利是每一个人的渴望。大红鹰只有定位于胜利之鹰，直击每个人内心最大的渴望，方能感动并撼动消费者。

胜利是一个非常好的口彩。

让大红鹰成为胜利的一个象征符号，就像“V”形的手势一样；由一只具象的鹰变为一只精神的鹰。

也就是说，大红鹰能够满足消费者对胜利的渴望，能够为一切渴求胜利并顽强拼搏的行为提供心理上的支持；同时，品味大红鹰也是品味胜利时必不可少的一个仪式。

这就是大红鹰——胜利之鹰的品牌定位，它包含了大红鹰努力建立品牌与消费者精神相通之关系的企图。

11.4 如何让消费者更容易接受

在寻找到大红鹰的品牌核心价值后，策划人员该如何进行有效地传播呢？

我们发现，大红鹰在品牌传播策划过程中，对“V”元素进行了充分表现，在生活中寻找“V”元素，体现大红鹰无时不在、无处不在。

除了寻找“V”元素进行强化品牌识别外，大红鹰在核心信息传递中也别具一格，用诗化的语言传递大红鹰“V”元素，这和消费者抽样的状态融为一体，获得极好的传播效果。

11.4.1 在"V"中找到消费者熟悉的影子

提炼品牌的核心,作为品牌建设工程,也只是迈出了第一步,胜利的核心如何延续表现?纷乱的品牌格局如何梳理?这些都需要更多的延伸识别来强化。

定下大红鹰——胜利之鹰的品牌概念,也找到了一个品牌表现的符号"V",接下来就得看品牌概念及表现的延伸性如何。

于大红鹰而言,这还不仅仅是创意的需要,更是大红鹰广告在媒体上使用的现实需要。

大红鹰的品牌基本元素包括三部分:鹰标、品牌标准字、品牌口号——新时代的精神。这三者在中央级媒体上都是禁用的,所能出现的品牌元素就只有一个非标准体的品牌名。

怎么办?

我们的答案是寻找自然与生活中的"V"。

于是我们发现了无数的"V"——

弯成V形的高速公路;

街道裁剪出的V形天空;

无数V字起起伏伏的长城;

九曲十八弯的河流;

原野上的路;

高耸的两座山峰;

埃及的金字塔;

开裂的冰川;

排成V形的大雁或企鹅;

张开双臂的人;

V形手势;

微笑的嘴角;

两个热情相拥的情人;

两只紧紧相牵的手臂;

一本翻开的书;

破壳的鸡蛋;

鹰拳的造型;

俏皮的鱼尾;

喷发的火山。

只要认真寻找，自然与生活中的"V"真是太多太多了。胜利之鹰表现的素材如此之丰富，而所有这些素材都不受任何法律的约束，这就解决了大红鹰品牌传播中的一个大难题。鹰标不能出现又怎样？品牌标准字不能出现又怎样？甚至具象的鹰也不能出现又怎样？我们有这么这么多的"V"，根本取之不尽用之不竭，何况我们还可以创造更多更多的"V"，胜利之鹰的概念可以表现得自然无穷无尽，无限自由。

11.4.2 用诗化的语言传递胜利之鹰的信息

1)用诗化语言传递"胜利气质"

大红鹰在进行推广中，大量应用了诗化的语言对品牌的"胜利气质"进行了表达。如：

①烟叶如人，唯尊重其气质并善加循导，才能终成不凡

——大红鹰　胜利气质一脉天成——

②对于烟叶的筛选 我们甚是无情。 We are very merciless on tobacco leaves' selecting.

200余名训练有素的女性，对来自巴西、津巴布韦，还有国内云贵产地的烟叶逐一严格过滤：只有叶相光洁无瑕才能善存……

更有当今最先进的光谱除杂装置，将有杂色的烟叶再次除去。

这也不过是，领略高贵气质的一道保证而已。

③大师品香　微量艺术成就人生。 When A Master Is Appreciating The Fragrance Of Tobaccos ,He Knows , His Artistic Instinct On The Nuance Is Precious.

烟草的香气，在懂得鉴赏的人面前，品味高下立见。

这就是阅历。一如我们将香气质好、量足的烟叶，交由香料大师手里，

烟草本身的灵性得以尽情发挥，搭配出凸现不同质感、

独具鲜明个性的大红鹰，随您进入每个不同的内心世界。

④烟叶也有天赋的尊严。 The Natural Dignity Of Tobacco Leaves.

尊贵之鹰，重视您内心体验的每一历程。

专门的醇化架，两至三年之久的醇化待遇；

让生理成熟烟叶内部的杂质杂气，自然散尽，增加天然香份。

时间，是沉积人生厚味的唯一之门。

⑤最昂贵的设备 也不一定适合我们。 The Most Expensive Equipment Might Not Suit Us.

先天！后天的！不愿丝毫逊色，每一片烟叶都不容易。

唯有在重要工艺上不惜代价，如制丝、包装全程的精密柔性连接和全自动控制，懂得将最好的设备用在恰当的地方，才能缔就大红鹰恒定如一的品质。

⑥我们的土壤也有一个悠长假期。 Our Tobacco Lands Enjoy Their Long Holidays Frequently.

每采摘一年后，我们特意将烟叶地旷置，休种两年！

土壤营养元素得以及时修复、补充，又显勃勃生机。

地灵物华，生于其上的烟叶才能品质始终如一；这个事实，

直到从大红鹰最终带给您的完美体验中昭现。

⑦欧元核心防伪技术捍卫您的尊贵享受。 Your Noble Enjoyment Is Defended By The Pivotal Antifalsification Technology Of Euro.

欧洲央行欧元印刷专用的尖端防伪化铝技术，不仅凸显了金色大红鹰的尊贵气质，更令所有假冒者望而生畏；而铝箔纸两次烫金工艺、水松纸电化铝双色烫金和激光打孔技术，以及进口直罗纹的卷烟盘纸等，更构成多重防伪护盾，最大限度地捍卫您的尊贵享受。

当然，最迷人的一段是表达一支香烟的短暂一生的意义。

有多少人认真想过烟的一生呢？大红鹰想了，并用一种仪式将其固定了下来。

⑧一支香烟的幸运历程。 The Lucky Course Of A Cigarette.

历练——

香烟的一生，极其短暂。

从记事的一刻，它就是那片无边绿叶里最宽大的一匹，吮吸着阳光雨露。

直到一天，它的成熟仪式上，被采摘下来，开始接受艰苦的洗礼。

曝晒当空，水分散失殆尽，宽阔的胸膛渐呈深棕色，

隐约从别人欣赏的神色里，预见到沧桑的刚刚开始。

远方的探险。

任凭高温烘烤，切割打碎成条条细丝。

在卷成一支细长的香烟时，感受到了从未有的礼遇——

银亮的外衣打造举止，大红的高贵身份、鹰的标志，一瞬间，天地黑暗……

它憋足劲，只待重见天日。

点燃——

重出的一天,心知生命短促。

一只考究的火机,矜持地发出邀请。恰如其分。

几近无色的幽蓝,空气中咝咝细微。瞬间置身1 000 ℃高温;理当接受,这一生最后的胜利!

幽蓝被火红代替。这次热情激赏的邂逅,将是此生所遇的第一次,也是最后一次。

高温下,它脑海里无比清晰,在畅怀眩晕的快感下,一丝丝抽身而出,袅袅升起。

占据每一角落的,是一个好胜灵魂。自由无拘。

燃尽前,烟想起曼纽尔·马查多的一首诗。

"生命犹如一支烟,炭渣烟灰和火,有的人匆匆吸完,有的人细细品味"。

不由得感激一生终了时,被人细细品味,荣幸不过如此。

2)用诗化语言进行广告表达

(1)(红)红色感动　Red Affected

心情分享　红极一时。　Share Your Joyance With The Legend Red Of Dahongying.

人生得意须尽兴!

很多时候何妨敞开心怀,欣然接受生命的犒赏。

喜形于"色"时,随手点燃一支红色大红鹰,心情亦然红起来;

一齐品尝红色的真味道,方知热烈的醇香是红色烟语。

热烈醇香源系津巴布韦热土。　The Source Of The Impassioned And Mellow Taste Is Just The Soul Of The Hot Land Zimbabwe.

跳动奔放的桑巴,丰年庆时的热带土著,炽热的土地,最原始的激情;

犹如深植于其上的烟叶,也口味遒劲,热情气息十足。

有口皆赞的世界级品质,一如更多采用津巴布韦烟叶醅制的红色大红鹰,

其热烈醇香,分秒间打动您心,远传万里之外的独特品味感受,值得拥有。

(红大)热烈回归　真心释放。　The Passion's Return Causes US Pure Hearts.

只有优质的烟叶,才可以淬炼出更优秀的品质。

全去烟梗的红色大红鹰,其生而有之的热烈、浓郁芬芳,不为异味所掩蔽。

正如在大师看来,伟大雕塑天生已存在于石头里;

红色大红鹰,也毕其斧凿之功,让热烈喜庆的氛围在空气中洋溢。

• 精心选取原生香气香酯质高的国内外上等烟叶，独有配方组配，充分体现优质烟叶的自然特征，吸味热烈而饱满。

• 去除有刺激性的叶梗，口感干净、舒适，余味纯正、绵长。

• 烟叶经1～2年自然醇化，原生醇香物质得到充分酝酿，更能彰显优质烟草的热烈味道。

• 从制丝到包装全过程的柔性连接和全自动控制，保证了红色大红鹰恒定如一的品质。

(新红大)浓香气息　来自异域。　The Impassioned Taste Comed From Foreign Lands.

烟叶的使命，是释放生长于斯的天地气息。

为让您品尝更珍贵的浓郁异域气息，我们在新红色大红鹰中更新叶组，大量采用津巴布韦烟叶；

提高香气浓度的新红大红鹰，口味也更上层楼！使您即刻体验那种饱满热情，喜获真实满足。

• 在红色大红鹰的基础上，通过叶组更新，大量采用热情洋溢的津巴布韦烟叶，其吸味更加热烈而饱满。

• 去除有刺激性的叶梗，口感干净、舒适，余味纯正、绵长。

• 烟叶自然醇化2年以上，原生醇香物质得到充分酝酿，更能彰显优质烟草的热烈味道。

• 水松纸加长，有效降低焦油含量，吸食更安全。

• 从制丝到包装全过程的柔性连接和全自动控制，保证了新红色大红鹰恒定如一的品质。

(软红大)屈尊纡贵　绵柔新意

柔里，其实蕴含更多的刚。

如何令热烈硬朗听从于心，缓缓释放。在这一款红色大红鹰里，烟叶的个性一如我们所望，屈尊纡贵；

在醇和吸味里一展您对新红色大红鹰的诠释——重组香型，纤毫细微，正如软包大红鹰带给您的美极感受。

(模拟，需从客户处了解有关产品信息后定)

• 在红色大红鹰基础上，重组烟叶，令香型口味更醇和，略微降低吸味的热烈度。

• 去除有刺激性的叶梗，口感干净、舒适，余味纯正、绵长。

• 烟叶自然醇化2年以上，原生醇香物质得到充分酝酿，更能彰显优质烟草的热烈味道。

● 水松纸加长，有效降低焦油含量，吸食更安全。

● 从制丝到包装全过程的柔性连接和全自动控制，保证了新红色大红鹰恒定如一的品质。

(2)(金)金色巡礼　Golden Perambulating

醇厚心境　静品人生。　Degustation Our Lives Silently With Mellow Mental State.

24.1K 金 尊贵 新标高。　24.1K Gold , New Stature Of Dignity .

从不否认世界的标准，可你总以自己的标准行事。

不得不说，有人对尊贵的理解，总比你浅。

你始终不满于现有。在大多数人无力推动世界时，

是你一再推高人们对品味的期求。

这是好事。没有你，就没有金的标准。

而今，你又告诉我，足金不该只有 24K！

难道，世界真的是你手中把玩的东西？

只是你举重若轻的神态，倒是令人敬服。

言谈间，你放下手中事，掏出一支金色大红鹰，点上。

我想，那醇厚之味，应正合你此时心意。

成熟魅力　金色人生一贯欲速不达。　Golden Life With Mature Charm. Always Not Achieved By Haste Or Speed.

金色人生的厚味，最见日月之功。

不让生理成熟的浮躁气息影响吸味，身价须让时间证明。

部分最好的烟叶，被真正"束之高阁"，在专用醇化架上享受更长的醇化礼遇。

存放越久，自然香质也越醇厚。经典之成熟魅力，由此诞生。

(精品)鉴赏菁华　体验深拓的独特。　Appreciate The Essence, And Experience The Uniqueness Excavated Deeply .

对精品的透彻理解，须深入体验人生的多面性，

即如我们的专家，将气质呈现单线条轮廓的不同烟叶，以独到配方调配呈现，

那份只有精品大红鹰才具备的独特吸味，恰如时代精英对生活品味的期待。

● 精心选取国内外上品烟叶，独特配方组配，充分展现醇厚满足之独家

吸味。

• 每一张烟叶均经过手工挑选，稍有缺憾即弃之不用。

• 经长达 2 ~ 3 年的烟叶自然醇化的充分酝酿，醇厚味道呼之欲出。

• 醇化中心配备全套空调除湿设备，温湿度保持恒一。所有烟叶均被精心收藏于专门定制的醇化架上，在良好的通风透气条件下，静静地自然醇化。

• 从制丝到包装全过程的柔性连接和全自动控制，保证了精品大红鹰恒定如一的品质。

• （烟支与包装、防伪）

（经典）经典气度　岁月见证。　Classical Manner Bears Witness To The Years.

即使所有优待给予它们也嫌不够，一派非凡尊贵似乎与生俱来；

其实不然。最好的烟叶，备加精制，都只有经历长时间的等待，才能渐成众望瞩目的经典气度；

经典大红鹰，在长达三年甚至更久的醇化存放后，一生的成就意味，值得典藏的只有它们！

• 精心选取国内外极品烟叶，至尊配方组配，吸味醇厚有力、精致入微，细腻中散发清幽，口味醇而带甜，丝丝入口，回味无穷，堪称国内烤烟类中的最高境界，充分匹配您的尊贵享受。

• 200 多名训练有素的女工专司手工挑选烟叶，即便是来自津巴布韦、巴西等地的极品烟叶，品相略有缺憾，立即摒弃不用。而当今最先进的美国 SRC 公司光谱除杂装置，又将其中不符颜色标准的叶片除去。为此，25% 的极品烟叶被无情地浪费。

• 醇化中心配备全套空调除湿设备，温湿度保持恒一。所有烟叶均被精心收藏于专门定制的醇化架上，在良好的通风透气条件下，静静地自然醇化。

• 经过漫漫 3 年的自然醇化的充分酝酿，极品烟叶的醇厚味道彰显无遗。

• 采用激光打孔稀释技术，增加烟支通风率，降低焦油和烟气烟碱量，吸食更加安全。

• 欧洲央行欧元印刷专用的尖端防伪化铝技术，不仅凸显了金色大红鹰的尊贵气质，更令所有假冒者望而生畏；而铝箔纸两次烫金工艺、水松纸电化铝双色烫金和激光打孔技术，以及进口直罗纹的卷烟盘纸等，更构成多重防伪护盾，最大限度地捍卫您的尊贵享受。

（3）（银）银色风暴　Silver Storm

纯粹吸味　本真品质。　Pure Taste, Pure Quality.

纯粹是固守的理由。　Pureness, The Reason For Insisting.

有些人生,抹去浮尘后更像是赝品。

呼吸生命的原味。让人仰息观止的,始终只是少数人。

澄清一种真正的满足并不难,犹如点燃一支银色大红鹰,在犷朗、独立的心情里,体验本真的纯粹。

烟草本来的味道。　The Inward Taste Of Tobacco.

不允许有任何混沌与感官迟钝!

注重纯粹本真的银色大红鹰,以尖端烟草加工技术层层去除杂质、杂气和有害物质对烟草天然灵性的屏蔽,其吸味清晰有力地呈现优质烟叶之本真品质。银色大红鹰,纯粹、灵性的全面回归,正如新锐一族对当代生活的创造性拓展。

- 选取国内外优质烟叶,采用独有配方精心组配,充分体现优质烟叶的自然特征。
- 所有烟叶均经过两至三年的自然醇化,原生醇香物质得到充分酝酿,更能彰显优质烟草的本来味道。
- 每一片烟叶都去除烟梗。优质烟叶的25%被无情地弃用,仅为摆脱杂气和刺激性对优质烟叶天然灵性的屏蔽。
- 高温控制技术在制丝工序的精心运用,使得优质烟叶的原生吸味更加纯粹。
- 从制丝到包装全过程的柔性连接和全自动控制,保证了银色大红鹰恒定如一的品质。
- (包装与防伪)

从核心概念的提炼,到主平面和影视广告的创作,再到品牌手册的规划,大红鹰的品牌符号已经一步步清晰起来,不过,鲜明的识别性,仅仅是大红鹰品牌规则的第一步。

11.5　整合媒介获得最大的传播力

一个品牌的成功传播,最终要取决于品牌媒介通道。

从广义上来说,媒介并不只是大众传播媒介。

大红鹰在传播过程中都用了哪些媒介通道呢?我们将通过下面的文章进

行分析。

1)高密度,大手笔

大红鹰上市时,就率先采用了独家买断电视剧插播权的做法,以最快的速度让大红鹰在当地家喻户晓。在当时,国内其他几家烟厂也有类似档次的卷烟品牌问世,与大红鹰形成了针锋相对的局势。大红鹰则以大密度、高频率的形象宣传作为进攻前的号角,先发制人:在上海东方电视台推出了"大红鹰"系列动画片;在中央电视台赞助举办了在全国影响较大的"大红鹰"杯青年歌手大奖赛;在一些重点地区,则动用地方媒体,进行"地毯式"的轮番轰炸,同时加上路牌、灯箱等多种形式的配合,使大红鹰一鸣惊人。1998 年举办了"大红鹰"之夜全省巡回演出,载歌载舞中成就了一篇"小投入撬动大市场"的营销经典。

从最初的先发制人中尝到了甜头,宁波卷烟厂一直将高密度、大手笔作为品牌传播的利器,并形象地总结出"抢占制高点、选准切入点、寻求闪光点"的"三点"论。所谓"抢占制高点",就是以大手笔、大气魄、大思路来进行形象宣传,选择的宣传阵地是高层次、高品位、大覆盖、大影响的权威媒体。如中央电视台、新华社、人民日报、经济日报、中国民航杂志等,并第一个以烟草品牌在香港凤凰卫视推出形象广告;所谓"选准切入点",也就是在卷烟广告受到限制的情况下,通过赞助公益事业、帮困扶贫等活动来树立企业形象和品牌形象,如"大红鹰"明星足球表演赛、"大红鹰"流动医院、"大红鹰"绿化林等;所谓"寻求闪光点",即及时捕捉社会热点,如赞助《大红鹰》电视卡通片两部 28 集。当宁波卷烟厂得知目前我国有 3 亿多儿童,但适合儿童观看的电视、电影还太少时,就立即与上影电视集团协商,出资拍摄电视系列卡通片。该片在上海电视台、浙江电视台、宁波电视台进行播放并引起了轰动效应。

2)在传播载体上推陈出新

宁波卷烟厂十分善于在传播载体上独辟蹊径,最早的创新是在浙江省内推出大红鹰送货车,对其色彩、形象、风格进行了精心的设计,使之成为"大红鹰"的流动宣传车。在随后的几年,大红鹰品牌专卖店、大红鹰流动医院、大红鹰奖学金、大红鹰奖教金、宁波大红鹰职业技术学院、大红鹰希望图书室、"大红鹰号"专列、大红鹰玫瑰婚典、大红鹰关爱特困生慈善助学活动、大红鹰会员俱乐部等新的传播载体、传播形式层出不穷,将传播、公关、公益水乳交融地整合在一起,取得了很好的效果。

大红鹰通过广泛参与、支持公益活动与慈善事业,创立品牌的人性化,在全社会打造出良好的企业形象和品牌形象。先后向宁波慈善基金会捐资 2 000 万元,设立“大红鹰扶贫帮困专项资金”;投资 2 亿元建立“宁波大红鹰职业技术学院”;向中国青少年基金会捐资 1 000 万元为西部地区千所希望小学建立“大红鹰希望图书室”;向山西河曲地区捐资 200 万元建立“大红鹰流动医院”;在南京大学、复旦大学等高校设立“大红鹰奖学金”“大红鹰奖教金”等。和宁波市劳动局合作成立“天天进步”基金,为宁波市失业下岗职工开展就业培训。开辟“就业服务网”“下岗爱心屋”等栏目,设立了“宁波市青少年科学技术英才奖励金”,在青海省黄河源头培植了“生态绿化林”。

从救助白内障患者和贫困儿童,结对扶贫、抗洪捐款、慰问老红军老革命到建立希望小学,大红鹰的公益行为可以说无处不在。

在过度传播时代,大传播的品牌路线并不能保证一直成功,秦池、爱多就是失败的典型,大红鹰为何成功了?归根到底还是坚持了品牌建设的刺猬理念,坚持刺猬理念是品牌成功的不二法则。当然,在刺猬理念的表现形式方面,大红鹰与白沙有明显的不同,白沙坚持的是整合传播,大红鹰坚持的是大传播,始终如一地坚持大手笔,高频率,追求冲击力。

(本章案例来源于 http://news.sohu.com/68/21/news210622168.shtml)

参考文献

[1] 邵培仁. 传播学[M]. 修订版. 北京:高等教育出版社,2007.
[2] 郭庆光. 传播学教程[M]. 北京:中国人民大学出版社, 1999.
[3] 陈燕,等. 传播学研究方法[M]. 北京:科学出版社,2002.
[4] 张国良. 传播学原理[M]. 上海:复旦大学出版社,1995.
[5] 胡正荣. 传播学总论[M]. 北京:北京广播学院出版社,1997.
[6] 张隆栋. 大众传播学总论[M]. 北京:中国人民大学出版社,1993.
[7] 戴元光. 传播学通论[M]. 上海:上海交通大学出版社,2000.
[8] 约翰・斯坦福. 人类传播理论[M]. 北京:清华大学出版社,2003.
[9] 斯坦利・J. 巴伦. 大众传播概论[M]. 北京:中国人民大学出版社,2005.
[10] 赛弗林・坦卡德,等. 传播理论起源、方法与应用[M]. 北京:华夏出版社,2000.
[11] 常昌富,李依倩. 大众传播学——影响研究范式[M]. 北京:中国社会科学出版社,2000.
[12] 陈力丹. 精神交往论——马克思恩格斯的传播论[M]. 北京:开明出版社,2002.
[13] 陈卫星. 传播的观念[M]. 北京:人民出版社,2004.
[14] 李彬. 符号透视:传播内容的本体诠释[M]. 上海:复旦大学出版社,2003.
[15] 李普曼. 公众舆论[M]. 上海:上海人民出版社,2002.
[16] 李彬. 媒介事件:历史的现场直播[M]. 上海:复旦大学出版社,2003.
[17] 李普曼. 公众舆论[M]. 上海:上海人民出版社,2002.
[18] 丹尼尔・戴扬,伊莱休・卡茨. 媒介事件:历史的现场直播[M]. 北

京:北京广播学院出版社,2000.

[19] 罗杰·菲德勒.传播形态变化:认识新媒介[M].北京:华夏出版社,2000.

[20] 麦克卢汉.理解媒介[M].北京:商务印书馆,2000.

[21] 饶德江.广告创意与表现[M].北京:中央广播电视大学出版社,2001.

[22] 饶德江.广告策划[M].武汉:武汉大学出版社,1996.

[23] 卢泰宏,李世丁.广告创意——个案与理论[M].广州:广东旅游出版社,2000.

[24] 余明阳,陈先红.广告策划创意学[M].上海:复旦大学出版社,1999.

[25] 王玉成,韩天雷.广告心理战[M].北京:中华工商联合出版社,1996.

[26] 何家讯.现代广告案例——理论与评析[M].上海:复旦大学出版社,1998.

[27] 樊志育.广告制作[M].上海:上海人民出版社,1996.

[28] 何修猛.现代广告学[M].上海:复旦大学出版社,1998.

[29] 张金海.世界经典广告案例评析[M].武汉:武汉大学出版社,2000.

[30] 张金海.20世纪广告传播理论研究[M].武汉:武汉大学出版社,2002.

[31] 威廉·阿伦斯.当代广告学[M].丁俊杰,程坪,苑菲,等,译.北京:华夏出版社,2001.

[32] 里斯,屈特.定位:头脑争夺战[M].王恩冕,于少蔚,译.北京:中国财政经济出版社,2002.

[33] 直条则夫.广告文稿策略——策划、创意与表现[M].俞纯鳞,俞振伟,译.上海:复旦大学出版社,1999.

[34] 肯罗曼·珍曼斯.贩卖创意[M].庄淑芬,译.呼和浩特:内蒙古人民出版社,1998.

[35] 奥美公司.奥美的观点[M].庄淑芬,等,译.呼和浩特:内蒙古人民出版社,1998.

[36] 吉·苏尔马尼克.广告媒体研究[M].刘毅志,译.北京:中国友谊出版社,1991.

[37] 汤·狄龙.怎样创作广告[M].刘毅志,译.北京:中国友谊出版社,1991.

[38] 大卫·爱格.品牌经营法则[M].夏慧言,马洪,张键青,译.呼和浩特:内蒙古人民出版社,1998.